근대 시기 '낙중학',
'주문팔현'과 한주학파의 전개

계명한국학총서 51

근대 시기 '낙중학', '주문팔현'과 한주학파의 전개

2020년 1월 30일 초판 1쇄 인쇄
2020년 2월 10일 초판 1쇄 발행

지은이 | 홍원식 외 8명
펴낸이 | 신일희
펴낸곳 | 계명대학교 출판부
42601 대구광역시 달서구 달구벌대로 1095
전화 053-580-6233 팩스 053-0580-6235
등 록 | 1970. 9. 1.(신고번호 제347-1998-1호)

ISBN 979-11-6516-032-6 93150
값 28,000원

이 도서의 국립중앙도서관 출판예정도서목록(CIP)은 서지정보유통지원시스템 홈페이지(http://seoji.nl.go.kr)와 국가자료종합목록 구축시스템(http://kolis-net.nl.go.kr)에서 이용하실 수 있습니다. (CIP제어번호 : CIP2020003807)

낙중학 총서 7

洛中學

근대 시기 '낙중학'

'주문팔현'과 한주학파의 전개

계명대학교 한국학연구원
홍원식 외 지음

계명대학교 출판부

Foreword

책을 펴내며

어느덧 '낙중학洛中學'이라는 용어를 학계에 내놓은 지 10년이 되었다. '낙중학'은 조선시대 낙동강 중류 지역의 유학을 일컫는 말로, 조선시대 영남유학을 지나치게 낙동강 상류 이황의 퇴계학과 낙동강 하류 조식의 남명학 둘로 나눠보는 관점에서 오는 한계점과 문제점을 타개하기 위해 제시된 것이다. 그동안 계명대학교 한국학연구원은 2010년부터 매년 1회, 총 8회에 걸쳐 기획학술대회를 가졌으며, 이를 '낙중학총서'로 발간해왔다. 본 『근대 시기 '낙중학', '주문팔현'과 한주학파의 전개』는 2016년 제7차 기획학술대회 때 발표된 논문 총 9편을 수정, 보완하여 묶은 것으로 '낙중학총서' 제7권에 해당한다.

'주문팔현洲門八賢'은 조선 말 성리학의 대가이자 '낙중학'을 부흥시킨 한주寒洲 이진상李震相(1818~1886)의 대표적인 여덟 제자를 흔히 일컫는 말이다. 이진상의 「문인록門人錄」에는 총 137명의 이름이 올라 있다. 그는 38세 때 처음으로 강학을 시작하여 주로 낙동강 중류와 하류 일대의 유학자들이 그의 문하에 들었다. '주문팔현'의 경우, 그가 53세 봄 후산后山 허유許愈(1833~1904)가 맨 먼저 급문及門했으며, 이해 겨울에 면우俛宇 곽종석郭鍾錫(1846~1919)이, 55세 때 자동紫東 이정모李正模(1846~1875)가, 58세 때 홍와弘窩 이두훈李斗勳(1856~1918)이, 59세 때 교우膠宇 윤주하尹胄夏(1846~1906)가,

마지막으로 61세 때 회당晦堂 장석영張錫英(1851~1926)과 물천勿川 김진호金鎭祜(1845~1908)가 급문했다. '주문팔현'에는 위에서 말한 7명에 더해 그의 아들 한계韓溪 이승희李承熙(1847~1916)가 포함되어 있다.

'주문팔현'을 중심으로 한 한주학파는 대한제국을 전후한 시기 활발한 활동을 전개하여 그 영역이 낙동강 중하류 지역뿐만 아니라 영남 일대 나아가 중앙과 해외에까지 미치고, 재전제자들이 다시 이를 이어받음으로써 명실공이 당대 최고, 최대의 학파적 형세를 이루었다. 먼저 '주문팔현'은 이진상 사후 그의 저술 편찬에 나섰으며, 낙상의 퇴계학 정통 계승론자들로부터 스승의 학설이 비판과 배척을 받게 되자 일제히 이를 옹호하는 데 나섰다. 그리고 기호 율곡학맥의 화서학파華西學派 내 심心·명덕明德 주리主理·주기主氣 논쟁에도 간여하여 스승의 학설을 확산시키고자 노력했다. 또한 그들은 을미사변乙未事變(1895) 후 급변하는 국내외 정세를 직시하는 가운데 척사위정론斥邪衛正論의 입장에서 벗어나 개명한 유학자의 길을 걷기 시작했다. 이에 그들은 의병에 참여하지 않고 만국공법萬國公法에 호소하는 길을 택했으며, 애국계몽운동과 국채보상운동 등에 적극적으로 참여했다. 이승희는 일제강점 직전 중국으로 망명하여 이진상의 한주학을 바탕으로 공자교운동을 전개하기도 했다.

본 책에는 총 9편의 글이 실렸다. 맨 앞 홍원식(계명대)의 총론 글에 이어 '주문팔현'을 인물별로 연구한 8편의 글을 생년生年 순서에 따라 실었다. 구체적으로 허유는 권오영(한국학중앙연구원), 김진호는 김낙진(진주교육대), 곽종석은 추제협(계명대), 윤주하는 이세동(경북대), 이정모는 전병철(경상대), 이승희는 정병석(영남대), 장석영은 황지원(동국대), 이두훈은 김기주(계명대) 교수가 집필을 맡았다. 이처럼 '주문팔현'을 함께 묶은 책은 아직까지 없으며, 8명 가운데 2, 3명에 대한 연구가 어느 정도 이루어졌을 뿐 나머지 인물들에 대한 연구는 미진한 상황이다. 본 책이 그동안 부족했던 개별 인물에 대한 연구를 많이 보완할 수 있으며, 특히 학파적 관점에서 한주학파를 이해하는 데 나름 기여하리라는 기대를 내심 가져본다. 동학들의 질정을 기다리며 글을 맺는다.

2020년 1월

홍원식

목차 Contents

✎ 홍와 이두훈의 철학과 한주학 계승 / 김기주

총론

홍 원 식

총론

홍 원 식

1. 머리말

'주문팔현洲門八賢'은 한주寒洲 이진상李震相(1818~1886)의 대표적인 제자 여덟 명을 일컫는 말이다. 이진상은 조선 말 대표적인 성리학자로 이황李滉(1501~1570)의 퇴계학退溪學을 비판적으로 계승하는 한편 포은圃隱 정몽주鄭夢周에서 야은冶隱 길재吉再, 한훤당寒暄堂 김굉필金宏弼, 한강寒岡 정구鄭逑, 여헌旅軒 장현광張顯光으로 이어져 내려온 '낙중학洛中學(낙동강 중류지역의 유학)'을 부흥시키고 총결한 인물이다. 그를 이은 '주문팔현'과 재전再傳 제자들은 근대 대한제국 시기와 일제강점기를 거쳐 해방 이후까지 다양하면서도 활발한 활동을 벌여 당대 최고, 최대의 학파적 면모를 보였다.

본 글에서는 이진상의 대표적 직전제자인 '주문팔현'을 중심으로 한주학파의 철학사상과 활동을 개관해보고자 한다. 그들은 스승의 학설을 적극적으로 계승하고 옹호하는 한편 급변하는 현실 정세 아래 스승의 척사위정론을 버리고 개명한 유학자로서의 길을 걸었다. 이에 본 글에서는 두 부분으로 나눠 이를 살펴본 뒤 한주학파의 학파적 특징과 철학사상적 위상을 짚는 것으로 글을 맺고자 한다.

2. 이진상의 한주학과 '주문팔현'

이진상은 경북 성주 대포大浦(한개마을) 출신으로 본관은 성산星山, 자가 여뢰汝雷, 호가 한주寒洲이다. 그는 달리 스승이 없이 숙부인 응와凝窩 이원조李源祚(1792~1871)로부터 가학家學을 전승한 가운데 학문적 대성을 이루었다. 그런데 이원조의 학문적 연원이 상주 출신의 입재立齋 정종로鄭宗魯에 닿아 있으므로, 결국 이진상은 멀리 이황에서 서애西厓 유성룡柳成龍과 우복愚伏 정경세鄭經世를 거쳐 정종로와 이원조로 이어진 학맥을 계승한 것으로 볼 수 있다. 한편 그는 동향의 선현인 한강寒岡 정구鄭逑의 학문을 계승하는 모습도 보여, 이황에서 정구로 이어져온 학맥연원도 함께 고려할 필요가 있다.[1] 그리고 이진상은 일찍이 20세 때 직접 도산서원을 찾아 이황의 사당을 배알하면서 그를 사숙私淑했으며, 30세 때에는 자신의 서재를 '조운헌도재祖雲憲陶齋'라 이름붙임으로써 운곡雲谷 곧 주자朱子를 조술祖述하고 도산陶山 곧 이황을 헌장憲章하겠다는 뜻을 분명하게 밝혔다.[2]

이처럼 이진상은 이황과 학맥연원이 닿아 있으며, 그 스스로 퇴계학을 계승하겠다는 의지를 천명하였지만, 그의 대표적 성리설인 '심즉리설心卽理說'과 '리발일도설理發一途說', '칠정리발설七情理發說' 등은 퇴계학의 '심합리기설

1) 홍원식. 2008.『한주 이진상의 생애와 사상』. 예문서원. 40~63쪽 참조.

2) 이하 이진상에 대해서는 홍원식의 위의 책과 홍원식 외 지음. 2018.『조선말의 '낙중학'. 한주 이진상의 삶과 사상』「이진상의 '한주학'과 낙중학의 부흥」. 계명대학교출판부 참조.

心合理氣說', '리기호발설理氣互發說', '칠정기발리승설七情氣發理乘說' 등과 사뭇 다른 점이 있어 당시 영남 유학계에서 큰 논란이 일어났으며, 마침내 도산서원에 봉정된 그의 문집이 반송되고 상주 향교에서는 불태워지기까지 했으며, 그의 학설을 비판하는 통문通文들이 돌기도 했다.

물론 이진상은 자신의 주장이 이황의 학설과 어긋나지 않을 뿐만 아니라 한 걸음 더 나아가 그의 학설이 지닌 진정한 의미를 드러냈다고 생각했다. 여기에서 그는 '간법看法'의 중요성을 특히 강조했다. 곧 그는 겉으로 드러난 문자에만 매달릴 것이 아니라 그 속에 담긴 의미를 읽어내는 '활간活看'과 부분에 빠지지 않고 전체적 맥락 속에서 읽을 수 있는 '통간通看'이 중요함을 강조했다. 결국 자신의 학설이 이황의 학설과 다른 듯이 보이지만 결코 다르지 않으며, 그것은 어디까지나 '활간'과 '통간'의 결과라는 주장이다.

이와 더불어 이진상은 '수간竪看(근원에서 바라봄)'과 '횡간橫看(중간에서 바라봄)', '도간倒看(지엽枝葉에서 바라봄)'의 '삼간법三看法'도 제시했다. 그리고 그는 이것을 리理·기氣의 발發·미발未發의 문제와 연결시켜 이황의 리기호발설은 횡간, 이이의 기발일도설은 도간한 것이고, 자신의 리발일도설은 수간한 것이라고 주장했다. 달리 말하면 이황의 정안定案처럼 받아들이고 있는 리기호발설은 어디까지나 횡간에 따른 것일 뿐 수간하면 리발일도설이며, 이것이 바로 이황이 가졌던 생각의 본령이라는 것이다. 나아가 여기에는 수간의 리발일도설이야말로 리·기의 발·미발 문제에 있어서 정론正論이며 궁극적 답이라는 뜻도 담겨 있다.

이진상은 또 주자의 학설을 초년설初年說과 중년설中年說 및 만년설晩年說로 구분한 뒤 자신의 심즉리설은 주자의 만년설이자 그의 최종적 정안이라고 주장했다. 그는 44세 때 「심즉리설心卽理說」을 저술한 뒤 50세 때 「주자어류차의朱子語類箚疑」를 저술했다. 「주자어류차의」는 그가 오랜 기간 동안 학문적 공을 들인 저술로 주희의 『주자어류朱子語類』를 전면적으로 검토하면서 자신의 의견을 덧붙여 편찬한 것이며, 이를 통해 주자설을 초년설과 중년설 및 만년설로 구분했다. 이렇게 볼 때, 그의 심즉리설은 『주자어류』를 세밀히 검토한 결과 제시된 것이라기보다 자신의 설의 정당성을 더욱 확고히 하기 위해 『주자어류』를 세밀히 검토한 것으로 볼 수 있다.

성리학과 관련된 이진상의 대표적인 저술은 앞에서 든 「심즉리설」, 「주자어류차의」와 더불어 61세 때 편찬한 『리학종요理學綜要』이다. 『리학종요』는 그의 성리설을 총결한 것으로, 이후 사실상 그는 더 이상 성리학 관련 저술을 하지 않았다. 그는 성리학 이외에 예학과 역사학 및 경세학과 관련된 저술도 남겼다. 예학 방면의 『사례집요四禮輯要』와 역사학 방면의 『춘추집전春秋集傳』과 『춘추익전春秋翼傳』, 경세학 방면의 『묘충록畝忠錄』이 바로 그것이다. 이와 같은 다양한 방면의 관심은 그의 학문적 특징이자 정구 등을 통해 내려온 낙중학을 계승한 일면이 있으며, 또한 이것은 그의 직전, 재전 제자들에게로 이어져 다양한 사회적 활동을 하는 밑바탕이 되었다.

이진상은 38세 때 강학을 시작해 첫 급문及門 제자는 김희진金希鎭이며, 그의 문인록門人錄에는 총 137명의 이름이 올라 있다. 그런데 앞에서 언급한 바와 같이 그 가운데 가장 대표적인 제자로 '주문팔현'을 든다. 이들의 급문 시기를 살펴보면, 먼저 그가 53세(1870) 때 봄 후산后山 허유許愈가, 같은 해 겨울에 면우俛宇 곽종석郭鍾錫이 급문했다. 이어 55세(1872) 때 자동紫東 이정모李正模가, 58세(1875) 때 홍와弘窩 이두훈李斗勳이, 59세(1876) 때 교우膠宇 윤주하尹胄夏가, 마지막으로 61세(1878) 때 회당晦堂 장석영張錫英과 물천勿川 김진호金鎭祜가 급문했다. '주문팔현'은 이상의 7명에 이진상의 아들 한계韓溪 이승희李承熙를 더해 일컫는 말이다.

이진상은 강학과 문답, 향음주례, 계 등을 통해 자신의 학파 영역을 넓혀 나갔다. 먼저 그는 자신의 서재는 물론 낙동강 중류 지역을 중심으로 성주의 회연서원과 청천서원, 선석사 및 무흘서당 등, 고령의 종산재와 반룡사 및 관동 등, 창녕의 강림재, 거창의 갈천서당, 칠곡의 각산 등에서 활발하게 강학했다. 그리고 특히 주목할 만한 강학으로 60세(1877) 때의 지리산 유람을 들 수 있는데, 당시 그는 곳곳에서 강석과 향음주례를 열고, 조식曹植을 배향한 덕천서원德川書院과 산천재山天齋를 방문했다. 이때 낙동강 하류 강우江右 지역의 선비들이 대거 그의 문하에 들었다. 당시 강우 지역은 조식의 남명학풍 여운이 짙게 남아 있었지만 인조 이후 정치적으로 몰락한 터라 범퇴계학권에 편입된 상황이었다. 그런 가운데 '근기近畿 남인南人(퇴계학파)'의 후예인 성재性齋 허전許傳(1797~1886)이 김해 도호부사로 부임해옴에 따라 강우 지역의 많은 선비들이 그의 문하에 들었다. 바로 이들 중 많은 이가 다시 이진상의 문하로 들게 되었는데, '주문팔현' 가운데 허유와 곽종석, 이정모, 윤주하, 김진모가 바로 그들이다. 지리산 유람에 이어 이진상은 63세(1880) 때 남동지방을 유람하면서 일본관日本館을 방문하고 그곳에 있던 화륜선火輪船에도 올라 보았으며, 언양과 경주, 영천을 거쳐 돌아왔다. 결국 그가 강학하고 유람한 지역이 그의 학파 영역이 미친 곳이라고 볼 수 있다.

이렇게 볼 때, 그의 학파는 낙동강 중류와 하류, 곧 낙중과 낙하 지역에 주로 포진했으며, 자신의 고향인 성주 땅 북쪽으로는 거의 나아가지 못했다. 그곳은 여전히 퇴계학의 정통을 고수하는 이들이 강고하게 자리 잡고 있었다. 실은 낙중 지역도 평생 도우道友로 지낸 칠곡의 사미헌四未軒 장복추張福樞(1815~1899)는 그의 성리설에 동의하지 않았으며, 영천의 임고서원臨皐書院을 중심으로 한 금호강 일대의 많은 유학자들은 장현광의 여헌학에 깊이 빠져 있었다. 그리고 낙하 지역도 노사蘆沙 기정진奇正鎭(1798~1879)과 간재艮齋 전우田愚(1841~1922)의 학맥이 일부 형성되어 있었다.

3. 이진상의 성리설 계승과 옹호

이진상이 1886년 세상을 뜬 후 9년이 지난 1895년 곽종석과 이승희의 주도 아래 『한주문집寒洲文集』이 거창 원천정에서 목주자본木鑄字本으로 간행되었다.[3] 그런데 이 이전에 이미 그의 성리설이 집성된 『리학종요』가 1889년 5월 한개마을 본가에서 이승희와 허유, 곽종석, 윤주하, 장석영 등 여러 제자와 만구晩求 이종기李種杞 등이 참가한 가운데 수십일 동안 교감을 거쳤으며, 이후 허유와 윤주하가 다시 삼가의 병목서당에서 교감과 교정을 거쳐 1897년 고령 회보계會輔契에서 간행되었다.

『한주문집』이 간행되자 이를 곧장 도산서원에 봉정하였다. 그러나 그의 문집은 성주 향교로 환송되고, 이 속의 내용을 비판하는 통문을 영남 일대에 돌렸다. 도산서원에서 돌린 통문은 이만인李晩寅이 중심이 되어 작성한 것으로, 그는 이진상의 성리설이 이황의 성리설과 다르다고 격렬하게 비판했다. 이후 그의 문집은 박해령朴海齡 등에 의해 상주 향교에서 불태워지기까지 했다.

문집 봉정을 놓고 이와 같이 격렬한 반발을 보인 것은 유례를 찾기 어려운 일이다. 그 까닭은 앞서 말한 바와 같이 이황과 이진상 사이 성리설의 차이 때문이지만, 한편으로 이진상의 문하를 대표하는 곽종석이 당시 거듭된 요청에도 불구하고 의병운동에 나서지 않음으로써 안동 지역의 유림들로부터 비난을 받은 것과도 관계가 있다. 1895년 을미사변 후 전국에서 최초로 근대 의병운동이 안동에서 일어났는데, 당시 곽종석은 안동 인근의 봉화에서 수년 간 거처하고 있었다. 그런데 그는 의병에 참여하지 않고 거창으로 돌아왔으며, 이후 만국공법萬國公法에 호소하는 등 현실 인식과 실천에서 낙

---

3) 『寒洲文集』은 1928년 三峯書堂에서 다시 간행되었다.

상 안동 지역의 유림들과 다른 길을 걸었다. 여기에서 낙중의 한주학파는 성리학의 이론뿐만 아니라 현실 인식과 실천의 문제에서도 낙상의 퇴계학 정통을 고수한 이들과 분리되고 있음을 볼 수 있다.

먼저 주문팔현을 중심으로 한 이진상의 제자들은 『한주문집』 간행 후 도산서원 등 낙상의 유림들로부터 격렬한 비판을 받게 되자 스승을 설을 옹호하는 데 나섰다. 이만인이 「한주이씨동정설조변寒洲李氏動靜說條辨」을 지어 이진상의 리발일도설을 비판하자, 곽종석은 「답이자익答李子翼」을 지어 대응했다. 그의 아들 이승희는 장문의 「선록조변宣錄條辨」을 지어 부친이자 스승이기도 한 이진상의 학설을 옹호했으며, 윤주하도 「반구록反究錄」을 지어 대열에 동참했다.

나아가 주문팔현은 기호 율곡학맥 이항로李恒老(1792~1868)의 화서학파華西學派 후예들 사이에 전개된 심설心說 논쟁에도 개입했다. 당시 이항로의 후예들은 스승의 심과 명덕明德에 대한 해석의 문제를 놓고 이견을 노출하면서, 중암重庵 김평묵金平默(1819~1891)은 심·명덕 주리主理의 입장에, 성재省齋 유중교柳重教(1832~1893)는 심·명덕 주기主氣의 입장에 섰다. 이진상의 심즉리설을 계승한 곽종석은 「유성재심설변柳省齋心說辨」을 지어 유중교의 설을 비판하며 김평묵의 설을 옹호했다. 이러한 심·명덕에 대한 주리적 입장은 '심합리기心合理氣'를 주장하는 낙상의 퇴계학 정통론자들뿐만 아니라 300년 동안 '심시기心是氣'를 고수한 율곡학파의 입장에서는 더욱 받아들이기 힘든 것이었다. 그렇지만 '심즉리'를 계승한 한주학파의 입장에서 볼 때는 김평묵의 심·명덕 주리론이 더없이 좋은 우군友軍이 될 수 있었기 때문에 화서학파의 논쟁 속에 뛰어든 것이다. 이를 통해 영남 낙중의 한주학파는 중앙무대에 진출하며 전국적 위상을 가질 수 있는 결정적 계기를 마련했다.

그렇지만 기호 율곡학파의 정통을 자처한 간재 전우는 '심시기'의 입장에서 한주학의 '심즉리설'을 거듭 격렬하게 비판했다. 낙상의 퇴계학파도 그러했지만 그는 한주학파의 심즉리설을 양명학陽明學의 '심즉리설'과 같은 이단사설로 몰아붙였다. 그러면서 그는 '성사심제설性師心弟說'을 제기하여 성性과 심을 스승과 제자의 관계로 대비시켰다. 이에 대해 곽종석과 그의 제자인 하겸진河謙鎭과 김황金榥까지 나서서 전우의 '성사심제설'을 비판하고 이진상의 '심즉리설'을 옹호했다. 주문팔현 가운데 한 사람인 장석영도 「성사심제변性師心弟辨」을 지어 이 대열도 동참했다. 이처럼 한주학파는 재전제자들까지 합세하여 스승의 설을 옹호하고 이에 대한 비판에 맞섬으로써 전국적으로 당시 유학계의 중심에 섰다.

4. 현실 인식의 변화와 다양한 활동

한주학파는 학문적으로 뿐만 아니라 현실 인식과 활동에서도 주목할 만한 부분이 많다. 이진상은 현실 인식과 활동에 있어서 기본적으로 척사위정론斥邪衛正論에 서 있었다. 이것은 무엇보다 시대적 한계에서 온 것이라고 볼 수 있으며, 중앙으로부터 멀리 떨어진 영남에 거처해 현실 인식이 더딜 수밖에 없었던 점도 그 이유로 들 수 있겠다. 그렇지만 그가 성리학 연구에만 매몰되어 현실에 관심이 없었던 것은 아니며, 만년에 영남 남동지방을 유람하며 일본관에 들리고 화륜선에 올라보는 것 등을 보면 급변하는 세계정세에 대해서도 관심을 가진 측면이 있다.

한주학파의 후예들은 갑오개혁甲午改革(1894) 때까지는 여느 척사위정론자들과 같았다. 이승희는 부친 이진상의 명에 따라 영남만인소嶺南萬人疏 사건(1881) 때 척사소斥邪疏를 짓고 이에 적극적으로 동참했다. 그런데 갑오경장 이듬해 을미사변이 터지고 을미개혁乙未改革(1895)이 단행될 즈음 그들의 현실에 대한 인식이 바뀌기 시작했다. 을미사변이 터지자 안동 지역을 중심으로 한 낙상 지역에서는 척사위정론의 연장선상에서 최초의 근대 의병이 일어났다. 이 을미의병은 권세연權世淵을 의병장으로 추대되고, 곽종석에게는 부장副將을 맡겨 의병에 동참할 것을 거듭 요청하였으나, 그는 끝내 이 청을 받아들이지 않고 당시 거처하던 봉화 춘양을 떠나 거창으로 돌아가고 말았다. 이에 대해 낙상의 유생들은 격렬하게 비판했다. 이처럼 영남의 낙상과 낙중 유학계는 현실 인식과 대응 방안을 놓고 갈라지게 되었으며, 옹호하는 학설마저 달라 급속하게 분열, 분화되어 갔다.

이후 곽종석은 을사늑약乙巳勒約(1905)으로 말미암아 일어난 을사의병 때도 최익현崔益鉉의 청을 거절한 채 참여하지 않았다. 그리고 일제강점이 된 이후인 1912년 고종이 은밀히 거의擧義를 요청했을 때 그는 "신臣은 도道로써 임금을 섬기는 처지에 있으니 신이 책임질 것은 도입니다. 나라는 망하여도 도는 망하지 않으며, 임금은 굴복할지라도 도는 굴복하지 아니하나니 단지 불사이군不事二君으로 신의 소신을 삼겠습니다"라고 답하고서 그의 요청을 거절했다.

이처럼 곽종석과 이진상의 후예들은 이미 일찍이 을미사변 이후 보수 유림들과 현실 인식을 달리 했으며, 이에 따라 사회적 활동과 실천도 다른 길을 걸었다. 을미사변 후 보수 유림들이 의병운동을 전개할 때 곽종석과 이두훈은 「열국공관서列國公館書」를 지어 각국 공관公館에 돌렸다. 그들은 급변하는 세계정세의 흐름을 좇아 만공공법에 호소하는 방법을 선택했던 것이다. 또 곽종석은 을사늑약(일명 을사보호조약)이 맺어지자 「청뢰거보호보호명정국체請牢拒保護明正國體」를 지어 조약 파기를 주장하고, 「청참매국적신개덕열국공관소請斬賣國賊臣開德列國公館疏」를 지어 조약에 앞장 선 매국 관료들을 처벌하고 열국 공관에 호소해 문제의 해결을 주장했다. 여기에서 그들은 나름 세계정세를 파악하고 이에 따라 상황 타개를 주장한 점에서 보수 유림들과 달랐으며 다소 개명한 유학자의 모습을 보이고 있다.

한주학파의 이러한 개명한 유학자의 모습은 대한제국 시기 애국계몽운동과 국채보상운동에 적극적으로 참여한 것에서도 확인할 수 있다. 여기에는 이진상의 재전제자들이 중심이 되어 참여하였다. 곽종석의 제자인 심산心山 김창숙金昌淑(1879~1962)은 고향 성주에 학교를 설립하고, 국채보상운동 성주 지회를 이끌었다. 당시까지도 안동을 중심으로 한 영남 유림들은 근대식 학교 설립에 대해 강한 거부감을 가지고 있었으며, 애국계몽운동에 대해서도 부정적 혹은 소극적 자세를 가지고 있었던 것과 대비된다.

3.1운동 후 곽종석은 제자 김창숙과 함께 '파리장서巴里長書 사건'(일명 '제1차 유림단사건')을 일으켰다. 이 사건은 곽종석이 앞장서고 그의 제자 김창숙 등이 주도한 것이다. 김창숙은 김정호金丁鎬와 처음 논의한 뒤 이중업李中業·유준근柳濬根·유진태兪鎭泰와 합의를 거쳐 서울의 유준근 집에서 구체적인 계획을 세웠다.[4] 김창숙은 파리장서를 파리에서 활동하고 있넌 김규식金奎植에게 보내는 한편 윤현진尹顯振에게 영문으로 번역하게 하여 한문본 3천 부와 영문본 2천 부를 국내외에 돌렸다. "한국 유림대표 곽종석과 김복한金福漢 등 137인은 삼가 파리평화회의에 참여하신 여러 각하들에게 봉서하노라"라는 말로 시작해서 "우리는 차라리 자진하여 죽을지언정 일본의 노예는 되지 않을 것이다"라는 말로 끝맺는 파리장서는, 내용 속에 나타나 있듯이 제1차 세계대전 뒤 파리평화회의에 참석한 각국 대표들에게 한국 유림들의 항일과 독립 의지를 전하기 위한 것이다. 아울러 이것은 유림이 배제된 채 천도교와 불교·기독교 대표 33인의 명의로 선언된 「기미독립선언문」에 대한 화답과 지지의 의미를 가지고 있다. 이 파리장서 사건은 곽종석의 입장에서 볼 때 을미사변과 을사늑약 이후 취했던 만국공법에 호소하는 방법의 연장선상에 있다고 볼 수 있다. 김창숙은 이후 비밀리에 상해 임시정부의 군자금 모

4) 金昌淑, 『心山遺稿』, 310쪽 참조.

금을 도모하다 사전에 발각된 '제2차 유림단 사건'을 일으켰다.

한주학파의 현실 활동 가운데 또 하나 눈에 띄는 것은 이승희가 주도한 공자교운동이다. 개항 이후 근대시기를 거치면서 조선의 지배 이념이었던 유교는 심각한 위기상황을 맞이하게 된다. 개항 후 정권의 담당자인 개화파들은 유교에 대한 신심信心을 점점 잃어 가 1890년 말 대한제국 시기에 이르면 마침내 유교에 대한 비판적 시각이 등장한다. 이렇게 유교가 비판의 전면에 나서게 되면서 일부 유교 지식인들은 유교개혁에 대한 적극적 입장을 취하게 된다. 대표적인 이들로서 박은식朴殷植과 장지연張志淵, 신채호申采浩 등을 들 수 있다. 박은식은 「유교구신론儒教求新論」[5]에서 조선 주자학과 주자학자들의 폐해를 지적하면서 양명학을 대안으로 제시하였다. 대체로 유교개혁의 내용은 유교의 말폐 혹은 주자학에 대한 비판으로 모아졌다. 결국 그들은 유교 자체와 공맹孔孟에 대한 보위를 위해서도 유교개혁은 필수불가결한 것이라고 받아들였던 것이다.

여기에다 종교를 구국의 핵심적 방도로 인식하기 시작하면서 유교개혁과 더불어 유교 종교화운동도 함께 일어나게 된다. 1899년 고종은 「존성윤음尊聖綸音」[6]에서 "세계의 모든 나라가 종교를 극진히 숭상하는 것은 종교가 인심을 밝게 하고 정치의 도리가 여기에서 나오기 때문"이라고 하였으며, 장지연도 "종교란 국민의 뇌질腦質을 주조鑄造하는 원료요, 한 나라의 강약과 흥망이 종교에 달려 있다"라고 말하였다. 박은식 역시 「종교설宗教說」[7]에서 종교의 중요성을 강조했다. 모두 한결 같이 정치교화적 기능에서 종교의 중요성을 강조한 것이다.

---

5) 朴殷植, 『朴殷植全集』 下, 44~48쪽 참조.

6) 『尊華錄』(宋秉稷 編, 1900) 卷6과 『大東正路』(許侙·郭漢一 編, 1903) 卷5에 각각 실려 있다.

7) 朴殷植, 『朴殷植全集』 中, 414~420쪽 참조.

공자교운동의 본격적인 전개는 이승희에 의해 이루어진다.[8] 먼저 이승희는 1908년 62세 때 망명길에 오른 뒤 한인공동체를 통한 해외독립운동의 기지 마련과 한인공동체의 정신적 결속을 위해 공자교운동에 매진했다. 그는 망명 다음해인 1909년 이상설李上卨 등과 함께 중국 길림성吉林省 밀산부密山府에 한흥동韓興洞이라는 한인정착촌을 개척하고, 4년 뒤 이 한흥동개척사업이 어려움을 겪자 중원을 둘러보기 위해 나서면서 이때부터 공자교운동에 뛰어들었다. 그는 1913년 12월 북경 공교회孔教會의 주임 진환장陳煥章을 만나 공교회 한인지회의 설치 문제를 논의하여, 다음 달인 1914년 1월 공교회로부터 동삼성東三省 한인공교회韓人孔教會 지회의 승인을 받았다. 이때 그는 공교회의 주창자인 강유위康有爲(1858~1927)와 서신으로 공교회 등 여러 문제들에 대해 의견을 나누고, 진환장의 요청으로 「공교진행론孔教進行論」과 「공사관복설孔祀冠服說」을 지어 공교회의 종교의례를 정하는 데 기여했다. 특히 그가 지은 「공교교과론孔教教科論」이 『공교잡지孔教雜誌』에 실리자 중국 공교회에서 공식적으로 채택하겠다고 나서기도 했다. 아울러 그는 유교의 이상정치론인 '대동大同'의 내용을 담고 있는 『예기禮記』 「예운禮運」편을 집중적으로 연구하여 『예운집주禮運集註』를 편찬하고, 공자의 전기를 고증하여 『공자세기孔子世紀』를 짓기도 했다.

그런데 이승희의 공자교운동은 중국 공교회와의 긴밀한 관계 속에 전개되었지만, 막상 중국 공자교운동의 주창자인 강유위 사상과는 특별한 영향관계를 갖지 않는다. 그는 강유위에게 한두 차례 편지글을 보내기는 했지만 그로부터 영향을 받은 흔적은 없다. 특히 같은 공자교운동이지만 이승희의 공자교사상은 강유위의 것과 판이했다. 강유위의 공자교사상이 주자학을 비

---

8) 이승희의 공자교운동은 홍원식의 『동도관의 변화로 본 한국 근대철학』(예문서원, 2016) 제2부 제3장 '이승희와 이병헌의 공자교운동'참조.

판하고 기독교를 모델로 하고 있는 반면, 이승희는 반기독교·비인격신의 주자학적 공자교사상을 가지고 있었다. 그의 이러한 공자교사상은 공자교운동의 전개 이전부터 이미 마련되어 있었다. 이승희는 일찍이 1902년 56세 때 영국인 알렉산더 윌리엄슨(韋廉臣)과 유교에서 말하는 '상제上帝'(神)가 '태극太極'(理)인가 아닌가의 문제로 논변한 적이 있는데,[9] 이때 그는 기독교에서 말하는 신(상제)은 주자학에서 말하는 리(태극)와 다르다고 주장했다. 이러한 그의 생각이 공자교사상에도 그대로 이어졌다. 뒷날 한주학파의 재전인 이병헌李秉憲도 공자교운동에 뛰어들었다. 그들이 전개한 공자교운동의 사상적 특징과 역사적 위상은 유교를 끝내 버리지 않은 채 유교의 종교적 변모를 도모하고 이를 통해 현실 문제를 해결하려 든 것이라고 볼 수 있다.

5. 맺음말

'주문팔현'은 조선 말 대표적 성리학자인 낙중 지역 출신 한주 이진상의 대표적 제자 여덟 명을 흔히 일컫는 말로, 면우 곽종석을 비롯하여 후산 허유, 자동 이정모, 홍와 이두훈, 교우 윤주하, 회당 장석영, 물천 김진호 및 그의 아들 한계 이승희가 바로 그들이다. 본 글에서는 이들을 중심으로 근대 대한제국을 전후한 시기 낙중학의 전개 양상을 살펴보았다.

이진상은 이황의 퇴계학 계승을 자임하였음에도 퇴계학 정통의 '심합리기설'과 '리기호발설' 및 '칠정기발리승설'과 다른 '심즉리설'과 '리발일도설' 및 '칠정리발설' 등을 주장함에 따라 안동을 중심으로 한 낙상의 퇴계학 정통론자들로부터 격렬한 비판과 배척을 받았다. 이로 말미암아 영남 유학계는 둘

9) 李承熙, 『韓溪遺稿』 6, 「韋君廉臣英人上帝非太極論辨」, 205~212쪽 참조.

로 급속히 분화하였으며, 조선 후기 내내 침체의 늪에 빠져 있던 낙중학은 다시 부흥의 시기를 맞음과 동시에 전국적으로도 중심적 위치에 우뚝 섰다.

이진상의 「문인록」에는 '주문팔현'을 위시하여 총 137명의 이름이 올라 있다. 그는 38세 때 첫 강학을 시작하였으며, 활발한 강학 등의 활동을 통해 50대 중반에 이르면 그의 학파 영역은 성주를 중심으로 한 낙중 곧 낙동강 중류 지역에서 낙동강 하류 지역으로 확장되었다. 그러나 퇴계학 정통 계승자들이 포진한 낙상 지역은 물론 고향 성주 지역 북쪽으로는 그의 학파가 거의 뻗어 나가지 못했다.

'주문팔현'을 중심으로 한 한주학파의 후예들은 이진상의 『한주문집』과 그의 성리설을 총집한 『리학종요』를 간행한 뒤 낙상의 영남 유학계로부터 강한 비판을 받게 되자 단결된 모습으로 스승의 설을 옹호하는 데 나섰다. 나아가 그들은 근기 지역 기호 율곡학맥의 화서학파 내 심·명덕 주리·주기 논쟁에도 적극적으로 간여하여 이진상의 '심즉리설'과 유사한 김평묵의 심·명덕 주리설을 지지하였으며, 율곡학의 정통 계승을 자처한 전우가 '성사심제설'을 제기하며 이진상의 '심즉리설'을 비판해오자 이진상의 재전제자들이 중심이 되어 이에 대응했다. 이렇게 한주학파는 이진상의 직전제자에서 재전제자로 이어가며 스승의 성리설을 적극적으로 옹호하고 나섬으로써 학파적 특성을 더욱 분명하게 드러내고 전국적 학파로서의 위상을 더욱 굳건하게 다졌다.

한편 한주학파의 후예들은 현실 인식과 활동에 있어서 1895년 을미사변을 기점으로 해서 척사위정론의 입장에서 벗어나 다소 개명한 유학자의 길을 걷기 시작했다. 그들은 당시 보수 유림들의 척사위정론에 따른 의병에 참여하지 않고, 급변하는 세계정세를 바라보며 만국공법에 호소하는 길을 택했다. 이러한 노선은 을사늑약(1905) 때에도 이어졌으며, 3.1운동 후 파리에서 열린 파리평화회의에 일제강점을 반대하고 독립을 청원한 '파리장서 사건'(일명 제1차 유림단 사건)으로 이어졌다. '파리장서 사건'은 바로 한주학파의 수장인 곽종석이 앞장서고 그의 제자인 김창숙이 주도한 가운데 이뤄졌다.

이미 을미사변을 기점으로 개명한 유학자의 길을 택한 한주학파의 후예들은 대한제국 시기 애국계몽운동과 국채보상운동에 적극적으로 참여하였다. 그리고 이승희는 일제강점 전인 1908년 중국으로 망명을 떠나 현지에서 한인공동체 구성을 통한 해외독립운동 기지 건설에 노력하던 중 한인공동체의 정신적 결속을 위해 공자교운동을 전개했다. 그의 공자교운동은 강유위가 주도한 중국 공교운동과 연결된 가운데 진행되었지만 사상적 기반은 달랐다. 그의 공자교운동은 한주학의 성리설을 바탕으로 한 주자학적 공자교운동이라는 점에서 주자학을 배제한 중국의 공교운동과 철학사상적으로 많이 달랐다.

이상의 정리에서 볼 때, 한주학파는 영남 낙중 지역에서 출발하여 낙하 지역으로 확장된 뒤 전국적으로 활동 범위를 넓혔으며 해외로까지 뻗어 나갔다. 그리고 한주학파는 직전제자들에 그치지 않고 재전제자들에게로까지 이어지며 더욱 다양하고 활발한 활동을 전개함으로써 당대 최고, 최대의 학파적 면모를 보였다. 그러면서도 그들은 을미사변 이후 척사위정론을 버리고 개명한 유학자의 길을 걸었지만 철저하게 스승 이진상의 성리설을 고수하고 유교를 손에서 놓지 않은 채 근대를 맞았다는 점에서 사상적 특징이 있다.

후산后山 허유許愈의 학문이력과 한주학 계승

권 오 영

후산后山 허유許愈의 학문이력과 한주학 계승

권 오 영

1. 머리말

19세기 영남학계에는 이학理學에 대한 강론이 그 전시기에 비해 더욱 활발해졌다. 당시 영남학계의 이학 학풍은 이황李滉의 이학을 계승하고 심화시키는 과정에서 형성된 것이었으나 이학도 이제 그 시대의 역사적 상황에 대응하기 위해 다시 새로운 이론을 세우지 않을 수 없었다. 그래서 이 시기를 살았던 영남의 이학자들은 그 어느 시기보다 더 치열한 이학의 탐구에 힘쓰고 실천적 삶을 살았다. 그 중심에 서서 새로운 학설을 제기한 학자가 바로 이진상李震相이다. 이진상은 이황의 심합이기心合理氣를 철칙으로 삼아 온 영남학계에 심즉리心卽理설을 과감하게 제출하여, 먼저 기호의 심즉기心卽氣설을 비판하고 아울러 영남 이학을 발전시켜 기학氣學과 양학洋學을 극복하는 이론으로 굳건하게 세우려고 하였다.

이진상 문하의 여덟 명의 저명한 제자를 세칭 '주문팔현洲門八賢'이라고 하는데, 그 가운데서 허유許愈(1833~1904)가 가장 선배였고 이진상과 가장 가까운 사제관계를 유지했고 스승의 학설이 영남학계에서 이단으로 몰리자 그 수호에 앞장을 섰다. 그래서 이진상의 아들 이승희李承熙는 "공(허유)의 마음은 곧 우리 선군先君(이진상)의 마음이다"라고 했다.[1]

1833년(순조 33) 4월 5일에 경상도 합천 오도리에서 태어난 허유는 평생 이학을 탐구한 학자였다. 그는 본관이 김해허씨金海許氏이고, 자는 퇴이退而, 호는 후산后山 또는 남려南黎이다. 그는 1870년 이진상의 문하에 나아가 이진상의 심즉리설을 적극적으로 전수 받아 18년 동안 영남학계에 널리 전파하였다. 허유는 주리설主理說을 정학正學으로 보아 평생 이를 연구·발양發揚하여 사람들의 심성心性을 바로잡아 세상을 구제하려고 했다.[2]

이 글에서는 우선 허유의 학문이력을 살펴보고, 이어 그가 이진상李震相의 이학理學을 계승한 내용에 대해 탐구하고자 한다.

2. 허유의 학문이력

허유는 1870년(고종 7) 봄에 처음으로 성주의 한주정사로 이진상을 찾아가 주리설主理說의 요지를 들었다. 그는 이진상으로부터 태극太極과 동정動靜의 관계, 인성人性과 물성物性의 문제 등에 대해 가르침을 받고 토론을 하였다.[3]

1872년 여름에 허유는 곽종석郭鍾錫·이정모李正模와 함께 이진상을 다시

1) 李承熙. 『大溪文集』 권33. 祭文. 祭許后山文.

2) 許捲洙. 2007. 「后山 許愈의 生涯와 學問에 대한 研究」 『후산 허유의 학문과 사상』. 술이. 90쪽.

3) 허유의 학문이력에 대한 서술은 許捲洙. 「后山文集 解題」 『后山集』. 后山書堂. 1999를 참조했다.

찾아갔다. 이때부터 허유는 이진상으로부터 가르침을 받은 이학理學의 내용을 벗들에게 설명해 주었다.

1886년 10월에 허유는 이진상의 상을 당하여 달려가 문상하였고 심상心喪을 입었다. 또 스승의 심즉리설을 강론하여 밝혀 그 학통을 계승해 나가는 것을 자신의 임무로 삼았다.

허유는 이진상이 세상을 떠난 이후 이진상이 편집한 『이학종요理學綜要』를 1894년 봄에 삼가의 병목서당幷木書堂에서 교정하였고, 그 끝에 발문을 써서 이진상의 이학의 특성과 그 업적을 밝혔다.[4] 또 이진상이 남긴 시문을 성주의 대포서재大浦書齋에서 교정하여 5개월의 노력 끝에 문집의 체재로 편집하고서, 「문집교정후고묘문文集校正後告墓文」을 지었다. 그리고 거창의 원천정原泉亭에서 『한주집』의 간행을 추진할 때에 허유는 직접 그 곳에 머무르면서 간행하는 일을 감독하였다.

허유는 조식의 학풍이 강한 영남 우도에 살았지만 이황과 조식을 둘 다 존경하였다. 그는 이황과 조식의 학통을 계승하였고, 또 똑같은 비중으로 존경하여 이황의 학문연구방법과 조식의 실천적 면모를 잘 계승하였다.[5] 그는 이황의 평생 공부한 결과가 「성학십도聖學十圖」에 다 들어있다고 하면서, 「성학십도」는 성학聖學의 표준이자 왕도王道의 극치라고 평가하였다. 그는 「성학십도」의 각 도와 관계되는 글을 여러 책에서 찾아 뽑아 모아서 『성학십도부록聖學十圖附錄』이라는 저술을 남겼다. 사실 그의 스승 이진상도 이황과 조식을 둘 다 존경하였다. 허유는 이진상이 일찍이 "도道를 체득함은 마땅히 주자로 종宗을 삼고 학문을 함은 마땅히 이자李子(이황)로서 법을 삼아야 한다"는

4) 許愈. 『后山文集』 권14. 跋. 理學綜要跋.

5) 許捲洙. 2007. 「后山 許愈의 生涯와 學問에 대한 硏究」 『후산 허유의 학문과 사상』 술이. 110쪽.

말을 했다고 했다.[6] 이진상은 「산천재」란 시에서 "남명南冥과 퇴도退陶의 정학正學, 동방에 아울러 있는데 사단칠정四端七情의 진전眞詮은 약속하지 않아도 같았다네"라고 하여 조식과 이황의 학문을 기리면서, 그 자신의 이학의 주리설의 연원을 두 학자에서 찾고자 했다.[7]

허유는 조식사상의 핵심이라 할 수 있는 「신명사도神明舍圖」와 「신명사명神明舍銘」에 대하여 「신명사도명혹문神明舍圖銘或問」이란 글을 통하여 조식사상을 면밀히 분석하였다.[8] 그는 조식사상의 핵심이라 할 수 있는 「신명사명」과 「신명사도」에 대해서 "이것은 노선생老先生(남명)의 심학心學의 대전大全인바, 이 뜻이 세상에 밝혀지지 않았기 때문에 배우는 사람들이 거짓되고 각박함이 날로 심해진다"[9]라고 하였다. 또한 허유는 "산해山海(남명)의 진전眞詮은 다만 여기에 있으니 신명사神明舍 속에서 함께 찾아보세"[10]라고 하여 심학心學을 밝힌 「신명사도」와 「신명사명」을 중시하고 정밀하게 분석하여 「신명사도명혹문」이라는 상세한 주석을 붙여 그 심오한 뜻을 밝히었다. 허유는 조식의 학문에 대하여 이처럼 정밀하게 해석하면서 조식의 사상이 크게 밝혀지는 것은 곧 유학의 행복이라고 하였다.[11]

1895년 『한주집』이 간행된 이후로 예안의 이만인李晩寅을 비롯한 많은 영남 학자들이 이진상의 심즉리설이 이황의 학설과 다르다고 하여 비판하였다. 이러한 분위기 속에서 평소 이진상을 따르던 벗들과 문인들중에서도 이진상의 설에 대해 의심을 품고 비판하는 사람이 많았지만, 허유와 윤주하, 곽

---

6) 『后山文集』 권14. 跋. 理學綜要跋.

7) 권오영. 2003. 「19세기 강우학자들의 학문 동향」. 『조선후기 유림의 사상과 활동』. 돌베개. 459쪽.

8) 『后山文集』 권12. 雜著. 神明舍圖銘或問.

9) 『后山文集』 권6. 書. 與曺衡七.

10) 『后山文集』 권1. 詩. 雷龍亭次崔元則琡民 二絶.

11) 『后山文集』 권12. 雜著. 神明舍圖銘或問.

종석 등은 이진상의 심즉리설의 수호에 심력을 다하였다.

허유는 주리설만이 당시 사회를 혼란하게 하는 주기론을 물리칠 수 있다고 생각하여 평생 심학의 탐구와 보급에 노력하였다. 그는 마음의 본체는 이理이지 기氣는 될 수 없다고 보았다. 당시 이진상의 심즉리설을 육왕陸王의 심즉리설과 다를 바 없다고 의심하는 사람이 적지 않자, 허유는 주희의 말을 인용하여 아래와 같이 변론하였다.

> "육왕陸王이 이른 바 심즉리心卽理는 기氣를 이理로 여긴 것이지만, 우리 유학에서의 심즉리는 마음의 본체本體로써 이야기한 것입니다. …『대학』의 첫머리의 '치지致知는 격물格物에 있다'라는 한 구절이 바로 심즉리설의 종지宗旨입니다. 주자께서 격물치지를 논하여, '마음이 곧 이理이고, 이理가 곧 마음이다'라고 말씀하셨고, 또 '사람이 학문을 하는 것은 마음과 이理일 뿐이다'라고 말씀하신 것이 바로 이것입니다."[12]

허유는 18세기 기호학계에서 한원진韓元震과 이간李柬 사이에 일어났던 인물성人物性의 동이同異논쟁에 대해서도 자신의 견해를 표현했다.

> "사람과 사물의 본성이 같으냐 다르냐에 대해서는 마땅히 이理는 하나인데 나누어지면 여러 가지理一分殊라는 설로써 단안을 내려야 한다. 이는 하나이기에 사람이나 사물의 본성이 같은 것이고, 나누어지면 다르기 때문에 사람과 사물의 본성은 다르다고 할 수가 있다. 한주선생께서, '본성이 어째서 같은가 하니, 성이 곧 이이기 때문에 같은 것이다. 어째서 다른가 하니 기로 인해서 달라지는 것이다. 비록 기로 인해서

---

12) 『后山文集』 권7. 書. 答宋子三 鎬文 問目. "陸王所謂心卽理, 認氣爲理者也, 吾儒所謂心卽理, 以心體言者也……且大學開端, 致知在格物一句, 卽心卽理之宗旨也. 故朱子論格致而曰心卽理理卽心. 又曰人之爲學, 心與理而已是也, 何可以心卽理之說, 出於陸王之口而判舍之哉? 然洲上此說, 亦初年所作, 未免多費辭說."

> 달라지긴 해도 달라지는 실체는 이인 것이다'라고 하셨는데, 이 스물네 글자는 단안斷案이라고 할 수 있다."[13)]

허유는 학문하는 데 있어서 가장 급선무는 뜻을 세우는 것이고, 뜻은 크고 굳게 세워야만 어떤 일을 이루어낼 수 있다고 생각했다.

> "무릇 학문은 뜻을 세우는 것보다 앞서는 것이 없는데, 뜻은 크게 세우지 않을 수 없고, 굳세게 세우지 않을 수 없다. '만약 나의 뜻은 단지 좋은 사람 되는 데 있을 따름이다'라고 생각한다면, 점점 뜻이 사그라들게 되어, 마침내는 앉은 자리에 붙어버려 떨쳐 일어날 수가 없게 된다. 그러니 어떻게 일을 이루어내겠는가. 모름지기 내가 하늘로부터 받은 바는 본디 광명정대하다는 것을 생각하여, 이렇게 하고 말아서는 안 된다. 내 본성 위에 나아가서 일을 지어 나가 최종 목적지에 도달한 뒤에 그만두어야 한다. 뜻을 세워 확실하게 유지해 나가야만 비로소 펼쳐나가 광대하게 열어 나감으로 해서 길게 나아갈 수가 있다. 그러나 공부하는 절차는 거경居敬만한 것이 없다. 경敬이란 것은, 마음의 주재主宰이자 모든 일의 강령으로, 성학聖學의 처음을 이루고 끝을 이루는 것이다."[14)]

허유는 학문은 이理를 추구하는 것인데, 이는 높고 먼 데 있는 것이 아니라 다만 일상생활에 있는 것이니, 마음을 가다듬어 가까운 것에서 착수해야

13) 『后山文集』 권11. 雜著. 隨錄. "人物性同異, 亦當以理一分殊斷之矣, 理一故人物性同, 分殊故人物性異, 善乎, 洲上之言曰性何以同? 卽理故同. 性何以異? 因氣而異. 異雖因氣, 異底實理. 此二十四字, 可謂斷案."

14) 『后山文集』 권9. 書. 答金瑞九 丁酉. "大抵學莫先於立志, 而志不可以不大, 立不可以不固. 若曰我之志, 只是要做個好人而已, 則工夫漸覺消靡, 畢竟黏在坐席, 鼓作不起, 如何做得事成? 須思量我之所受於天者, 本自光明正大, 必不應如此而止, 就吾性分上, 儘做得去, 必到究竟乃已. 如此立志確然堅執, 方能展拓開廣大故長進. 然其用工節度, 無如居敬, 敬者, 一心之主宰, 而萬事之綱領也, 聖學所以成始成終也."

한다고 했다. 그리고 학문하는 방법으로는 거경居敬·궁리窮理·극기克己·존성存誠 네 가지를 들면서 이학의 종지宗旨라고 했다.[15]

허유는 곽종석에게 "한주옹寒洲翁(이진상)은 근세近世의 걸장傑匠이다"라고 하면서, 이진상의 문하에 종유하면 얻는 것이 반드시 적지 않을 텐데, 문하에 입문하는 용단을 내렸으니 축하할 만하다고 하였다.[16] 그러나 이정모의 경우는 1871년부터 이진상의 심즉리설을 탐문하는 정도였고[17] 1873년 무렵까지만 해도 그는 심즉리설에 대해 아직 의심을 하고 있었다.[18] 허유와 곽종석에 이어 이정모가 1874년에 이르러 이진상의 심즉리설을 지지함으로 그 학설은 널리 보급되어 나갔다.

허유는 1870년 이진상에게 올린 편지에서 아래와 같이 말했다.

> "우리 문하門下(이진상)께서는 진실로 보고 터득하시어 종횡으로 설명을 하시어 이기理氣에 있어서는 대원大原을 주로 하여 중문重門을 여셨고 심성心性에 있어서는 본체本體를 환하게 아시고 단서端緒를 궁구하셨습니다. 여러 설을 모아 절충을 하시어 하나하나 전거가 있으시고 단락이 있으십니다. 진실로 전형典型의 말씀이고 의리義理의 글이십니다."[19]

허유는 주리主理의 종지가 수백년 동안 밝혀지지 않다가 이진상에 의해

---

15) 『后山文集』 권10. 書. 答李致善教宇 己亥. "理非高遠底物事, 只在日用常行處熟, 居敬以持其志, 窮理以致其知, 克己以滅其私, 存誠以致其實, 此四者, 百聖千賢, 理學宗旨, 外此無他道."

16) 『后山文集』 권5. 書. 答郭鳴遠鍾錫 庚午.

17) 李正模. 『紫東文集』 권3. 書. 答李器汝 辛未; 與李器汝 壬申.

18) 『紫東文集』 권2. 書. 上李寒洲先生 癸酉.

19) 『后山文集』 권3. 書. 上寒洲先生 庚午. "吾門下則眞實見得, 橫竪說去, 於理氣則主大原而闢重門, 於心性則洞本體而究端緒, 集衆說而折衷之, 斤斤有依據, 片片有段落, 信乎典刑之言, 義理之文也."

밝혀졌다고 하면서 후생들이 돌아갈 곳이 있게 되었다고 하면서 문하에 나아가 졸업을 하고 싶다고 했다.[20]

이진상은 허유에게 아래와 같이 답장을 하였다.

> "대개 사람은 일이 없지 못하나 일을 줄이는 것이 귀하고 사람은 욕심이 없지 못하나 욕심을 적게 하는 것이 최선입니다. 일을 줄이는 요점은 이理를 따르는데 있고 욕심을 적게 하는 요점은 이를 밝히는데 있습니다. 이理를 따르면 일이 이름에 바로 응하여 행하는 바가 간단합니다. 이理를 밝히면 물物의 누가 되는 것이 물러나 하고 싶은 것이 오직 선善이고 마음의 향하는 바가 비로소 전일하여 뜻이 서게 됩니다. 좌하座下가 이미 주리主理가 종지가 된다는 것을 알고 있다면 이를 밝히고 이를 따르는 것은 다만 그 주장하는 바의 절도입니다. 거경居敬과 입성立誠은 이 이理를 두는 것이고 극기克己와 한사閑邪는 이를 헤치는 바를 제거하는 것일 뿐입니다."[21]

허유와 곽종석에 이어 1872년 이정모李正模, 1874년 이두훈李斗勳, 1876년 윤주하尹冑夏, 1878년 장석영張錫英·김진호金鎭祜가 이진상의 문하에 나아감으로써 1870년대에는 한주학단寒洲學團이 형성되기 시작했다.

한편 1891년 허유는 이택당麗澤堂에서 박치복朴致馥·김진호金鎭祜 등과 『맹자』를 강론하면서 왕도王道와 패도霸道에 대해 토론을 하였다. 허유는 왕도와 패도에 대해 그 역사적 의미를 부여하였다. 그는 왕王과 패霸는 시時의 제약

---

20) 『后山文集』 권3. 書. 上寒洲先生 庚午.

21) 李震相. 『寒洲文集』 권15. 書. 答許退而 庚午. "蓋人不容無事, 而省事爲積, 人不能無欲, 而寡欲最善, 省事之要, 在乎循理, 寡欲之要, 在乎明理, 循理則事至斯應, 所行自簡, 明理則物累退聽, 可欲惟善, 心之所向, 始能專一而志以立矣. 座下旣知主理之爲宗旨, 則明理循理, 特其所主之節度也. 居敬立誠, 以存此理, 克己閑邪, 去其所以害理者而已."

을 받는다고 이해하면서[22] 맹자가 관중管仲의 시대에 태어났다면 또한 마땅히 제후諸侯를 거느리고 왕실을 높이어 그 패覇가 되는 도道를 극진히 하였을 뿐이고 천하에 왕도를 펴는 것으로 마음을 삼지는 않았을 것이라고 하였다. 그는 패覇의 도道를 다하는 것이 마침내 또한 왕王의 도道이니 자신이 오패五覇를 위하여 변명하는 것은 아니고 다만 패覇의 시의時義로써 말한 것이라고 하였다. 허유의 이러한 견해에 대해 김진호는 맹자가 관중의 때를 당하였다면 또한 마땅히 제후를 거느리고 왕실을 높였을 것이라고 하였다. 그러나 그 일삼은 바가 천리天理의 정正에서 나와서 이욕利欲의 사私로 섞지는 않았을 것이고 왕도가 저절로 있어 진실로 패覇로서 지목할 수 없을 것이라고 하였다.[23] 허유는 왕도와 패도를 역사적 상황 속에서 이해하여 관중의 패도를 시時의 관점에서 인정하려고 했던 반면, 김진호는 왕도와 패도를 분리하여 시대를 초탈하여 왕도를 구현해야 한다고 생각하였다.

허유는 1894년 12월 3일에 삼가향교三嘉鄕校에서 학생들을 모아놓고『중용』'천명지성天命之性'과『대학』의 '명덕明德'에 대해 강론을 하였다.[24] 그는『중용』의 '천명지성天命之性'에서는 사람과 물物을 아울러 말하였으나,『대학』의 '명덕明德'의 해석에는 사람이 하늘에서 얻은 것이라고 말하면서 물物을 말하지 않는 것은 무엇 때문인가 라고 의문을 제기하였다. 허유는 성性은 사람과 물物이 다 소유하고 있지만, 명덕은 오직 사람이 소유하고 있기 때문에 주희朱熹가 특별히 명덕의 해석에 사람인[人]자字를 제시하여 사람이 금수와 다른 까닭을 밝혔다는 것이라고 했다.[25] 허유는 명덕을 기氣라고 보거나 이기理氣

22) 金鎭祜.『勿川文集』권11. 雜著. 麗堂問答.
23)『勿川文集』권11. 雜著. 麗堂問答.
24)『后山文集』권5. 雜著. 縣學講義.
25)『后山文集』권5. 雜著. 縣學講義.

를 겸하고 있다고 이해하게 되면 인人과 물物이 구별이 없어지게 된다고 우려하였다. 그는 주희가 명덕을 설명하면서 "인人이 하늘에서 얻는바"라고 할 때의 "인人"에 착안하여 인人은 의리심義理心을 갖고 있으므로 인人과 물物을 뚜렷이 분별할 것을 강조하였다.[26]

3. 한주학의 계승

곽종석은 허유의 이학理學의 내용이 스승 이진상으로부터 전수받은 것이라고 하면서 그 학문을 크게 네 가지로 요약하여 제시하였다. 첫째 사람이 금수와 다른 것은 의리義理의 심心이 있기 때문이라는 것을 밝혔고, 둘째 사람이 학문을 하는 목적은 심心과 이理일 뿐이라는 것을 제시했고, 셋째 성현이 서로 전해 온 것은 이일분수理一分殊일 뿐이라는 것을 말했고, 넷째 지知와 경敬이 호상互相으로 발發하는 것은 수水와 화火의 교제交濟와 같다는 것을 밝혔다고 했다.[27]

19세기 영남학계에서는 급변하는 상황에 대응하기 위해 이황의 이학만을 묵수할 수만은 없었고 시대의 문제를 해결할 수 있는 이론 정립이 필요하였다. 안동의 김대진金岱鎭과 성주의 이진상 등은 이학에 있어 새로운 학설을 제기하였다. 우선 김대진은 사단四端으로써 칠정七情에 대하여 말하면 사단은 진실로 이발理發이고 칠정은 진실로 기발氣發이지만, 만약 칠정을 홑지게 말하면 칠정 중에 저절로 이발이라는 것이 있고 저절로 기발이라는 것이 있

26) 『后山文集續』 권5. 雜著. 客問.

27) 郭鍾錫. 『俛宇文集』 권157. 墓碣銘. 后山先生許公墓碣銘 并序 戊申. "其恒言曰人之所以異於禽獸者, 以其有義理之心也. 曰人之爲學, 心與理而已. 曰聖賢相傳, 惟理一分殊而已. 曰知與敬互相發, 猶水火之交濟也, 此其得之於師傳者, 而一生矻矻, 至死而不休者然也."

다고 하였다. 김대진은 성性이 발하여 정情이 되니 이理와 기氣가 대대待對하는 곳에 더욱더 성찰省察을 해야 하는 것이 공부이니 그 기발氣發됨을 알면 반드시 잘 다스려야 하고 이발理發됨을 알면 반드시 확충擴充을 해야 하는 것이라고 하였다.[28)]

이황 이후 지속적으로 논의되어 오던 사단과 칠정 문제에 관해서도, 김대진은 종래 이발과 기발을 사단과 칠정에서 논의하던 것에서 한 걸음 더 나아가 칠정에서도 이발과 기발이 있음을 인정하였다. 이러한 그의 주장은 칠정 속에서도 의리義理 때문에 발하는 이발이 있고 형기形氣 때문에 발하는 기발이 있다고 주장함으로써 영남학계에 새로운 학설을 제기한 것이다.

김대진의 이러한 주장에 이어 1861년 겨울에 이진상에 의해 심즉리설이라는 새로운 학설이 제기되고 있었다. 이진상의 심즉리설은 기존의 심합이기心合理氣의 설을 비판적으로 계승하였지만, 심心의 본체를 강조하고 또 심이 이理의 주재主宰라는 이해 위에서 제창된 학설이었다. 이러한 이진상의 심즉리설은 허유와 윤주하, 곽종석 등이 충실히 계승하였는데, 그 학설은 주기론主氣論이 풍미하던 당시 학계에 이학으로서 시대적 문제를 해결하기 위하여 제창된 것이었다. 이진상은 이理를 밝히는 요점은 기氣를 항복시키는 데 있다고 하였고, 주기主氣의 학이 학계에 만연하는 현실을 막으려고 하였다. 이같이 심즉리를 주요 명제로 표방한 이진상의 이학은 당시 기학氣學과 양학洋學이 만연한 시대를 치유하고 개항 이후의 외세 침략을 극복하기 위해 제창된 새로운 학설이었다.[29)]

이진상은 당시 영남의 원로학자인 유치명柳致明을 찾아가 심성설心性說에

28) 권오영. 2005.「정와 김대진의 학술과 사상」『기증유물도록(의성김씨편)』4. 서울역사박물관.

29) 권오영. 2006.「寒洲 理學의 전통과 사상사적 의의」『한주 이진상 연구』 경북대학교 퇴계연구소 편. 역락.

대하여 자신의 의견을 피력하였다. 유치명은 심心을 '합이기'合理氣로 보아야 한다는 말을 거듭 표명했지만, 이진상은 '심즉리'를 주장하고 유치명이 작고한 해인 1861년(철종 12)에 '심즉리설'을 발표하였다.

> "심心을 논한 것 중에 심즉리心卽理란 말보다 더 좋은 것이 없고 심즉기心卽氣란 말보다 더 좋지 않은 것이 없다. (중략) 무릇 심心이란 성性·정情의 총칭인 바, 그 체體는 성性이니 성性 밖에 심心이 없고 심 밖에 성이 없다. 만일 성을 담고 있는 심으로 말하자면 이는 심의 집일뿐이니 의가醫家에서 말하는 심이지 우리가 말하는 심은 아니다. 심이 성과 다른 까닭은 심은 정情까지 겸했기 때문인데 정이란 이발已發의 성이기 때문이다. 성과 정은 다만 일리一理일 뿐이니 심이 이理가 됨은 진실로 그대로이다. (중략) 나는 그러므로 심心을 논한 것 중에 심즉리心卽理란 말보다 더 좋은 것이 없으며, 또한 심즉리보다 더 밝히기 어려운 것이 없다고 하는 것이다."[30]

이진상은 '심즉리' 세 글자는 실로 여러 성인이 서로 전해온 지결旨訣이라고 하였다.[31] 그는 심은 혈육血肉의 심, 정백精魄의 심, 주재主宰의 심이 있는데 혈육의 심은 질質로 말하는 것으로 의가醫家에서 말하는 마음이고 정백의 심은 기氣로써 말하는 것으로 불가佛家에서 말하는 마음이고, 주재의 심은 유가儒家에서 이理로써 말하는 것으로 태극전체太極全體가 바로 주재의 심이라고 했다. 그는 심의 본체本體는 태극인데 모두 심의 진체眞體로 말한 것으로 자신의 심즉리설이 근본하는 바라고 했다. 그러면서 진실로 진체를 명료하게 설

---

30) 『寒洲文集』 권32. 雜著. 心卽理說. "論心莫善於心卽理, 莫不善於心卽氣……夫心者性情之總名, 其體則性, 性外無心, 心外無性, 若心之以盛性言者, 心之舍也, 醫家之所謂心, 而非吾之所謂心也. 心之所異於性者, 以其兼情, 而情乃已發之性也. 性情只是一理, 則心之爲理者固自若也.……吾故曰論心莫善於心卽理, 而亦莫難明於心卽理."

31) 『寒洲文集』 권32. 雜著. 心卽理說.

명하지 못하고 범범하게 심에 대해 말해버리면 심의 미발未發상태에서는 혼매하여 흔들리게 되고 이발已發상태에서는 제멋대로 되어버릴 것이니 이理라고 말할 수 없게 된다고 했다. 이진상은 이황이 일찍이 이기理氣를 겸하는 것을 심이라고 말했지만 바로 이어 심의 미발未發은 기氣가 용사用事하지 않고 오직 이理일 뿐이라고 했으니 심의 대본大本이 이理에 있다는 것을 알 수 있다고 했다.[32]

허유는 이러한 이진상의 심즉리설을 적극 지지하면서 심에 대해 더욱 의리義理 중심으로 해석하였다. 그는 사람이 물物과 다른 까닭은 사람은 의리의 심心이 있기 때문이라고 하였다.[33] 심은 범인凡人이나 성인聖人이 같은데 심을 기로 인식하거나 기가 섞인 것을 심으로 보아 인과 물의 구별이 없는 것보다는 의리의 심을 주장하여 범인을 변화시켜 성인으로 만드는 계기로 삼는 것이 낫다고 하였다.[34]

이진상은 일생 동안 이학 연구에 종사하여 1878년(고종 15) 윤3월에 자신의 학설을 정리하여『이학종요理學綜要』를 지었다. 허유는 이진상이 53세가 되던 해인 1870년 봄에 이진상의 문하에 나아가 공부하기 시작했다. 이진상은 허유를 처음 만나보고 그의 원대한 뜻과 민묘敏妙한 식견을 크게 인정하였다.[35] 그뒤 1873년에 이진상은 허유의 편지에 답을 하여 명덕明德과 달도達道에 대해 가르침을 주었다.[36]

---

32) 『寒洲文集』 권18. 書. 答李聖養.

33) 『后山文集』 권3. 書. 與李器汝種杞. "愈近日妄以爲人之所以異於禽獸者, 以其有義理之心也, 儒者之所以異於釋氏者, 以其有義理之學也. 又曰形氣之心, 人與物相近, 義理之心, 人與物絶不同, 不審此說不亂道否?"

34) 『后山文集』 권12. 雜著. 心合理氣說.

35) 『寒洲文集』 附錄 권1. 年譜 庚午.

36) 『寒洲文集』 附錄 권1. 年譜 癸酉.

"주자서와 『주자어류』 중에 만약에 한 곳에서 '명덕明德은 기氣를 겸한 마음이다', '달도達道는 기氣를 겸한 정情이다', '심心의 본체는 또한 기氣에 속한다'라고 했으면 나의 설이 어긋난 것이어서 도道를 어지럽히고 덕德에 벗어나고 완전히 심心을 알지 못하는 구덩이로 돌아가 버릴 텐데 백방으로 찾아봐도 하나의 증거도 발견하지 못했습니다. 그러므로 근세의 주기主氣의 학은 한남당韓南塘(韓元震)만한 이가 없는데 이문성李文成(李珥)의 말을 인용하여 말하기를 '이理의 체용體用은 대본달도大本達道가 이것이다'라고 했고, 또 말하기를 '심을 말하면 기품氣稟을 논하지만 명덕明德을 말하면 기氣를 띠지 않는다'라고 했고 이도암李陶庵(李縡)과 같은 이는 바로 기氣를 주로 하여 심을 말하면 찌꺼기와 더러운 것이 지극히 맑은 것이 되어 버린다고 하면서, 힘껏 본심本心은 분수分數가 없다는 설을 폈습니다. 최석崔祏에게 준 시에 또 '기질氣質로써 심체心體에 해당시켰다'는 것으로 한원진의 잘못을 배척했는데 홀로 영남의 근일의 학설은 두 갈래로 보는 횡설橫說에 익숙하고 일원一原의 수설竪說에 어두워 가두고 호도하여 모두 기氣를 겸했다고 일러 노루 장獐 변은 모두 사슴이라고 이르니 어찌 실제로 보았다고 하겠습니까."[37]

"주자가 말하기를 심心의 본체本體는 태극太極이라 했으니 태극이 진실로 기氣를 겸한 것입니까. 주자가 또 말하기를 심은 체體가 없으나 성性으로 체를 삼는다고 했으니 성은 진실로 홑지게 이理를 지적한다고 할 수 없습니까. 주자가 또 말하기를 발하여 중절中節한 것은 중中에 있는 이理가 밖으로 형形이 발한 것이라고 했으니 발하여 중절한 것이

37) 『寒洲文集』 권15. 書. 答許退而 癸酉. "朱書朱語中, 如有一處說明德是兼氣之心, 達道是兼氣之情, 心之本體亦屬乎氣, 則鄙說差矣. 當歸於亂道悖德全不識心之科, 而其柰千爬百櫛, 未見一證. 故近世主氣之學, 莫如韓南塘, 而其引文成之言曰理之體用, 大本達道是也. 又曰言心則可論氣稟, 而言明德則不拕帶氣稟, 若李陶庵則直以主氣言心, 爲滓穢太淸, 而力伸本心無分數之說. 其贈崔祏詩, 又以氣質當心體, 斥南塘之謬, 而獨嶺中近日之說, 狃於雙關之橫, 而昧於一原之竪, 籠罩糊塗, 皆謂之兼氣, 獐邊是鹿, 何嘗是實見耶?"

진실로 달도達道가 아닙니까."[38]

허유는 기氣는 본체는 선善하다고 했다. 이에 대해 이진상은 태극太極이 양陽을 낳는 곳으로부터 보면 그렇지 않겠는가마는 다만 인물이 품부를 받아 유기游氣가 섞인 이후에는 그렇게 얘기하기가 어렵다고 했다. 그러면서 이진상은 심의 본체本體는 저절로 태극인데 본기本氣라고 해당시켜버리면 이것은 신설新說이 아니냐고 묻고 있다. 미발未發의 전前은 바로 순음純陰의 계분界分에 속하는데 이것을 본래 선하다고 이르면 음陰은 선하고 양陽은 악하게 되는 것은 필연이라고 했다. 이것은 옛 현철賢哲이 매번 양은 선하고 음은 악하다는 말과는 다르다고 했다.[39]

이진상은 허유에게 큰 기대를 걸어 "우리의 도道가 장차 남쪽으로 가려기에 바라보니 성대하도다"라고 했다.[40] 그는 노년에 자기의 문하에 허유라는 의중意中에 드는 문인이 있다는 것을 기쁘게 생각하고 매우 아끼면서, 마음은 멀리 떨어져 있으나 서로 비추고 있다고 했다. 그는 허유가 순미醇美한 자질을 타고 났다고 하면서 성인의 공부에 더욱 힘쓰기를 바랐다.[41]

1880년 허유는 이진상에게 태극太極과 동정動靜에 대해 질의를 하였다.[42] 그는 "동정"이라는 것은 "타는 바의 기機"라는 것에 대해 주자가 "태극은 이理이고 동정은 기氣이다"라고 한 말을 거론했다. 그러면서 그는 주자가 "기氣가 가면 이理 또한 간다. 이 두 가지는 항상 의지하여 일찍이 서로 떨어지지 않

38) 『寒洲文集』 권15. 書. 答許退而 癸酉. "朱子曰心之本體是太極, 太極果可以兼氣乎? 又曰心無體, 以性爲體, 性果不可以單指理乎? 又曰發而中節者, 卽此在中之理, 發形於外, 發而中節者, 果非達道乎?"

39) 『寒洲文集』 권15. 書. 答許退而 甲戌.

40) 『寒洲文集』 권1. 詩. 山齋感懷 十九絶 懷許退而愈.

41) 『寒洲文集』 권2. 詩. 寄贈許退而.

42) 『后山文集』 권3. 書. 上寒洲先生 庚辰 別紙.

는다. 태극은 사람과 같고 동정은 말과 같다. 말이 한번 나가고 한번 들어오면 사람도 더불어 한번 나가고 한번 들어온다. 대개 한번 동하고 한번 정하면서 태극의 묘妙가 여기에 있지 않은 적이 없다. 이른바 타는 바의 기機는 무극無極과 이오二五가 묘하게 합하여 엉기는 까닭이다"라고 스스로 말하고 스스로 해설한 것이 이와 같다고 하면서, 이상정李象靖이 주자의 이 문단으로 동정이 기에 속한다는 말이 있게 되었다고 했다. 그리고 김흥락金興洛 등의 학자도 동정은 기라는 견해를 주장하고 있어 매우 답답하다고 했다.43)

허유는 태극이 동정動靜하여 음양陰陽이 생기니 이것은 성性이 감발感發하여 선악善惡이 나누어지는 것이라고 했다. 그런데 태극이 음양을 따라서 동정한다는 설이나 기氣가 발發함에 이理가 탄다는 논을 주장하여, 이理를 물리쳐 사물死物로 삼고 기氣를 받들어 앞잡이로 삼아 우리가 으뜸으로 받들고 있는 주리主理의 종지를 드러나지 못하게 했다고 했다.44)

허유는 태극太極이 아니면 음양陰陽이 어디로부터 동정動靜을 하겠으며, 음양이 아니면 태극이 어디에 바탕을 하여 동정을 하겠는가 라고 했다. 그리고 태극이 음양을 타서 동정의 묘妙가 되고 음양이 태극에서 생겨 동정의 기機가 된다고 보았다.45)

이에 대해 이진상은 음양이 이미 생기면 진실로 태극이 바탕으로 삼는 바가 되고, 음양이 아직 생기지 않았으면 태극이 문득 저절로 동정動靜을 한다고 하면서, 대개 동정이라는 것은 기氣가 아직 나타나지 않은 것이고 음양이라는 것은 기가 이미 나타난 것이라고 했다. 그는 바로 대원두大原頭로부터 설명을 하면 옛 기가 겨우 끊어지면 태극이 문득 새 기를 생겨나게 하는데 생

43) 『后山文集』 권3. 書. 上寒洲先生 庚辰 別紙.

44) 『后山文集』 권3. 書. 上寒洲先生 庚辰 別紙.

45) 『寒洲文集』 권15. 書. 答許退而 別紙. "非太極, 陰陽何自而動靜, 非陰陽, 太極何資而動靜? 太極乘乎陰陽而爲動靜之妙, 陰陽生乎太極而爲動靜之機."

겨나는 처음에 동정이 그 기機가 된다는 것이다. 그는 태극의 동정은 정말 인심人心에 인의仁義가 있는 것 같으니 인仁은 진실로 양陽에 속하고 의義는 진실로 음陰에 속하는데 인의仁義는 다만 이理라고 했다. 이와 마찬가지로 동動은 진실로 양陽에 속하고 정靜은 진실로 음陰에 속하는데 동정動靜은 다만 이理라는 것이다. 그는 인의仁義가 이理인 것처럼 동정動靜이 다만 이理라고 했다. 이러한 그의 견해는 그 전에 동정動靜을 음양陰陽이나 기氣와 관련하여 이해했던 것과는 다르다.

또한 이진상은 대개 음양陰陽이 아직 나누어지기 않고 인심人心이 아직 발하지 않았을 때는 기氣가 용사用事하지 않을 때라고 보았다. 그는 인의仁義의 심이 있는 것은 진실로 저절로 인의의 기氣가 있는데 다만 인仁의 단端, 의義의 단端이라고 말하고 모름지기 타는 바의 기機라고 말하지 않고 이미 희로喜怒에 나타나야 바야흐로 기氣를 말할 수 있다고 했다. 그러면서 그는 하물며 태극이 동하고 정하고 하는 즈음에 어찌 일찍이 이미 나타난 기가 있겠는가 라고 했다. 아울러 그는 허유가 "태극이 음양을 타서 동정의 묘妙가 되고 음양이 태극에서 생겨 동정의 기機가 된다"고 한 구절은 더욱 병통이 있는 것 같다고 하면서, 동정은 저절로 음양의 기機인데 지금 도리어 음양으로 동정의 기를 삼으니 이와 같다면 주돈이가 어찌 태극이 양을 낳아서 동하고 음을 낳아서 정하다고 말하지 않았으며, 주희는 어찌하여 먼저 음양을 말하지 않고 매번 동정을 먼저 말했는가 라고 했다.[46]

---

46) 『寒洲文集』 권15. 書. 答許退而 別紙. "陰陽已生, 固爲太極之所資, 而陰陽未生, 太極便自會動靜. 蓋動靜者, 氣之未形者也, 陰陽者, 氣之已形者也. 直從大原頭說則舊氣纔絶, 太極便生出新氣, 而生出之始, 動靜爲其機焉. 太極之動靜, 正如人心之有仁義, 仁固屬陽, 義固屬陰, 而仁義只是理, 動固屬陽, 靜固屬陰, 而動靜只是理. 蓋陰陽未判, 人心未發, 一例是氣不用事時, 有仁義之心者, 固自有仁義之氣, 而只可曰仁之端義之端, 不須言所乘之氣, 旣形於喜怒, 方可以言氣, 況太極動而靜而之際, 何嘗有已形之氣乎? 末一句尤似做病, 動靜自是陰陽之機, 而今反以陰陽爲動靜之機, 如是則周子何不曰太極生陽而動生陰而靜, 朱子何不先言陰陽, 而每先言動靜也?"

허유는 태극이 음정陰靜의 기氣를 타고 정중靜中에 저절로 능히 동動하는 묘妙가 있고 태극이 양동陽動의 기氣를 타고 동중動中에 저절로 능히 정靜하는 묘가 있다면서 능히 동하고 능히 정하는 묘는 반드시 음양동정陰陽動靜의 기氣에 바탕을 둔다고 보았다.[47]

이에 대해 이진상은 태극이 기機를 탄다고 할 때의 탄다는 것이 만약 이 기회를 탄다고 할 때의 탄다는 것과 같은 의미라면 병이 되지 않지만, 말을 탄다고 할 때의 탄다는 것과 같다고 이르면 동정이 처음부터 어찌 탈 수 있는 물건이겠는가 라고 했다. 그런데 하물며 이 양동음정陽動陰靜의 기機를 타면 이것은 먼저 음양이 있고 뒤에 동정이 있는 것이니 아마 이런 이치는 없다고 했다. 그는 먼저 태극동정太極動靜을 논하지 않고 문득 먼저 음양동정陰陽動靜을 말하면 태극이 동動이 없고 정靜이 없는 것이고 다만 음양陰陽의 동정에 바탕을 하여 바야흐로 동정하는 것이 되어 버린다고 했다.[48]

이진상은 동정動靜은 타는 바의 기機라는 한 문단은 과연 의심스럽고 논란이 된다고 하면서 만약 태극과 동정이 이미 기氣라면 이理와 기氣가 일물一物이 되어 돌아가며 변할 것이라고 했다. 그러면서 근세의 기발이승氣發理乘의 설이 여기에 말미암으니 분별하지 않을 수 없다고 했다.[49]

---

47) 『寒洲文集』 권15. 書. 答許退而 別紙. “太極乘陰靜之機而靜中自有能動之妙, 太極乘陽動之機而動中自有能靜之妙, 能動能靜之妙, 必資乎陰靜陽動之機.”

48) 『寒洲文集』 권15. 書. 答許退而 別紙. “太極乘機之乘, 若如乘此機會之乘則不做病, 而謂如乘馬之乘, 則動靜初豈可乘之物乎? 世未有自動而乘動, 自靜而乘靜者也. 況乘此陽動陰靜之機, 則是乃先有陰陽而後有動靜也, 恐無是理. 朱子以太極之含動靜者爲本體, 以太極之有動靜者爲流行, 則所以動靜, 是爲本然之妙, 而能動能靜, 已涉於所乘之機. 不先論太極動靜, 而便先說陰陽動靜, 則是乃太極無動無靜, 而但資陰陽之動靜, 方會動靜, 烏在其爲本然之妙乎, 烏在其爲妙用之理乎?”

49) 『寒洲文集』 권15. 書. 答許退而 庚午 別紙. “動靜者所乘之機一段, 果涉疑難, 周先生旣明言太極動靜, 則朱子之解不應橫出別義, 而語類有動靜猶馬之論, 先輩多祖之, 此於周先生本旨, 果何如哉? 若謂太極動靜已是氣, 則理氣爲一物而迭變, 體用兩截矣, 近世氣發理乘之說, 亶由於此, 不容不辨.”

한편 허유는 이진상이 이황의 이기호발理氣互發에 대해 「심통성정도」의 중도中圖의 뜻으로 학자들에게 제시한 것은 전현前賢이 밝히지 못한 것을 밝힌 것이라고 했다.[50] 이진상은 이황의 이기호발의 뜻은 이기가 '교호'交互하여 발한다는 새로운 용어를 제시하면서[51] 중도에서 말한 것은 모두 이발이니 정情의 실實이고 하도의 이기호발은 발하는 바의 기라고 했다. 그러면서 오직 이기가 교호하기 때문에 이가 발하는 곳에 기가 문득 따르고 기가 발하는 곳에 이가 문득 타니 진실로 이 교호의 뜻이 없다면 또한 둘로 분기되는 병통에 면하지 못할 것이라고 하면서[52] 이와 기가 결코 각각 발發하는 이치는 없다고 하였다. 그는 사단과 칠정은 모두 이발理發이고 인심칠정人心七情은 이理가 형기形氣에 인因하여 발한 것이기 때문에 기氣의 발發이라고 이를 수 있을 뿐이라고 하였다.[53]

허유는 이진상이 이와 기의 관계를 교호交互로 본 학설을 이어, 이와 기가 교호하여 발하는 것이지 각각 발發하는 것은 아니라고 하였다.[54] 또한 그는 스승 이진상이 이황의 「성학십도」 중도의 뜻을 칠정이발七情理發로 해석한 것은 앞사람이 밝히지 못한 것을 밝힌 것이라 하였다.[55]

---

50) 『后山文集』 권3. 書. 上寒洲先生 庚辰 別紙.

51) 『寒洲文集』 권9. 書. 與李謹休 癸丑 別紙. "蓋老先生之爲互發之論者, 乃在於下圖橫說之處, 而本非謂對立兩邊分出兩路, 實指從理發處氣便隨焉. 從氣發處理便乘焉, 二物雖不相雜, 而亦不相離, 此其交互而發也."

52) 『寒洲文集』 권15. 書. 答許退而 庚午 別紙. "中圖之爲皆理發, 情之實也. 下圖之理氣互發, 所發之機也. 惟其交互也, 故理發處氣便隨, 氣發處理便乘, 苟無此交互之意, 則亦不免於兩歧之病矣."

53) 『寒洲文集』 권16. 書. 答尹孝一永燁.

54) 『后山文集』 권12. 雜著. 聖學十圖附錄統論. "李子於此從而爲說, 曰四端理發而氣隨之, 七情氣發而理乘之. 其意蓋曰理與氣必交互而發, 非獨自發用也. 是以謂互發, 互發自是平平坦坦語, 而人見各異, 斥之以二本者有之, 其爲互發分疎者, 只說了理發氣發, 而不察夫二者相須交互之意."; 권14. 跋. 謹書聖學十圖附錄後. "退溪所謂四端理發而氣隨之, 七情氣發而理乘之, 蓋言理與氣必交互而發, 非各自發用也."

55) 『后山文集』 권3. 書. 上李寒洲先生 庚辰.

이진상은 칠정七情이 진실로 기발氣發이 되지만 이발理發이라고 말해도 해害가 되지 않는다고 하였다.[56] 그는 칠정이발을 주장한 정종로鄭宗魯에 대해서는 의리가 정밀하고 명백하며 참으로 이황의 종지宗旨를 터득했다고 하였고[57] 이에 허유도 공감을 표하였다.[58]

그런데 이진상의 심즉리설은 모두 주희와 이황의 본지本旨에 뿌리를 두고 있었다. 이진상은 일찍이 말하기를 "성현聖賢의 학學은 심법心法이다. 심心이라는 것은 주재主宰의 이理이다. 요점은 치지致知를 하여 이理를 밝히고 거경居敬을 하여 이理를 따르는 데 있다"라고 하였다.[59] 그는 자신의 이학의 심즉리설을 담은 『이학종요』를 필생의 명맥命脈으로 생각하였다.[60]

이진상은 사람과 물物은 성性은 같으나 심心은 같지 않다고 했다. 허유는 이진상의 이러한 설을 그대로 받아들여 사람과 물은 성은 같으나 심은 같지 않다고 했다.[61] 허유는 이진상의 심즉리설을 적극 지지하면서 심心에 대해서는 의리義理 중심으로 생각하였다. 그는 사람이 물物과 다른 까닭은 사람은 의리義理의 심心이 있기 때문이라고 하였다.[62]

허유는 『중용』 '천명지성'天命之性에서는 인人과 물物을 아울러 말하였으나, 주희가 『대학』의 '명덕'明德을 해석하면서는 인人이 하늘로부터 얻은 바라고 말하면서 물物을 말하지 않는 것은 무엇 때문이냐고 하였다. 허유는 성性은 인人과 물物이 다 소유하고 있지만, 명덕은 오직 사람이 소유하고 있기 때

---

56) 『寒洲文集』 권19. 書. 答郭鳴遠疑問 贅疑錄 庚午.

57) 『寒洲文集』 권15. 書. 答許退而. "立齋先生論七情書鳴遠曾所願見故謄送, 此老文章活熟, 義理精暢, 眞得陶山之宗旨."

58) 『后山文集』 권5. 書. 上寒洲先生. "立齋書, 其一可以驗吾宗淵源所在."

59) 『寒洲文集』 附錄 권3. 墓表.

60) 『寒洲文集』 권22. 書. 答郭鳴遠 乙酉.

61) 『大溪文集』 권6. 書. 答許后山; 答許后山 壬寅.

62) 『后山文集』 권12. 雜著. 心合理氣說.

문에 주희가 특별히 명덕의 해석에 사람 인人이란 글자를 제시하여 사람이 금수와 다른 까닭을 밝혔다는 것이다. 따라서 명덕을 기氣라고 하거나 기氣를 겸했다고 하면 인人과 물物이 구별이 없게 된다고 보았다. 그는 따라서 이러한 뜻에 밝지 못하면 그 결과는 중국中國은 이적夷狄으로 전락하고 인류人類는 금수禽獸로 변하게 될 것이라고 우려하였다.[63]

허유는 19세기 말에 일제와 서양의 침략에 대응하여 의리義理의 천명을 자임하였다. 그는 이진상의 심즉리설을 계승하여 발전시켜, 명덕明德을 '의리義理의 심心'으로 해석하였다. 그는 '의리의 심'을 부각하여 불교佛教와 노장老莊, 육왕陸王에서 말하는 심心과 구별을 하였다. 이제 이진상이 천명한 심즉리의 이理도 허유에게는 의리라는 적극적인 의미로 해석되었다.

19세기 학계에서는 명덕에 대한 논의가 활발하게 일어났다. 기호학계에서는 명덕을 이理로 볼 것인가 기氣로 볼 것인가에 대해 홍직필洪直弼과 이항로李恒老의 두 문하에서 치열한 학설 논쟁이 일어났다. 영남에서는 유치명이 명덕은 이기를 겸兼하는 것으로 보고 '이청기철'理清氣澈로 설명하기도 하였다.[64] 그런가 하면 이종기李種杞는 명덕明德을 이理 중심로 보는 것에 대해 비판적이었다. 그는 명덕이 이기理氣를 겸한다는 설은 그른 것이 아니라고 하면서, 무릇 이기理氣를 겸한 곳에서는 반드시 이理를 주主로 하기 때문에 이理라고 이르는 것이 진실로 옳으나 반드시 하나의 기氣라는 글자를 타파할 필요는 없다고 보았다.[65] 김인섭金麟燮은 심은 이기의 합인데 명덕은 하늘로부터 얻은 것으로 광명정대光明正大하고 허령통철虛靈洞澈한 것을 말한다고 하였다. 그는 명덕을 이기의 합으로 보면서도 스승 유치명이 말한 이청기철理清氣

---

63) 『后山文集』 권5. 雜著. 縣學講義.

64) 柳致明. 『定齋文集』 권17. 雜著. 讀書瑣語.

65) 李種杞. 『晩求文集』 권3. 書. 答許退而 乙未.

澈이란 말에서 '청철'淸澈 두 글자가 오로지 기氣에 속하니, 이허기령理虛氣靈으로 이해하는 것이 나은 것 같고 명덕은 오직 허虛하기 때문에 중리衆理를 갖추고 있고 오직 영靈하기 때문에 만사萬事에 응하는 것이라고 하였다.66) 이같이 이종기·김인섭의 견해는 이상정과 유치명의 명덕에 대한 이해를 계승하고 있었다.

그런데 이진상은 명덕을 심心의 이理로 이해하고, 인의예지仁義禮智의 덕德이 지닌 체體가 광명光明하여 어둡지 않고, 효제충정孝悌忠貞의 덕德이 지닌 용用이 거울처럼 비추어 어긋나지 않는 것이 명덕의 실實이라고 하였다.67) 이진상은 명덕은 심의 본체에 해당한다고 하였다. 허유는 이러한 명덕에 대한 이진상의 설을 계승하여 주희가 명덕은 문득 이理이고 심중心中에 허다한 도리道理가 빛나고 밝게 비추어 털끝만큼도 어긋나지 않는다고 했으니 명덕이 과연 이 이理의 맑고 비어 있고 밝은 것이 아닌가 라고 했다.68) 허유는 명덕은 사람만이 갖고 있으며 의리의 심으로 해석하였다. 그는 의리의 심은 사람은 있지만 물은 없다고 보아 금수는 다만 성리性理만 있지 심리心理는 없다고 하였다.69)

곽종석은 명덕을 단지 심心이라고 보는 것에 반대하고 도리道理로 보아 심心·신身·성性·행行을 모두 포함하여 이해하였다. 명덕의 해석에 있어 곽종석은 명덕의 외연外延을 심心에 국한시키지 않고 심身·성性·행行까지 포함하여 이해하여 치국평천하治國平天下의 범위에서 파악하고자 한 것이 특징이다.70)

---

66) 金麟燮. 『端磎文集』 권15. 雜著. 明德.

67) 『寒洲文集』 권32. 雜著. 明德說.

68) 『寒洲文集』 권15. 書. 答許退而 癸酉. "又曰明德便是理, 心中許多道理, 光明鑑照, 毫髮不差, 明德果非此理之湛然虛明者乎?"

69) 尹胄夏. 『膠宇文集』 권4. 書. 答許后山 辛丑.

70) 권오영. 2012. 「19세기 영남 학계와 곽종석의 이학」 『근대이행기의 유림』. 돌베개. 419~420쪽.

그는 의리의 심心이 진실로 명덕이지만 의리의 행行도 명덕이라고 주장하였다.[71]

김진호는 『대학』의 처음에 명덕明德을 내세운 것을 만세萬世 심학心學의 으뜸으로 생각하였다. 명덕은 진실로 마땅히 심心으로 보아야 하는 것에 동의는 하지만, 그렇다고 심이라고만 말해버리면 혹 기氣를 겸하여 설명을 하는 것도 가능하기 때문에, 명덕은 다만 천리天理를 떼어 내어 말하는 것이 좋고 기氣를 포함하여 설명할 수는 없다고 보았다.[72]

한편 19세기 당시 영남학계에서는 미발未發의 전前에 기질성氣質性의 유무有無의 문제가 큰 쟁점으로 떠올랐다.[73] 곽종석·김인섭·장석영張錫英 등은 모두 미발未發의 전前에 기질성氣質性이 있다고 주장하였다.[74] 곽종석은 미발전의 기질성의 문제는 호락논변湖洛論辨의 큰 쟁점이라고 말하면서, 미발의 전에 기질의 성이 없다는 설을 받아들이지는 못하겠다고 하면서, 진실로 미발에 기질의 성이 없겠는가 라고 반문을 하였다.[75] 곽종석은 이진상이 미발 전에 기질의 성이 없다고 주장한 것은 혹 치우친 학문이 이理 위에서 기氣를 구하고 기氣를 섞어서 이理로 만들어 성선性善의 종지宗旨에 해가 있게 될까 바 우려하여 그렇게 주장한 것이라고 이해했다. 그는 본연本然의 성과 기질氣質의 성이 이름은 다르나 성은 하나라고 했다. 그는 본연의 성은 기질속에 나아가 떼어낸 것이라고 하면서, 미발의 때에 만약 기질이 없다면 그만이지만 만일에 있다면 본연의 성을 홑지게 지적할 수도 있고 본연의 성과 기질의 성

71) 권오영. 2012.「19세기 영남 학계와 곽종석의 이학」『근대이행기의 유림』 돌베개. 416쪽.
72) 권오영. 2012.「19세기 강우 학계와 김진호의 학문활동」『근대이행기의 유림』 돌베개. 322쪽.
73) 『膠宇文集』 권8. 書. 答張舜華.
74) 『膠宇文集』 권4. 書. 答許后山; 권4, 書, 答郭鳴遠; 권7. 書. 答金致受; 권8. 書. 答張舜華錫英.
75) 『俛宇文集』 권16. 書. 答許后山 辛未.

을 겸하여 지적할 수도 있는 것이라고 했다.[76]

장석영은 이진상이 미발의 전에 기질의 성이 없다고 주장했던 것은 세상의 학문이 기氣를 몰래 끼워 넣어 성性으로 삼기 때문에 매번 이발已發로 기질氣質의 위에 있는 것을 성이라 일러 미발未發의 경계에 침범하지 못하게 한 것이라고 했다.[77] 그러나 이러한 주장에 대해 허유와 윤주하尹冑夏는 이진상의 설을 고수하여 "미발 전에 기질의 성이 없다"라는 설을 고수했다.

그런가 하면 당시 영남학계에서는 지知와 경敬에 대해 활발한 토론이 벌어졌다. 허유는 경敬과 지知에 대해서 설명하면서 경敬 한 글자는 정이程頤와 주희를 비롯하여 우리나라의 선배 학자들이 모두 말했지만, 오직 지知의 묘妙함은 이진상이 더욱 힘주어 설명한 것이라고 하였다. 허유는 심心은 곧 성性인데 성性은 실實이고 심心은 영靈이라고 하면서, 성性을 논하면 인의仁義가 큰 것이 되고 심心을 논하면 지경知敬이 중重한 것이 된다고 하였다. 그는 지경知敬을 수화水火와 연계하여 설명하여, 수화는 체體가 허虛하며 변變하고 합合하는 것이 거의 극진하다고 했다.[78] 이같이 그는 지경知敬에 대한 견해도 이진상을 이어 더욱 정밀하게 분석하여 제시하였다.

4. 맺음말

허유는 1870년에 이진상의 문하에 나아가 이학의 가르침을 받았다. 그는 태극太極·동정動靜 등에 대해 가르침을 받았고 심즉리心卽理의 지결을 전수

76) 『俛宇文集』 권16. 書. 答許后山.

77) 張錫英. 『晦堂文集』 권3. 書. 與許后山 甲午.

78) 『后山文集』 권5. 書. 答尹忠汝.

받았다.

19세기에 영남에서는 유치명이 명덕明德을 이기理氣를 겸하고 있는 것으로 보고 '이청기철理淸氣徹'로 설명하기도 하였고, 이한응은 명덕을 본심本心으로 이해하되 이理를 주主로 파악하여 이해하기도 하였다. 그러나 명덕에 대한 전통적인 이해에서 벗어나려는 새로운 학설이 이진상과 그 문하에서 제출되었다. 이진상은 명덕을 심心의 이理로 이해하고 인의예지仁義禮智의 덕德이 되어 그 체體가 광명光明하여 어둡지 않고, 효제충정孝悌忠貞의 덕德이 되어 그 용用이 거울처럼 비추어 어긋나지 않는 것이 명덕의 실實이라고 하였다.

이러한 명덕에 대한 이진상의 설을 계승하여 허유는 명덕을 의리義理의 심心이라고 보고 이 심은 성인聖人과 범인凡人이 똑같이 부여받은 바라고 하였다. 허유는 명덕을 기氣라고 보거나 이기理氣를 겸하고 있다고 이해하게 되면 인人과 물物이 구별이 없어지게 된다고 우려하였다. 허유는 『대학』의 명덕의 해석에서 '사람이 하늘에서 얻은 것'이라고 말하면서 물物을 말하지 않은 이유에 대해 성性은 사람과 물이 다 소유하고 있지만, 명덕은 오직 사람이 소유하고 있기 때문에 주희가 특별히 명덕의 해석에 사람인人 자字를 제시하여 사람이 금수와 다른 까닭을 밝혔다고 하였다. 따라서 그는 명덕을 기氣라고 하거나 기를 겸했다고 하면 사람과 물이 구별이 없게 되어 그 폐단은 중국이 이적夷狄으로 전락하고 인류가 금수禽獸로 변하게 될 것이라고 보았다.

허유는 명덕을 이理중심으로 이해하되, 명덕을 의리의 심으로 보아 이 의리의 심은 사람만이 갖고 있고 물은 없다고 보아 사람과 물의 구별을 엄격하게 하여 의리를 강조하는 학문성향을 띠었다. 그는 명덕은 범인이나 성인이 같은데 명덕을 기로 인식하거나 기가 섞인 것을 명덕으로 삼아 사람과 물의 구별이 없는 것보다는 명덕을 의리의 심으로 이해하여 범인을 변화시켜 성인을 만드는 계기로 삼는 것이 낫다고 하였다.

19세기 당시 영남학계에서는 지知와 경敬에 대해 활발한 토론이 벌어졌다. 허유는 지知와 경敬이 호상互相으로 발發하는 것은 수水와 화火의 교제交濟와 같다는 설을 제기했다. 그는 심心은 곧 성性인데, 성性은 실實이고 심心은 영靈이라고 하면서, 성性을 논하면 인의仁義가 큰 것이 되고 심心을 논하면 지경知敬이 중重한 것이 된다는 주장을 하였다. 그런가 하면 당시 학계에서는 미발未發의 전前에 기질성氣質性의 유무有無의 문제가 큰 쟁점으로 떠올랐다. 곽종석·김인섭·장석영 등은 모두 미발未發의 전前에 기질성氣質性이 있다고 주장하였지만, 허유는 이진상이『이학종요』에서 기질의 성에 대해 논하면서 미발 전에 기질의 성이 없다고 주장한 설을 지지하고 계승하여 나갔다.

물천勿川 김진호金鎭祜의 성리학과 한주학 계승

-허유·곽종석과의 토론을 중심으로-

김 낙 진

물천勿川 김진호金鎭祜의 성리학과 한주학 계승
– 허유 · 곽종석과의 토론을 중심으로–

김 낙 진

1. 머리말

지금은 경상남도 산청군에 속하지만 본래는 삼가현 - 현재 삼가면소재지는 합천군 소속 - 의 일부였던 법물法勿(평지리)은 진주문화권 지역에서도 가장 늦게까지 유교문화를 보수하던 곳이다. 마을 뒤쪽으로 부암산傅岩山(695m)이 있어 저 멀리 산청과 합천의 경계가 되는 황매산黃梅山(1,108m)에 맞닿아 있다. 대처였던 진주에서 그리 멀지 않으나, 이러 저리 흘러내린 산자락이 외부의 시선으로부터 속살을 감추어주는 산속마을이다.[1] 전통시대라면 세상이 크게 변하더라도 자기 가치를 보존하려는 사람들이 살기에 적

1) 金麟燮은 법물의 지리적 특징을 다음처럼 묘사하였다. “黃梅之山, 磅礴雄據於三丹兩邑界, 其傑然秀者, 稱三峯, 三峯以差秒下, 而南復起爲傅岩山, 石勢峻嶒嵯峨, 全露齦齶, 使人可望可畏. 自是又委蛇東走, 或起或伏, 若斷若續, 至古安洞, 別自成爲一部洞壑. 盖山至是, 盡收驪氣, 拱揖環抱, 幽深窈窕, 無巉嵒巀嶭之態, 自古神師稱梅花落子.”(김인섭, 「隱樂齋記」, 『端磎先生文集』. 1993. 경인문화사. 271~272쪽.)

합한 지리적 조건을 갖추었다.

물천勿川 김진호金鎭祜(1845~1908, 자字는 치수致受)는 이곳의 유교문화 보존 활동에서 중심이 되었던 인물이다. 자연환경에 더해 그의 스승들부터가 유교 문화의 정통성에 대한 의식이 강했던 사람들이었다. 그를 처음 교육하였던 종형 김진우金鎭愚는 어떤 인물이었는지 상고할 수 없다. 그 성향이 분명한 첫 스승은 만성晩醒 박치복朴致馥(1824~1894)이다. 함안 사람이던 그는 물천의 나이 17세(1861) 때에 삼가 연동 - 지금은 합천군 가회면에 편제 - 으로 이주하고는 백련재百鍊齋를 열어 강학의 장소로 삼았다. 만성은 정재定齋 유치명柳致明(1777~1861)에게로 이어진 퇴계退溪 이황李滉(1501~1570)과 대산大山 이상정李象靖(1711~1781)의 학문을 단성에 전수하였다. 그의 문인이 된 물천이 함께 배운 동학 17인 중에는 자동紫東 이정모李正模(1846~1875)가 있었다.

만성은 1861년 정재가 사망하자 김해부사로 부임하여 공여당公餘堂을 열고 후학을 가르치던 성재性齋 허전許傳(1797~1886)에게 1864년 집지한다. 성재로부터 "성호星湖와 순암順菴의 학통 전수는 그대에게 있으니 힘쓰라"는 격려를 받았던[2] 그는 물천에게도 성재의 문인이 될 것을 권유하였다. 물천이 성재에게 집지한 것은 22세(1866) 때였고, 그와 더불어 성재문하에 들어간 법물의 상산김씨는 15인 정도였다.[3] 그 결과 물천에게 대산과 성호星湖 이익李瀷(1681~1763)은 주자朱子 및 퇴계와 함께 학술적 시비의 판단기준이 되었으니, 만성을 통해 그는 영남과 기호의 정통 퇴계학을 전수받았던 것이다.

이런 스승들과 비교할 때 약간은 이질적인 마지막 스승이 한주寒洲 이진

2) 허권수. 2007. 「함안의 학문적 전통과 晩醒 朴致馥의 역할」 『남명학연구』 23. 경상대 남명학연구소. 47쪽.

3) 허권수·정진상. 1997. 「양반문화의 변천과 현대의 양상-法勿里 商山金氏 家門의 경우」 『경남문화연구』 19. 경상대학교 경남문화연구소. 334쪽.

상李震相(1818~1885)이다. 한주의 학맥이 정재에 닿는다고 하여도 그는 후일 정재 문하의 다른 동문들로부터도 비판을 당하였던 학자였다.[4] 1877년 이루어진 지리산 등반 모임에서 한주를 처음 만났던 물천은 1878년 정식으로 입문한다. 『이학종요理學綜要』의 교정에 참여하기도 하였으나 강석에 나갔다는 증거도 빈약하고 남아 있는 서신도 부족하여 경도의 정도를 쉽게 판단할 수는 없다. 그의 입문에는 같은 삼가마을의 후산后山 허유許愈(1833년~1904)와 산청 남사마을 출신의 면우俛宇 곽종석郭鍾錫(1846~1919)이 매개 역할을 하였던 것으로 추측된다. 30세 이후 그와 학문을 토론하던 이들 대부분이 한주의 문인들이었고, 후산과 면우는 가장 긴밀한 학우였다.[5]

본고는 물천의 한주학단 활동을 중심으로 그의 성리학적 경향을 살펴보고자 한다. 스승들이 모두 퇴계 학통에 속함에도 불구하고 이견과 충돌이 있었음은 주지의 사실이다. 그 중 어느 쪽을 택하고 다른 쪽을 버리지 않았던 물천의 심중은 매우 복잡하였을 것이다. 실제로도 만성은 물천이 한주학에 빠져드는 것을 제어하였던 것 같고, 상산김씨 문중 족조(증조항)이자 문과 급제자였던 단계端磎 김인섭金麟燮(1827~1903)은 한주의 심즉리설心卽理說을 노골적으로 비판하였으니 강력한 견제세력이 주변에 있었다. 스승들의 공통점이라곤 위정척사 정신밖에 없었는데,[6] 그는 이질적인 학설들을 어떻게 종

---

4) 한주가 정재 연원이라는 단선적 파악 대신 복합적으로 학맥을 추정한 연구로는 홍원식. 2008. 『한주 이진상의 생애와 사상』. 예문서원. 40~64쪽을 참고.

5) 교유관계를 증명하는 것이 서간문이다. 16권으로 구성된 『물천집』에서 제3권부터 제10권까지의 총8권이 서간문이다. 그 중 후산에게 21통, 면우에게 25통을 보내 비중이 가장 높다. 그 외 紫東 李正模에게 2통, 膠宇 尹胄夏에게 8통, 剛齋 李承熙에게 7통, 弘窩 李斗勳에게 1통을 보냈다. 물천에게 보낸 편지가 『후산집』에 18통, 『면우집』에 21통이 실려 있다.

6) 한주가 한말 위정척사 3대가 중의 일인임은 주지의 사실이다. 만성은 「斥洋邪論」과 의제개혁을 반대하는 「衣制疏」를 작성한 위정척사론자였다. 성재의 『士儀』가 위정척사 정신의 발로임에 대해서는 정경주, 2006, 「성재 허전의 학문사상과 그 학술사적 위상」(『남명학연구』 31. 경상대 남명학연구소)을 참고.

합하였을까?

이와 관련된 선행연구로는 이상하의 논문이 있다.[7] 그는 물천이 한주 문인이 되기 전에 성재 문인이었음에 주목한다. 그래서 한주 성리설의 핵심인 칠정七情 이발설理發說을 수용하지만, 여전히 분개간分開看에 의해 이발·기발을 분명히 구별하는 방법과 취지를 강조하였다고 주장한다. 더하여 심즉리설의 방법론적 근거인 수간竪看 대신 퇴계 이래 사용된 혼륜간渾淪看을 사용한 것은 성재로부터 이어받은 근기학맥의 입장을 고수한 것이라고 해석한다. 한주 학설을 대체로 수용하면서도 한주의 삼간법(수간竪看·횡간橫看·도간倒看)과 이추법二推法(순추順推·역추逆推)의 용어를 사용하지 않으므로 한주학파보다는 학맥상 성재에 가깝다고 평가하였다. 그처럼 판단하면 물천이 주문팔현洲門八賢의 한 사람으로 불린 것도 별 근거가 없는 과도한 평가라고 하겠다.

논자는 이 연구가 한주학단 내부도 목소리가 한결같지 않았음과 물천의 성리학에 분개법의 측면이 강하였음을 잘 보여주지만, 학문적 노선을 판별함에 있어서는 과도한 부분이 있다고 판단하고 이의를 제기한다. 이 교수가 한주와 물천의 입장을 크게 동同과 이異로 대조하고 다름에 방점을 두었던 것과는 달리 동문들과 왕복한 서신들을 시기별로 나누어 분석하고, 이중동異中同, 동중이同中異의 입장이 지속되었으나 공유한 요소를 소홀히 볼 수 없음을 밝히고자 한다. 필자의 자의적인 구분이긴 하되 물천의 30대인 1870년대가 한주학단 입문기라면, 40대 초반에서 50대 초반인 1880년부터 1890년 전반

7) 이상하. 2006.「물천 김진호의 학문성향과 성리설」『남명학연구』21. 경상대 남명학연구소. 이 책에 함께 실린 물천 연구로는 권오영.「19세기 강우학파의 김진호의 학문활동」; 이상필.「물천 김진호의 남명학 수용 양상」; 이희목.「물천 김진호의 시에 대하여」; 이종주.「물천 김진호의 문학사상」; 정경주.「물천 김진호의 예학사상」이 있다. 그 외에도 원창애. 2006.「물천 선생 후손가의 고문서 분석-특히 간찰을 중심으로」『남명학연구』22. 경상대 남명학연구소 등이 있다.

기까지는 교육을 통해 한주학문을 전파하던 시기이다. 1890년대 후반기 이후 역시 연구와 교육의 시기임에는 틀림없지만 중단되었던 동문들과의 서신 토론이 재개되고 특히 후산과의 논쟁에서 자기 견해를 밝히던 시기였다.

2. 이주기자설理主氣資說의 수용

1874년 인지재仁智齋(상산김씨 문중서재)를 내방한 면우와 하루 밤을 같이 보낸 물천은 그와 지기知己로서 서로를 허여하였다. 이 방문을 뒤로 하여 후산과의 교유도 시작된다. 향교를 출입하던 약관의 시절부터 명성이 높았던 후산은 30대 후반에 한주를 뵙고는 그 학설을 전파하고자 동분서주한 학단의 장로였는데, 1876년 물천은 처음으로 그에게 서신으로 질의한다. 인격 함양에 깊은 관심을 가지고 있던 물천은[8] 마음을 수습하기 위한 공부 방법이 무엇인지를 묻는다.

> 제가 일찍이 옛 사람들의 학문을 살펴보니, 쇄소응대로부터 격물치지와 성의정심에 이르기까지 크고 작은 규모에 분명하게 차례가 있어 처마로부터 계단에 이르고 계단으로부터 집에 이르니, 한 가지 일이라도 가르침 아님이 없으며, 한 때라도 공부하지 않을 때가 없습니다. 그러므로 순서대로 위로 진보하고 노고하지 않고도 성현에 이르니, 확충하고 기름에 바탕이 있기 때문입니다. 매번 이로써 스스로를 점검하면 어려서 배운 것은 무슨 일이며, 장성하여 하는 일은 무엇이기에 옛 사람은 이와 같고 지금 나는 이와 같아서 서로 미치지 못함이 하늘과

8) 金鎭文 撰.「行錄」『물천집』하. 1989. 아세아문화사. 640쪽. "丙寅(22세, 1866)有元朝自警詩, 日古今千萬事, 未有不由心. 定知敬怠地, 禍福互相尋. 時先生二十二, 慨然以存心主敬爲學問根本田地. 蓋其一生持養不放之工莊敬不肆之實, 已於此而立定脚跟焉."

> 땅보다 차이가 더 큰가를 반성하고 매우 근심스러워 천지의 사이에 몸 둘 곳이 없습니다. 이로 인해 홀연히 생각하니 이 병통은 멀리 있는 것이 아니요 사람이 되고 귀신이 되며 죽고 사는 판가름은 단지 한 마음에 있을 따름입니다. 저는 마음을 놓아 혼침昏沈하고는 수습할 줄을 모르니 장차 무엇으로써 옛 사람에 이르기를 바라겠습니까? … 어떤 공부를 해야 이 병통을 벗어날 수 있을지 모르겠습니다.[9]

성리학자인 물천의 실존적 고민이 잘 나타난 문장이다. 해를 넘겨 1877년 첫 답장을 보낸 후산은 입지추향立志趨向의 중요성을 설파한다. "저는 일찍이 망령되게 '학자는 반드시 먼저 추향을 바르게 해야 한다. 추향이 바른 뒤에 도道로 나갈 수 있다. 추향이 바르지 않으면 비록 천만 리 멀리 간다고 하여도 우리가 말하는 도가 아니다'라고 하였습니다."[10] 그의 입지 추향은 주리의 학문을 해야 한다는 말인데, 구체적으로는 이기가 불상리不相離한 곳에 나가서 리理를 위주 - 이주기자理主氣資 - 로 인식하고 실천해야 한다는 것이다.[11] 이는 한주의 가르침이기도 하다. 접촉이 시작될 즈음 한주는 물천에게 "성현의 천언만어는 그 귀결이 주리主理에 있으니, 모름지기 그 붉은 골자를 가려내어 희고 밝게 빛나는 곳에 세우고, 치지致知하여 이것을 밝히고, 거경居敬하여 이것을 보존해야 한다. 애매함을 절대로 피하고 혼동됨을 절대로 금함으로써 인욕이 깨끗이 없어지고 도리가 영롱해짐에 이르면 어찌 우주간의 큰 쾌활함이 아니겠는가!"[12]라고 조언하였다.

---

9) 金鎭祜. 「答許后山退而 丙子(1876)」. 『물천집』 상. 326~327쪽.

10) 許愈. 「答金致受鎭祜 丙子(1876)」. 『后山集』. 2004. 한국문집총간. 120상b.

11) 허유. 「與金致受 己亥(1899)」. 125하a~b. "渠更問如何是趨向? 曰主乎理而已. 所謂主乎理者, 就理氣不相離處, 以理爲主也. 大易所謂窮理順理, 是理字原頭. 窮理屬知, 順理屬行. 致知力行, 爲學之大法, 如書所謂精一, 禮所謂敬義, 孔曾思孟之忠信明誠, 伊洛關閩之理一分殊, 何適而非此理也."

12) 李震相. 「答金致受」. 『한주전서』 1. 1980. 아세아문화사. 394상a.

한주학단 입문은 주리의 학문 정신을 배우고 동의하는 과정을 밟아가기 시작했음을 뜻한다. 당시 물천이 가졌던 문제의식과 관련하여 절실했던 주제는 인격 함양의 문제였고, 후산은 한주로부터 연원하는 지知·경敬의 학설을 소개한다.[13] 지·경은 정주程朱 이래의 공부법인 '함양수용경涵養須用敬, 진학재치지進學在致知' 이외의 것이 아니다. 이에 대한 물천의 관심은 집요했다. 1877년 8월초 지리산 등반에 동행하면서 후산과 지·경에 대하여 거듭 논의하였던 물천은[14] 다음 해에 한주에게도 이것을 문의하였다. 한주에게 직접 배웠던 가장 중요한 교훈이었기에 그의 입문을 기록한 글들은 이 점을 특기한다. 한주 「연보」 61세(1878년 무인)조는 "김치수金致受에게 지경설을 답하였다"고 썼고, 문인 박헌수朴憲脩는 「묘표墓表」에서 "예학을 냉천冷泉(성재性齋)에게서 들어서 사물四勿이 절로 실천됨을 더욱 확신하였고, 지·경을 한주에게서 배워 수레바퀴와 새 날개처럼 한쪽을 폐지할 수 없음을 더욱 체험하였다"고 증언하였다.[15]

한주에게 보낸 질의서는 일실逸失되었으나, 『한주전서寒洲全書』의 「답김치수문목答金致受問目, 무인戊寅(1878)」이 그 답변서이다. '지와 경이 어찌하여 수水와 화火에 속하는가?'라는 물천의 물음에 답한 편지이다. 한주는 이것을 성리학의 『주역周易』 해석 논리에 입각하여 해석하고 있으나, 지·경을 본성인 지智·예禮와 연관시키고, 지知는 지智의 작용이요 경은 예의 작용이라고 해석하고 있음에 주의해야 한다.[16] 이런 해석이 필요하였던 이유를 후산은 이렇

13) 김진호. 「여허후산퇴이」. 333쪽.

14) 許愈. 「頭流錄」. 『后山先生文集 續集』 권5. 국립중앙도서관DB. 62쪽. "及期, 與文聖中金致受偕之. 時丁丑八月初五日也. 道中與致受論知敬之妙." 같은 곳, 66쪽. "冒雨入山天齋,…仲昭出見勞之, 邀入其家, 行酒數巡, 酒席偶發知覺之論, 余引物譬喻,…"

15) 朴憲脩 撰. 「(勿川)墓表」. 『물천집』 하. 697쪽.

16) 이진상. 「答金致受問目 戊寅」. 『한주전서』 1. 394상b. "知便是智之用, 而水之神爲智; 敬便是禮之用, 而火之神爲禮."

게 설명한다. “세상의 학자들은 입만 열만 곧 함양수용경과 진학재치지를 말한다. 그러나 지·경의 표標에 대하여 본래 어두운 것 같다. 그러므로 혹은 지知를 기氣로 알고 혹은 경을 막는 것(철綴)이라고 여기면서 리에는 관계가 없다고 생각하고는 분명하게 말하지 못한다.”[17)]

표는 표적標的 또는 준적準的이므로 목표 또는 표준적인 모범이다. 세상의 학자들이 그의 말처럼 했는지는 의문이나 여기에 한주학단의 문제의식이 나타난다. ‘지知를 기氣로 안다’고 개탄하였으므로 후산은 지知를 리로 인식해야 한다는 말한 셈이다. 지는 격물을 통해 얻는 지식이면서 또한 허령지각虛靈知覺의 지각이다. 주자학자들의 지식은 사실적인 객관 지식에 그치지 않는다. 지각능력과 결합되어 있는, 본래 내가 가지고 태어난 지식(양지良知)이기도 하다. 외부에서 지식을 얻는 것은 이렇게 본래적 지식을 머금은 내면의 지각능력을 확장하고 순화하기 위한 것이므로 주관과 객관의 지식은 구별되지 않는다.[18)] 이 지각을 기로 볼 것인가 리로 볼 것인가의 논란에는 역사가 있으니 기호의 율곡학파가 논란한 주요 주제 중 하나가 이것이었다.

영남 학계에서 지각을 지智의 작용 즉 리의 작용으로 보아야 한다고 명언한 이는 대산이다. 그에 의하면 능각자인 마음을 기준으로 보면 지각은 마음의 지각이나 리를 기준으로 보면 지智의 작용이다.[19)] 수간법과 이주기자설을 처음 공언한 대산이 모든 현상은 리를 유일한 근본으로 삼는다는 성찰을

---

17) 「答金致受」(1877년?). 121하b. 지경설의 의미는 郭鍾錫, 「답김치수 정축」. 『俛宇集』 1. 1983. 아세아문화사. 484하b~485하b에도 자세하다. 물천이 이해한 지경설은 「답곽명원」. 『물천집』 상. 454~456쪽을 참고.

18) 주자는 “사람이 태어나면서부터 지식이 있다”고 하였다(朱熹. 「與張欽夫」. 『朱子大全』 30. “人自有生, 卽有知識.”). 지각능력과 분리되지 않는 이 지식을 바탕으로 외물의 지식을 탐구함으로써 지각능력을 확장하는 것이 격물궁리이다(『대학장구』. 「補亡章」 참고).

19) 李象靖. 「答趙聖紹」. 『大山集』 II. 2001. 한국문집총간. 30상b. “故就心而言, 日心之知覺, 就理而言, 日智之用.”

지각현상에 적용한 결과가 후자이다. 그는 소각자인 리의 역할을 지각의 대상으로만 한정하지 않는다. 소각자인 리는 본성 즉 알려는 본능적 성향으로서 능연能然의 힘을 지닌다. '시비를 알아서 시비하는 것'이라는 신묘한 리의 작용이 있기에 능각자인 마음의 지각이 발생한다. 따라서 리는 기를 도구로 써서 능동적으로 지각을 구성한다. 이것이 지각 현상에 적용된 이주기자설이다.

한주는 대산의 생각을 계승하여 발전시킨다. 그가 중점을 두었던 마음은 리가 주재하고 기는 보조자의 역할을 하는 본연의 마음이었다. "기는 단지 청탁과 수박이 있을 뿐이며 원래 영靈함이 없고 원래 지각도 없다. 그것이 리를 갖추고 있고 리에는 변별의 지智가 있기에 기를 타고 유행함에 리에 묘용이 있으므로 신神이라고 이르고, 지극히 신하기에 영하다고 말하게 되었다."[20] 그가 볼 때 지각은 기에서 기원하는 능력이 아니며, 기가 발휘하는 신령함은 리에서 기원한다. 리의 능연함이 기를 보조자로 사용한 것이 마음이라는 관점을 확대하여 마음의 본질을 파악한 결과가 심즉리설心卽理說이다.[21] 이 맥락에서 후산은 지智(리)의 작용인 지각을 보존 확충하는 것이 치지의 표적이라고 말하고 있다.

한편 경은 흔히 사의私意(잡념)와 사욕私欲을 막는 공부라고 이해된다. 그런데 이렇게만 말하면 경 공부의 궁극 목적이 잘 드러나지 않는다. 경은 마

---

20) 이진상.「理學綜要」.『한주전서』2. 93상b~하a.

21) 이진상.「鄭厚允別紙」.『한주전서』1. 382하a. "智常含終始兩頭, 而四德歸藏於智. 故未發而智之德專一心, 一心之中, 萬理咸具, 此所謂具衆理也. 百行資始於智, 故已發而智之用首衆情, 事物之至, 心必覺之, 不有先覺, 無由得行, 此所謂行此情也." 능각자는 외물의 이치를 알지만, 궁극적으로 그것이 지각하는 것(소지각)은 내 마음의 이치임을 주자의 말을 빌려 다음과 같이 말한다. "大凡道理, 皆是我自有之物, 非從外得, 所謂知者, 便只是理, 才知得, 便是知得我底, 非是以我之知去知彼道理也. 道理本固有用, 智方發得出來."(같은 글. 383상a~b.) 이상의 대산과 한주의 지각설에 대한 대체적인 언급은 김낙진, 2009.「지각설을 중심으로 본 한주 이진상의 성리학」.『동양고전연구』36. 동양고전학회를 참고.

음에 끼는 앙금과 같은 사의나 사욕을 제거함으로써 결국은 밝은 덕(명덕明德)을 회복하는 공부라고 해야 한다. 한주는 이것을 상론하여 경이라는 행위의 본체는 예禮라고 말한다. 공자孔子가 교훈한 "극기복례克己復禮하면 인仁이 된다"는 말을 안연顔淵의 경 공부법으로 해석한 주자의 견해를 고려하면, 경이라는 행위는 예를 회복하는 것 - 궁극 목적은 어질어지는 것이다. - 이고, 근본으로부터 보면 경이라는 행위를 발생시키는 본체는 예이다. 지·경의 학설은 치지와 거경의 방법론을 거론함에 그치는 것이 아니라, 이주기자설에 입각하여 지·경의 본질과 목적을 해석해 낸 결과물인데, 물천은 이를 이해하여 간다.

후산에게 보낸 같은 편지에서 물천은 '도심에도 부중절이 있다'는 후산의 발언이 지닌 의미를 묻고 있다. 본래 면우의 주장이었던 이것에 대해 물천은 도심의 도라는 글자에는 이미 중정中正의 뜻이 있으므로 부중절이 있다는 말이 부당하다고 생각하였다. 후산의 답신은 인식과 표현의 애매성 때문에 물천의 오해를 부르기도 하였지만, 도심과 인심에 대한 전래의 해석을 도식적으로 이해하고 있었던 물천은 도심에도 부중절이 있다는 이론에 동의해 가면서 한주학단의 논리와 방법을 습득하고 있다.[22]

1876년에는 허령의 영靈에 대한 이기론적 해석에 관해 면우와 토론한다. 지각이 작용이라면 허령은 본체이다. 면우는 앞서 거론한 한주의 생각을 따라 허령의 '영靈함은 리이고 영한 활동을 하는 것은 기'라고 이해하고 있었다. 이에 비해 물천은 理와 기 중 어느 하나만 가지고 설명하는 방식에 한계가 있다고 느꼈다. "영을 기로만 말하면 형적이 있음에 빠짐에 비해, 리로만 말하

22) 도심 부중절의 논의는 ① 허유. 「答金致受鎭祜 丙子」 120상b~하a. ② 김진호. 「답곽명원」 451~2쪽. ③ 허유. 「답김치수. 정축(1877)」 121상b. ④ 곽종석. 「답김치수 정축」 484하a. ⑤ 곽종석. 「答許后山」 339하a~340상b의 순서로 보아야 한다.

면 그 정상精爽함은 이·기 중 어느 한 편으로만 말할 수 없다는 주장에 위배될 수 있다"고 생각했다. 이·기가 합해져서 영한 능력이 나타난다고 본 그는 면우의 견해가 잘못되었다고 여겼다.[23] 이에 관한 이들의 왕복서신이 누락되어 어떤 변화의 과정이 있었는지를 상세히 알 수 없으나, 물천이 만성에게 보낸 글을 보면 면우의 견해를 받아들였다는 추정이 가능하다.

> 이른바 무극의 참됨과 음양오행의 정상精爽이 묘합妙合한 것이 마음입니다. 허령지각은 그것이 묘합한 것이고 체용을 포괄하는 것입니다. 허령은 본디 구슬을 꿰어놓은 것과 같은 주장이며, 이로써 묘합한 본체를 형용합니다. 그러므로 전언專言과 겸언兼言이 모두 안 될 것이 없습니다.…지금 여기 있는 촛불은 비유하자면 마음입니다. 불은 이치이고 기름은 기입니다. 그것이 밝음은 영靈함입니다. 기름은 불이 아니면 스스로 밝아질 수 없고 불은 기름이 아니면 밝아질 것이 없음은 틀림없으니, 서로 기다려 밝아질 수 있는 것입니다. 그러나 촛불을 가리켜 '밝음은 불인가? 기름인가'라고 묻는다면, 사람들은 반드시 '불의 밝음이다'라고 말할 것이고 '기름의 밝음이다'라고 말하지 않습니다. 불과 기름이 서로 분리되면 저 밝음이 없음을 사람들이 알지만, 그 말이 꼭 이와 같이 되는 것은 주된 바가 있기 때문입니다.[24]

그는 본래 생각했던 대로 마음의 본체가 이기의 합(겸언兼言)임을 인정하면서도, 촛불의 밝음이라는 비유를 들어 마음의 본질적인 현상을 적시할 때는 영靈을 리 위주로 해석할 수 있음(전언專言)을 인정하고 있다. 이 밖에도 물천은 한주의 칠정 이발설理發說, 면우의 인심도심 이발설에도 동의해 갔고, 우여곡절을 겪기는 하였지만 『중용中庸』의 달도達道를 이발理發로 보아야 한

---

23) 김진호, 「답곽명원 병자」, 436~437쪽.

24) 김진호, 「答朴晩醒先生」, 『물천집』 상, 294쪽.

다고 면우의 주장 역시 수용한다.[25]

이상의 논의는 동시 다발적으로 전개되었다. 흉중에 이미 배웠던 학설이 남아 있었으므로, 본래 가지고 있던 입장에서 반발하다가 한주학자들의 독특한 관점과 이론들을 이해하고 동의하는 과정을 되풀이 한다. 이는 결코 쉽지 않았을 과정의 연속이었을 것인데, 이 시기에서는 무엇보다 한주의 지각설을 이해하고 있음에 주목해야 한다. 또 이때 토론된 주제들은 대부분 한주에 의하여 주장된 것들이었으므로 그는 한주학의 정수를 이해하여 간 것이다. 이 시기를 물천의 한주학 탐색기라고 부를 만하다.

3. 교육을 통한 전파

1880년대에서 1890년대 중반까지는 물천·후산·면우의 서신이 거의 남아 있지 않아 이 시기 물천의 활동은 비지문 등에 보이는 짤막한 설명에 의지하여 추정해야 한다. 이를 보면 오히려 성재학단이나 정재학단 관련 일에 치중한 듯하다. 성재가 사망한 후 법물의 상산김씨들과 만성은 『성재집性齋集』을 간행하고 성재의 영정을 모신 물산영당勿山影堂을 건립한다. 물천은 44세(1888)가 되던 해에 상산김씨 법물 입향조 단구재丹邱齋 김후金後(1365~1397)의 재실인 은락재隱樂齋에서 성재의 문집을 교정하였다. 1889년에는 영당 옆에 이택당麗澤堂이라는 강학의 장소가 마련되었고, 초대 강장이었던 만성이 사망하자 그의 유문을 수습하여 문집을 만든 물천은 51세가 되던 1895년부터 이곳을 주관한다.

---

25) 물천이 한주의 칠정 이발설을 수용하였음은 김진호, 「답곽명원 별지」 438~439쪽. 달도 이발설에 대한 반발과 수용은 김진호, 같은 글, 441~442쪽과 「與郭鳴遠」 445~446쪽을 참고.

그런데 이 이택당에 후산과 면우, 만구晩求 이종기李種杞(1837~1902), 교우膠宇 윤주하尹胄夏(1846~1906) 등이 와서 강의를 담당한다. 만구를 제외하면 모두 동문들이므로, 서신토론은 없었지만 관계는 지속되고 있었음을 알게 된다. 그런 만큼 이들은 학단의 일로 동고동락하였다. 1886년(42세) 무렵 매우 고단한 처지에 있음을 고백한 물천을 면우가 위로한다.

> 작별할 때 형이 나에게 "그대로부터 멀리 떨어지면 나는 쓸쓸하게 홀로 서야 하니 다시 누구에게 감히 명리名理에 관한 이야기를 할 것이요, 또한 감히 현명한 스승 및 친구들과 끊임없이 오가면서 공부할 수 없으니 두려울 따름"이라고 말하였습니다. 내가 길을 가면서 또 생각해 보니, 형이 근래에 뜬 의론(부의浮議)으로 곤욕을 치렀으니, 정말로 스스로 편안할 수 없겠습니다. 말씀이 매우 슬퍼서 같은 병을 앓는 사람만이 아는 가여움이 더해집니다. 그러나 도리는 모름지기 스스로 볼 수 있는 것임은 사람들이 밥을 먹는 것과 같습니다. 굳이 문 앞을 넓게 열어 놓아야 할 필요는 없습니다. 어찌 이것으로써 서로 같이 들어가지 못할 곳에 같이 가지고 억지로 떠들어 남들이 나와 구차하게 같기를 바라겠습니까?…어찌 머리를 두려워하고 꼬리를 두려워하여 뒤로 물러나 뭇 사람들의 안색을 관망하고 한때의 소문에 따라 올리고 내리면서 어중간한 위치에 서서 앞으로 갔다 뒤로 갔다하기를 꾀하다가 마침내 자기가 가진 천금으로 남이 가진 떨어진 빗자루와 바꿈으로써 수릉壽陵의 엉금엉금 기는 꼴이 되고나서야 그만두겠습니까?[26)]

이때는 한주가 사망하고 1년 정도 지난 후이니 아직 한주 문집이나 『이학종요』가 출간되기 이전이다. 그것이 무엇인지는 불확실하지만 물천은 뜬 의론에 시달리고 있었는데, 어중간한 위치에서 앞으로 갔다 뒤로 갔다 하겠

26) 곽종석, 「답김치수」, 487하b~488상a. 수릉의 포복은 邯鄲之步를 가리킨다.

느냐는 면우의 말에서 주리와 주기로 대표되는 복수의 이론가들 사이에서 곤욕을 치르지 않았을까 추측된다. 자부심이 컸던 면우는 위의 편지에서 한주학단이 처한 곤경을 주자가 겪었던 위학僞學의 변고에 비유하고 있다.

이 시기 동문들과 토론한 흔적은 없지만, 물천이 교육을 통해 한주학을 전수하는 모습은 찾아진다. 눈에 띠는 증거가 문인 이효기李孝基에게 보낸 편지이다. 이효기는 1893년 사망하였으니 이 해 이전에 작성된 글이다. 『중용』의 사정四情(희로애락喜怒哀樂)을 이발과 기발 중 무엇으로 보아야 하는가의 물음에 물천은 칠정을 논한 선현들의 주장들이 맥락에 따라 다름을 알아야 하고, 칠정을 기발로 해석한 주자와 퇴계의 가르침만을 따르는 것은 성현이 입언한 바가 경우에 따라 다름을 모르는 것이라고 답한다. 음식남녀와 사망빈고로 칠정을 논한 「예운禮運」은 형기의 사사로움을 중심으로 이해하였으니 맹자의 사단과 상대시켜 말할 수 있는 경우이다. 이천伊川 정이程頤가 「호학론好學論」에서 거론한 칠정은 이기를 겸하고 선악을 포괄한 경우이다. 그러나 『중용』은 이와 다르다고 한다.

> 자사子思가 말한 네 가지 정情(희로애락)에 이르러서는 이미 대본大本의 발출, 중절中節의 화和, 천하의 달도로서 시종일관 밝혔다. 주자는 또한 '발하여 중절中節한다'고 하였으니 곧 이는 마음속의 理가 밖으로 발현한 것이다. 만약 조금이라도 기의 경계에 관계된다면 성현이 어찌 이와 같이 입언立言하였겠는가? 퇴계는 또한 「심통성정중도心統性情中圖」에서 (칠정을) 사단과 함께 이권理圈에 배치하고 옆으로 나란히 써 놓아 조금도 차별을 두지 않았다. 또 고봉高峰이 "발發하여 중절한 것은 천명의 성性이요 본연의 예體이니 어찌 기발氣發이라고 하여 사단과 다르다고 말할 수 있습니까"라고 한 말에 대해 투철하게 이해하여 시원하다는 말로 권면하였다. 칠정 이발설에 대해 어떤 의문이 있어 불가하다

고 말하는지 모르겠다.[27]

『중용』의 사정四情(칠정)은 이발理發로 보아야 함을 가르치면서, 수간설의 근거가 된 퇴계의 「심통성정중도」를 증거로 드는데, 이는 한주의 견해이기도 하다. 같은 편지에서 그는 도심에도 부중절이 있다는 말의 다른 표현인 '이발에도 부중절이 있다'는 주장과 (중용의) '달도가 이발'이라는 학설을 옹호하니, 30대에 동문들과 토론하면서 소유하게 된 주장들을 그대로 가르치고 있다.[28] 1894년(또는 그 이후)에는 변준흠卞濬欽에게 한주의 학설을 변호하였다. "합이기合理氣가 절로 혼륜설임은 누가 아니라고 하겠습니까? 한주의 설은 (그 혼륜함 중에서) 본체를 발라내어 말한 것이니, 그 뜻이 정밀하고 깊어 쉽게 볼 수 있는 것이 아닙니다"[29]라고 하여 횡간설을 부인하지 않은 채 수간설의 가치를 천명하고 있다.

1895년은 『한주집』이 간행된 해이고, 1897년은 『이학종요理學綜要』가 마지막 교정을 거쳐 간행된 때이다. 1895년 대계大溪 이승희李承熙(1847~1916)가 편지를 보내 문집 교정의 일로 초치하자 51세의 물천은 후산과 함께 원천회原泉會에 가서 50여일을 머물면서 교정 작업을 하였다. 1896년경에는 『이학종요』 교정의 일로 면우에게 편지를 보냈다. "『종요』 간역소刊役所를 설치하였다고 들었는데 바로 급히 서둘러야 할 일입니다. 사문斯文의 일맥一脈이 오로지 여기에 있습니다. 생각건대 강재剛齋(이승희)와 더불어 마주 앉아 교정하시니 마땅히 정밀하지 않음이 없을 것입니다만, 참여하여 남은 실마리를 듣지 못하니 더욱 한스럽습니다." 일맥이란 여럿 중의 하나가 아니라 유일한

27) 김진호. 「答李明汝」. 『물천집』 상. 614~615쪽.
28) 김진호. 「답이명여」. 616쪽.
29) 김진호. 「答卞丈若彥」. 『물천집』 상. 324쪽.

유맥儒脈이란 뜻으로 이해된다. 그렇다면 한주학단의 일원임에 자부심을 가지고 있었을 그는 부친이 연로하여 멀리 가서 교정에 참여할 수 없음을 변명한다.[30]

1897년 무렵은 『한주집』 간행 이후 문인들이 괴로움을 당하고 수모를 겪던 시기이다. 열성당원이던 후산마저도 "이런 때에 이런 일을 어찌 거론할까?"라고 타는 속마음을 토로한 바 있는데, 물천은 이렇게 위로한다. "군자가 천리를 궁구하고 인륜을 밝히며 성인의 말씀을 강론하고 세교世敎를 부지하는 것이 모두 위기爲己의 학문입니다. 세상의 성쇠에 따라 진퇴하지 않고, 또한 시대의 치란에 따라 일어났다 주저앉았다 하지 않으면서 잠깐 동안이라도 그만둘 수 없는 시대입니다. 하물며 이 시대의 세상 변란이 망극한 것은 바로 이 학문이 밝지 않음에 말미암으니, 의리를 강구하고 인심을 밝게 하는 일은 바로 부지런히 하여 그만둘 수 없는 것입니다."[31] 그는 유교의 도를 보존하는 위도衛道와 한주의 이론을 지키는 것이 다르지 않다고 보는 학단의 태도를 공유하고 있었다.

4. 후산과의 충돌

1890년대 후반부터 물천은 후산·면우와 서신교환을 재개한다. 두 동문의 주장을 수동적으로 받아들이던 초기와는 달리 적극적으로 자기 견해를 개진함으로써 충돌을 빚기도 한다. 『이학종요』의 마지막 교정이 진행되던 중에는 면우의 명덕설明德說을 반박한다. 논쟁이 발생한 원인은 면우가 『대학』

---

30) 김진호, 「답곽명원」, 460쪽; 김진호, 「與李啓道」, 『물천집』 상, 520쪽.

31) 김진호, 「답허후산퇴이」, 340~341쪽.

의 명덕 개념이 마음의 본체本體만을 가리키는 것이 아니라 효孝·충忠·공恭·중重 등의 행위까지 포함한다고 확대 해석하였던 데 있었다.[32] 후산 역시 면우에게 불만을 표출하고 있으니, 한주의 가르침인 주리의 논지를 확대 적용하고 있던 이들 학단 내부에서도 특정 주제의 해석에 이견이 있었음을 알게 된다. 명덕에 관해 이들이 의견합치를 보았는지는 확인되지 않는다.[33]

1898년에 물천은 후산과 능能·소所를 토론한다. 채인묵蔡寅默과 계남溪南 최숙민崔琡民(1837~ 1905) 등 주변인물들이 참여할 정도로 관심을 끌었던 문제였다. 채인묵은 마땅히 해야 하는 행위들인 경敬이라든지 배움(학學), 즉 능能을 형이하자形而下者로 해석하는 것에 반대하고 형이상자形而上者로 보아야 한다고 주장하였다.[34] 후산은 처음에 이 의견을 듣고는 "배움을 도에 비교하고 경을 전일專一함(一)에 비교하면, 학과 경은 형이하라고 말하는 것이 옳다"고 보았다. 과정적 행위인 배움과 경 그리고 궁극 목표인 도와 전일함을 형이하자와 형이상자로 나누고는 "행위는 형이하로 보아도 무방하다"고 보았던 것이다. 그러다가 생각을 바꾸어 "경이라고 하고 학이라고 하는 것은 당행當行의 일인데, 모두 형이하에 속한다고 하면 이것이 무슨 소견인가?"

32) 최석기. 2009.「면우 곽종석의 명덕설 논쟁」『남명학연구』27. 남명학연구소. 33~34쪽. 면우의 명덕설을 연구한 이 논문은 대계·후산·물천과의 논쟁을 중심으로 구성되어 있다. 명덕 해석과 관련하여 면우가 물천에게 보낸 글은「與(答)金致受」『면우집』1. 489상a~492상b에 실려 있다.

33) 면우 명덕설에 대한 후산의 불만은「답김치수」『후산집』 124상b. "每讀鳴遠明德說, 不能無強辨之疑, 而吾輩於此等細瑣, 亦未之領會, 信乎說理之難也."; 물천의 반론은 김진호.「답곽명원」 463~464쪽.; 곽종석.「답김치수」 492하a. "明德之爭, 彼此偃旗息鼓, 差覺中原少事, 惟休兵養民, 以壯國脈爲急, 可相與勉力否."

34) 채인묵의 견해는『후산집』의「여김치수 戊戌」, 124하b에 소개되어 있다. "能所之說, 兄亦以鄙說爲認形下爲形上, 故卻以三人行, 必從二人之言爲法門. 遂訓行爲形下歸, 而言諸殷老, 殷老大怪以爲道之於行, 如仁之於愛, 愛固非仁, 而不可離愛而言仁, 行固非道, 而不可離行而言道, 今以行爲形下者, 不識常行之道也. 而乃反推與之, 曰無妨曰亦得, 害理之甚也. 其言令人瞿然, 須以殷老之言, 更加思量如何."

라고 힐난하기에 이른다.[35] 이에 맞서 물천은 경과 학을 포함한 사람의 소행은 모두 형이하자로 보아야 한다고 역설한다.[36] 본래 선가禪家의 말임을 들어 능·소를 유가의 언어로 바꾸어보기도 한다. 능이 "그것이 그러함을 일컫는 것"이라면 소는 "그렇게 되는 까닭"이니, 형이하자와 형이상자로 구분해야 한다는 것이다.[37] 그러다가 면우가 각기 어맥에 따라 이해하면 된다[38]고 중재함으로써 논쟁은 중단된다.

채인묵과 후산이 형이하자의 영역에서도 가급적 형이상자(리)의 측면을 부각시키려고 한다면, 물천은 형이하자와 형이상자 즉 기와 리를 분명히 가른다. 본래 능·소는 마음을 구성하는 기인 능각자能覺者와 리인 소각자所覺者의 역할·위상에 관한 개념이었는데, 채인묵 등은 이것을 마음이 발출한 결과인 행위로까지 확대하고 있다. 명덕 해석에 나타난 면우의 의지와 유사하다고 보면, 이런 학풍은 한주학단에 널리 퍼져 있었다. 지·경에 내포된 이주기자의 의미를 이해하였던 물천이 이와 같은 확대 해석들을 인정하지 않는 것도 의외이지만, 이주기자의 논리를 확대 적용하려는 후산 등의 의지도 이채롭다. 마음을 이기의 합으로 보는 시각을 소홀하게 취급하지 않던 물천의 입장이 그대로 반영되고 있다고 할 것이다.

입장 차이는 계속 드러난다. 1901년 이후로는 마음의 허령한 본체에 대

---

35) 이 구절에 대한 후산의 편지는 전해오지 않으므로 김진호.「답허후산퇴이」. 346쪽을 참조. 후산의 변화된 입장은 다음에도 나타난다. 허유.「답김치수」. 125상a. "元德(崔琡民)訓道爲行, 固失之疎闊, 而諸公認敬爲形下, 尤所未聞, 曾謂一心之主宰, 聖學之始終, 乃是形氣之一物乎?…近看諸公意想, 駸駸然走了氣邊, 故曰敬曰學曰當行之事, 皆屬形下, 此何所見.";「여김치수」, 125상b~하a. "然君臣父子, 固事物之形下者也. 人之所行, 君臣父子之道也. 忠孝敬慈, 何可謂形下底物也? 愚妄有能所說一頁, 蓋以自發其病, 以求藥於諸賢也."

36) 김진호.「답허후산퇴이」. 344쪽.; 김진호.「答蔡殷賚」.『물천집』상. 425쪽.

37) 김진호.「답허후산퇴이」. 347쪽. "蓋能所能, 本禪家語, 而吾儒說訓之, 則能其然之謂也, 形而下者也; 所能所以然之謂也, 形而上者也."

38) 곽종석.「답김치수」. 492하. "只當就本書上各求其語脉, 不必將此準彼, 互相揍合而謂能爲形下·所爲形上也."

해 토론한다. 주리의 의미를 강조하는 후산은 주자가 마음의 본체를 형용하기 위해 사용한 본연체단本然體段이라는 말에서의 체단은 형체가 있는 것 같은 느낌이 들어 못 마땅해 하였다. 그는 허령이라는 마음의 본체에서 유형有形의 뜻이 있는 체단 즉 기의 측면을 완전히 제거하려고 한다. 더 나아가 인간이 금수와 다른 점은 의리義理의 마음에 있으므로 허령 -「중용장구서」의 '심지허령지각心之虛靈知覺, 일이이의一而已矣'의 허령 - 의 앞에 의리라는 말을 덧붙여 '의리심의 허령함'이라고 표현하기에 이르고, 이 의리심을 중시하는 것이 유가이고 형기심을 중시하는 것은 불가佛家라고 대별한다.[39] 이주기자로 드러나는 마음의 본질은 의리심이므로 허령 앞에 '의리'를 더하여 의미를 명확히 하려 한 것이라고 이해된다.

물천은 반박한다. 마음은 본래 형체가 없으나 '본연의 체단'의 뜻인 본체라는 말을 쓴 것은 형체 있는 것에 비유하지 않으면 마음의 진상이 드러나지 않기에 불가피하였다고 주장한다. 마음을 형용하자면 이기를 합하여 볼 수밖에 없는데, 그를 통해 형상화되는 마음의 모습(경상景狀)이 허령이다.

> 마음이 갖춘 바는 리입니다. 리는 마음의 전체全體라고 말할 수 있지만, 본연의 경상이라고 하면 옳지 않습니다. 바탕이 되는 것은 기입니다. 기는 심의 당체當體라고 말하면 옳지만, 본연의 경상이라고 하면 사실에서 멉니다. 오로지 리의 진정眞靜함과 기의 정상精爽함이 혼연混然하게 묘합妙合한 것에 나가서 그 모습을 상상하면 지극히 허하고 지극히 영靈할 따름이다.[40]

39) 허유. 「答金仲衍」 『후산집』 215하a. "且本體體段, 爲體一也, 而體段之體, 似乎有形, 本體之體, 自是無形, 立言命意, 不能無別也. … 然人之所以異於禽獸者, 以其有義理之心也. 義理心之虛靈, 以理而言, 何疑也?"

40) 김진호. 「여허후산퇴이」 357~358쪽.

전체를 모든 또는 온전한 본체라고 해석하면 전체라는 말은 마음의 실내용은 리임을 뜻할 것이다. 이에 비해 감각적으로 경험되지 않는다고 하여도 마음의 실체를 구성하는 질료(당체當體)는 기이다. 이 둘이 합해져서 허령하다는 경상이 상상된다는 것이니, 마음의 본체를 이기의 합으로 해석하는 물천은 리 위주로 마음의 본체를 해석하려고 한 후산과 충돌한다.

이 무렵 그는 후산과 감정적으로까지 대립한다. 후산은 물천이 주리의 설에 의심을 품고 주리 주기의 대립에서 중립에 서려 한다고 질책하기까지 하였다. 허령을 논할 때에는 물천이 마음의 본체를 합이기로 본다고 이해하고는 배사의 혐의를 추궁한다.[41] 물천은 과연 한주의 주리설을 부인하였을까? 그의 다음 글을 보자.

> 마음은 비유하자면 거울입니다. 거울의 '전체全體'는 모두 옥玉이니 마음의 이치입니다. '본체本體'는 단지 허명虛明할 뿐이니 마음의 허령입니다. 조철照徹(두루 비침)은 마음의 지각입니다. 그러나 옥은 수은水銀이 없으면 비록 허명한 본체가 있어도 허다하게 조철할 수 없으니, 리가 비록 허령함의 본체라고 할지라도 기에서 떨어지면 허다한 지각을 할 수 없는 것과 같습니다. 그러므로 옥이 수은을 도구로 삼아(자資) 허명조철虛明照徹한 것을 이름 하여 거울이라고 합니다. 리가 기를 도구로 삼아 허령지각한 것을 이름 하여 마음이라고 합니다. 이와 같이 보면 마음의 이름 뜻과 경상景狀을 분명하게 알 수 있습니다. … 마음은 진실로 이기의 합이라고 말하는 것은 그 명의를 논할 때는 마땅히 이와 같이 보아야 합니다. 주재를 논한다면 어찌 이와 같이 말할 수 있겠습

41) 김진호. 「답허후산퇴이」. 348쪽. "…高明不諒人言, 一以懷貳於主理之說致責, 二以未免溫呑煖諸意申戒."; 허유. 「답김치수」. 126하b~127상a. "示諭虛靈本體, 大要是本體合理氣之意也. … 夫人之所以靈於萬物者, 以其有義理之心也. 師之所以教, 弟子之所以學, 不過存此心養此心而已, 此從古聖賢相傳之心法也."; 김진호. 「답허후산퇴이」. 370쪽. "聞軒下與人說 祜倡爲本體不是理之說, 此恐情外之誚, 祜書前後幅中, 何曾有此本體不是理五字耶?"

니까?[42]

그는 마음의 본체라는 명의를 논할 때는 합이기로 보는 것이 마땅하다고 말한다. 그러나 그가 이주기자설에 입각하여서도 마음을 이해하고 있음을 '전체' 또는 '주재를 논함'이라는 표현에서 알 수 있다. 그는 마음을 두 가지 측면에서 이해할 수 있다고 보고 있으니 한주의 학설에서 벗어나지 않았다.

그는 위의 충돌이 일어난 뒤인 53세(1897) 또는 54세(1898) 때에도 족숙이자 문인인 물계勿溪 김재식金在植(1873~1940)에게 이발 일도설을 옹호하는 글을 보냈다.

> 대개 마음은 리일理一이고 정情은 분수分殊다. 정은 만 가지로 다르나 감感하여 발發함은 단지 의리와 형기 두 개의 길이 있을 뿐이다. 정이 발함은 두 개의 길이 있으나 주재하는 것은 단지 리일理一일 따름이다. 혼륜해서 말하면, 인심과 도심, 사단과 칠정을 막론하고 모두 이발이라고 해도 된다. 리는 장수가 되고 기는 졸개가 되며, 리는 주재할 수 있고 기는 주재할 수 없다. (그러므로) 인심과 칠정이 비록 형기에 감하여 발하나, 그 감촉함은 형기의 사사로움이요, 감촉된 것은 리의 본연이다. 만약 원래 본연의 이치가 없다면 이 형기의 정은 무엇으로 말미암아 발출하겠는가? 다만 천리로부터 곧바로 발출하면 이발이라고 이르고, 형기의 쪽으로부터 발출하면 기발이라고 이른다. 선현께서 다만 그 발할 때의 지두地頭에서 면모가 비교적 무거운 것으로써 설명하였으니, 그러므로 이에 분개의 논의가 있게 되었다.[43]

'마음은 리일이고 정은 분수'라는 언명은 생소하긴 하지만, 이주기자의

---

42) 김진호, 「답허후산」, 366~368쪽.

43) 김진호, 「答金仲衍」, 702~703쪽.

관점에서 본성과 감정의 관계를 파악하면 이렇게 말하지 못할 것은 없다고 생각된다. 그는 이 글에서도 이주기자의 관점인 수간법과 호발론의 관점인 횡간법을 모두 인정하고 있는데, 후산은 이 답신을 보고는 대체로 동의하였다.[44] 1902년에는 "인신도심을 막론하고 단지 이발 일로뿐임"에 대하여 묻는 김태길金泰吉에게 "이발 일로 뿐이라고 해도 불가할 것이 없다"[45]고 답신하였다. 1904년 사망한 후산을 조문하면서 최정기崔正基가 시문 아홉 장으로 주리론의 취지를 비판하자 물천이 반박하였음을 고려하면, 주리의 입장에서는 후산과 크게 다르지 않았음이 짐작된다.[46]

그렇다면 그가 후산의 주장에 불편함을 느끼는 이유는 무엇일까? 이미 지난 시절 토론하였던 주제 - 앞서 소개한 영靈은 이기지합理氣之合인가? 리인가? - 를 재론하게 된 것은 후산이 마음의 본체는 리(심즉리)라는 학단의 공통이해를 넘어, 물천이 볼 때, 무용한 확대해석 - 제단의 해석과 의리심의 표현 - 을 하였기 때문이라고 논자는 이해한다. 후산과의 충돌은 수간설 즉 이주기자설을 부정하는 데서 일어난 일이 아니다.

5. 균형의 추구

물천은 수간법을 부정하지 않고 횡간법과 병용한다. 소급하면 이것은 대산 이래 영남학파의 일반적인 입장이었다. 대산은 "퇴계의 성정중도性情中

---

44) 허유.「답김치수」. 124하a~b. "仲衍所詢, 盛說甚當."

45) 김진호.「答金天輔 임인(1902)」.『물천집』상. 724쪽. "(물음)無論人心道心, 只是理發一路而已. (답)心本一也, 而所知覺有不同, 故所發有人道之二名, 然究其所本, 則皆性之隨感而現者, 以此謂理發一路而已, 則恐無不可."

46) 김진호.「李明賚惠山幽居韻」.『물천집』상. 257~262쪽.

圖는 혼륜간渾淪看의 측면에서 중中을 말하는 데 나아가 선일변善一邊을 집어냈으니 천명의 성性에 근원하여 천하의 달도達道를 삼은 것입니다. 성정하도性情下圖가 분개간分開看의 측면에서 말한 것과는 각기 나름대로의 뜻이 있습니다"[47]라고 하였는데, 혼륜간이 이주기자의 근거이고, 분개간은 호발설로 대표되는 횡간설의 근거이다.

대산을 계승한 정재와 그 추종자들이 한주와 달랐던 점은 수간법의 적용 정도에 있었다.[48] 그들은 대체로 사단 이발론 정도에만 수간법을 적용한다. 사실 이것만 해도 부담이라면 부담이다. 칠정 기발과 대비된 퇴계의 사단 이발설은 절대적인 선함을 보편적으로 체험하도록 유도한 공이 있지만, 율곡栗谷 이이李珥(1536~1584)와 대비하면 일반인(중인中人, 중인衆人)의 경우에도 너무 쉽게 순선한 감정이 있음을 인정한다는 부담감을 갖지 않을 수 없다.[49] 따라서 이주기자설을 확대 적용하는 것에 조심스러워 한 이들은 명덕 주리설, 심즉리설, 칠정 이발설 등에 강하게 반발한다. 명덕 주리론을 반박하는 만성의 목소리에 이들의 소신이 잘 나타난다.

> 예전에 선사先師 정재定齋 선생이 명덕의 뜻을 풀이하여 '기는 맑고 리는 투철하다'고 하였다. 대산의 뜻을 조술하였으니 주자와 퇴계 이래로 서로 전하는 정통의 지결이다. 논란하는 자들이 이를 병으로 여겨 '똑 같이 얻는 것은 리이고 다르게 품수하는 것은 기이다. 사람마다 동

47) 이상정. 2009.「안백순에게 답함」. 공근식 옮김.『대산집』14. 한국고전번역원.

48) 퇴계와 대산을 학문의 표준으로 삼는 입장은 한주학단도 공유하였다. 허유.「答金致受鎭祜丙子」. 120상b. "今兩公(물천과 면우)相得, 必有相長之益, 幸須策厲道義, 講討旨訣, 使溪湖一脈, 無墜于地, 則豈非吾黨之光哉?"

49) 율곡이 원칙적으로 사단을 포함한 감정이 理發임을 부정하였다고 보기는 어렵다. 다만 그는 中人들이 체험하는 사단 이발이나 미발지중과 같은 현상은 삽시간의 것이므로 그것에 너무 집착할 필요가 없다고 본다. 그가 중시한 것은 형기에 圍繞되어 본성을 상실하는 실존적인 상황이고 이것을 극복하려는 적극적인 노력이다.

> 일하게 가지는 명덕을 겸기兼氣라고 하는 것이 옳은가? 리만 홑지게 가리키는 것만 못하다'고 말한다. 나는 이렇게 응답한다. "… 명덕은 리가 기에 의해 막히지 않는 것을 이름 한다. 사람이 이 리를 똑 같이 얻으나 기품이 앞에서 구속하고 물욕이 뒤에서 리를 가린다. 성인처럼 지극히 맑은 기운을 품수하지 않으면 명덕의 정체를 밝힐 수 없다. 성인 이외의 사람들은 각자 맑음의 정도에 따라 그 밝음을 본다. 중인衆人은 어두워 막혔을 따름이다. 그러나 부여된 바의 리는 일찍이 없어지지 않는다. 이 때문에 갑자기 어린애가 기어가는 것을 보면 측은해 하고 혀를 차며 먹을 것을 주면 부끄러워 하니 기가 용사用事하지 않아 장애가 되지 않음으로써 잠깐의 사이에 광명이 뚫고 나오는 것이다. 막힘을 없애고자 스스로 닦는 자가 잠깐 사이의 밝음으로 인하여 그 구속하고 가리는 것을 다스려 장애가 완전히 제거되기에 이르면 본체의 밝음이 성인과 다를 바가 없다.[50]

그는 성인의 경우 명덕이 있는 그대로 드러남을 인정하지만 - 이때는 이주기자를 인정할 수 있을 것이다 - , 기품과 물욕의 제약을 받아 명덕이 제대로 드러나지 않는 일반인(중인衆人)의 경우 기질 변화를 도모하는 수양의 필요성을 제기함으로써, 이주기자에 의거하여 리로만 명덕을 해석하는 명덕주리론에 반격한다.

한주는 이들과 달리 심즉리설을 제창하였고, 지각과 사단·칠정, 달도와 명덕 등도 주리의 관점에서 해석하였다.[51] 그의 문인인 물천은 지각을 지의

---

50) 朴致馥.「明德辨」.『晩醒集』6. 경상대 문천각 소장본.

51) 이승희는 한주의 독특한 학설의 대개를 다음과 같이 정리하였다. 李承熙.「行錄」.『한주전서』1. 838하a~839상a. "府君論心卽理則本乎朱子心者天理在人之全體之說, 言知覺亦主是理言則本乎朱子知覺智之事之說,論四七皆理發則本乎朱子論樂記七情便是此理之發之說及李子中圖本性所發之說,論達道理發則本乎奇高峯達道發於理不可謂氣發之說之見許於李子者, 明德單指理則本乎朱子天理在人之全體之說, 論太極動靜則本乎朱子太極自動靜何關於氣之說, 論中庸鬼神亦指實理則本乎朱子是理之實之說, 論鳶魚亦主理發則本乎李子就氣中指出理之說. 蓋府君一生主理之旨, 觸處玲瓏, 劈破頭腦, 無處不然, 而亦無一語不本之朱李之本旨也."

작용으로 보아야 하고, 달도는 이발이며, 칠정이발의 다른 표현인 인심도심은 이발이라는 학단의 독특한 이론들을 지지한다. 따라서 그가 동문들과 충돌하는 지점을 한주 비판론자들이 한주와 충돌하는 지점과 같다고 보아서는 안 된다. 앞 장에서 보았듯이 그는 지속적으로 수간법을 확대 적용하는 동문들과 충돌할 뿐이다. 1877년 면우는 물천에게 이런 글을 보낸 적이 있었다.

> 이 마음의 오묘함과 성정의 실질은 단지 이발이 있을 따름이요 원래 기발은 없으니 모름지기 이것에서 먼저 살필 수 있어 몸소 절실해야만 바야흐로 분개처에 나아가 그 단서(기機)에 이발과 기발의 다름이 있음을 말할 수 있을 뿐입니다. 어찌 횡간의 단서에만 주主로 하여 수간의 실상을 달갑지 않게 여기겠습니까? 횡간을 오로지 주로 하기 보다는 차라리 오로지 수간을 세움을 제일의 요체로 삼는 것만 못합니다. 청컨대 그대는 깊이 생각해 보십시오.[52]

면우와 후산은 영남학파의 전통적인 입장인 횡간보다 한주가 역설한 수간의 비중을 높여간다. 이들이 수간을 앞세우고자 하는 이유는 한주가 「이학종요서」에서 밝힌 바 있는 명리明理를 통한 순리順理 추구의 주장,[53] 불상리한 곳에서 주리 즉 이주기자를 밝히는 것이 주리론의 핵심이라는 후산의 설명, 수간이 선행되어야 기준(표적)이 분명해진다고 한 면우의 발언에서 찾을 수 있다.[54]

---

52) 곽종석. 「답김치수 정축」. 484하a~b.

53) 이진상. 「이학종요서」. 『한주전서』 2. 4상a~하a. "學以明理, 而明理將以順理, 學而至於理順則賢而聖矣.…乃敢歷摭經傳, 引類序次, 裒成一通, 名之曰理學綜要. 其意以爲氣雖作用, 理實主宰, 氣雖騰倒, 理必終反; 明乎理則氣自退聽, 順其理則氣反爲助."

54) 곽종석. 「답김치수 정축」. 484하b. "鍾於此常以爲春秋大一統者, 天地之常經也, 古今之通誼也, 孟子所謂正人心息邪說拒詖行放淫辭之具, 亶在玆矣, 程子所謂喫緊者不外此矣, 而李夫子中圖之旨, 卽是而已矣.

물천은 한주학단의 일원이 됨으로써 기본적으로 이 정신을 공유한다. 동시에 그는 다른 측면도 함께 본다. 그는 입문기에 면우의 인심도심 이발설을 수용하면서도 그에 대한 경계심을 드러낸 바 있다.

> 인심과 도심이 모두 이발이라는 것은 비록 정자의 '악도 성이다'와 주자의 '선악이 모두 천리다'라는 말과 비슷하지만, 이런 말은 사물상에서 두루두루 포괄적으로 언급할 때는 한번쯤 괜찮겠지만, 인심과 도심의 경계를 구분할 때는 다만 '이것은 리이고 저것은 기이며, 한쪽은 공이고 한쪽은 사이다'라고 하여 그 핵심적인 맥락의 차이를 분명히 해야 할 뿐입니다. 이로써 뒤섞어서 도圖를 만들 필요는 없을 듯합니다. 학자가 심신을 성찰하고 성정을 체인하는 공부에 도움이 되지 않고 도리어 분쟁의 실마리를 만들까 염려됩니다.[55]

그는 리가 실현되는 데 있어 기가 보조자임을 부정하지 않는다. 그러면서도 기는 리의 실현에 장애가 되는 측면도 있으므로, 그것을 제어하고 순화하기 위한 공부가 필요함을 강조하고, 더하여 이주기자설의 과도한 확대가 가져올 문제를 우려한다.[56] 비록 정자와 주자가 '악도 성이다'와 '선악이 모두 천리다'라고 말한 바 있지만, 이것이 모든 존재와 행위는 리를 근본으로 삼는다는 본지를 훨씬 뛰어넘어 악 역시 본성 내지 천리의 발출로 긍정하게 하는 근거가 되면 안 되는 것처럼, 이주기자설을 사용할 때도 같은 위험에 처하지 않도록 조심해야 한다는 것이다.

주지하듯이 주자학은 리 일원론의 입장에 선다. 그 리가 순선하다고 규정되는 만큼, 선뿐만 아니라 악도 있는 이유를 해명할 때 곤란을 겪는다. 이

---

55) 김진호, 「답곽명원」, 452쪽.

56) 이 '지나침'의 문제점은 舫山 許薰(1836~1907)도 지적한 바 있다. 허훈, 「答張舜華別紙 癸巳」, 「心說」, 『舫山集』, 2004, 한국문집총간을 참고.

에 기의 과불급이 원인으로 지목되고 다시 기의 편색偏塞함으로 소급한다. 그러나 주자학이 본래 피할 수 없었던 리 일원론과 선악 이원적 현상의 갈등은 한주가 이주기자설을 통해 일원적인 본질론을 역설하면 더욱 커지고, 문하들이 이 논리를 확대해 갈수록 모순은 더욱 가중된다. 더욱이 후산이 허령지각의 앞에 의리라는 말까지 뒤집어씌워 마음의 본체를 명시적으로 제약하면 악의 근본도 리인가라는 의문은 증폭된다. 악을 리에서 근본한 본원적인 사실로 인정할 수 없다면 별도로 근본을 설정해야 한다. 이 맥락에서 물천은 후산이 주리의 뜻을 천명하기 위해 (기로부터 리를) "어렵고 어렵게 분할하려다가 지나치게 본체를 분개하여 (본래 원치 않았던) 이본二本의 오류에 빠졌다"[57]고 비판한다.

후산이 이본을 설정하고자 한 것이 아니라 주리의 본원적 현상을 표기하고자 하였음이 분명하지만, 그의 지나침이 초래할 문제점을 지적하면서 물천은 주자의 '마음의 허령지각은 하나일 뿐이다'라는 발언이 더 낫다고 본다. 심의 허령지각이라는 말은 명덕이라는 본질적으로 선한 마음을 형용한다. 그런 가운데 주자의 명덕과 허령지각에 관한 해석 -『대학장구』 수장과 「중용장구서」에 실린 - 에는 만성의 말에 나타나듯이 기질에 의한 명明과 불명不明의 가능성이 내포되어 있다. 물천이 허령을 리로만 파악하는 것이 아니라 기도 있음을 긍정하고자 한 것은 그래야 선악을 원활하게 설명하고 악을 방지하는 방법을 논의할 수 있기 때문이다. 이제 물천은 후산에게 반격한다.

> 허령은 마음의 본원本源이고, 의리심은 본원이 발한 작용입니다. 그 발한 것으로써 본원의 앞에 뒤집어씌우니 어찌 순서를 뒤집어서 이론을 만듭니까? 한주의 논의에 일찍이 북계北溪 진순陳淳의 '허령지각

57) 김진호, 「답허후산퇴이」, 357~359쪽.

에는 리로부터 발한 것이 있고, 기로부터 발한 것이 있다'는 말에 대하여 매번 「중용서」에서 주자가 허령을 말한 것과 다르다고 의심한 것이 있습니다. 지금 공께서 두 가지의 허령을 보시고 하나는 선禪에 귀속시키고, 하나는 스스로 의거하시니, 보내주신 편지에서 천하가 셋으로 나뉘었다는 한탄을 스스로 면할 수 없습니다. 마침내 자신도 몸이 있어 인심이 없을 수 없으니 장차 기를 리라고 인식하는 폐단이 있게 되고, 이른바 스승의 학설을 배신하여 노불에 미혹되었다는 것에 불행하게도 가깝습니다.[58]

'자신도 몸이 있어 인심이 없을 수 없으니 장차 기를 리라고 인식하는 폐단'이라는 말에 도심을 발생시키는 의리심과 더불어 인심을 발생시키는 형기 역시 본원적 가치가 있는 것으로 오인시키고, 이본이 되게 한다는 비판의 뜻이 담겨 있다. 이 점에서 그는 후산에게 배사의 소지가 있다고 역공한다.

1903년에는 호발상수互發相須에 관한 해석을 놓고 다시 격론을 벌이는데, 1904년 후산이 작고하니 둘 사이에 있던 마지막 토론이다. 후산은 분개의 의미로 이해되던 호발의 호互자에 상수相須 즉 이기 불상리의 뜻이 함축되어 있다고 주장한다. 이 생경한 발언의 저의를 알기 위해서는 정밀한 연구가 필요하지만, 후산은 퇴계가 분개의 현상인 호발을 논하면서 이미 이기 불상리를 전제하고 있었다고 주장하고 싶었던 것 같다. 이 추측이 옳다면, 그 불상리는 후산이 주리 즉 이주기자를 논하는 바로 그 상태이므로, 그는 퇴계가 이주기자를 주장하였다고 강조하는 셈이다. 그러나 물천은 전통적인 호발론 이해의 방식과는 전혀 다른 이것을 받아들이지 않는다.[59]

58) 김진호, 「답허후산퇴이」, 365쪽.

59) 물천의 반론은 「답허후산퇴이」, 371~375를 참고.

6. 맺음말

후산에 대한 반박은 물천이 한주학에 거리를 두었다는 판단의 증거가 될 수 있다. 그러나 여기서 '사물상에서 두루두루 포괄적으로 언급할 때는 한번쯤 괜찮지만, 인심과 도심의 경계를 구분할 때는 그 핵심적인 맥락의 차이를 분명히 해야 한다'는 그의 발언에 주목해 보자. '한번쯤'이라는 표현은 '가볍게'의 뜻으로 느낄 수도 있으나, 논자는 그보다 '원칙적으로'라는 뜻이 내포되어 있다고 이해한다. 기질의 편향성과 물욕의 유혹으로 점철되는 사람들은 분개설에 의거하여 자기극복의 노력이 더해야 하지만, 원칙적으로 이주기자라는 본질의 현상을 확인하여야 한다는 뜻이 내포되어 있다는 것이다. 이것이 옳다면 그는 원칙적으로 이주기자를 확인하면서도 그 논리가 확산되어 논의의 전부가 되면 안 된다고 볼 뿐이다.

그가 가진 경계심의 자원이 만성과 성재에게서 온 것이고 그것이 동문들과의 충돌을 야기한다는 점을 부인할 수 없지만, 한주학 자체에 위배된다고까지는 생각되지 않는다. 그가 수간이라는 말을 사용하지 않고 혼륜이라는 전래의 용어를 사용하더라도 그는 이주기자설의 가치를 인정한다. 횡간이라는 말을 사용하지 않고 분개라는 용어를 사용한다고 하여도 분개간은 곧 횡간이다. 순추를 거론하지 않아도 이주기자가 순추의 결과이며, 역추를 말하지 않아도 횡간과 도간이 역추의 결과이다.[60] 이미 살핀 대로 그는 수간과 횡간을 모두 사용하며, 수간의 수용 정도는 횡간법에 주력하는 사람들의 정

60) 三看法은 이진상. 「答沈穉文 庚申」『한주전서』 174하b 이하. 특히 "故有就本原上竪看者, 有就流行處橫看者, 有就形迹上倒看者; 竆理之始, 倒看而有所據; 析理之精, 橫看而無所遺; 明理之極, 豎看而得其眞."를 참조. 二推法은 이진상. 「이학종요」 12하b. "按朱子曰自見在事物而觀之, 則陰陽涵太極, 推其本則太極生陰陽, 觀乎物者逆推也, 推其本者順推也. 逆推者人見之始, 順推者天理之原. 物上逆推則靠實, 理下順推則得眞."

도를 넘어선다.

그의 관심은 균형이다. 균형이란 수간 일변도의 학문적 지향이 가져올 문제들을 해소하고, 실천에서는 횡간이 필요함을 강조함을 뜻한다. 역으로 횡간 일변도의 자세는 이주기자의 본질현상을 강조하지 못한다는 동문들의 견해도 일정 정도 긍정하였다고 볼 수 있다. 한주학단의 학자들과 성리학적 주제들을 토론하고 독특한 이론을 수용하며 전파한 물천이 만년에는 자기 목소리를 높이지만 그것은 한주학단에서 이탈하는 모습이라기보다는 주리론을 확대 심화해 가는 동문들의 연구와 주장들이 가져올 문제들을 교정하는 것으로 이해된다. 주문팔현에도 복수의 입장이 있었던 것인데, 확대 해석을 추구한 동문들보다 오히려 한주의 본래 입장에 가까운 사람이 물천이 아닐까 생각해본다.

동문들과의 입장의 차이는 앞으로 닥쳐올 사건들에 대한 유연성의 발휘 정도에도 영향을 미친다고 논자는 추측한다. 이들의 공통 관심사는 위정척사이다. 후일 파리장서巴里長書를 작성하고 제1차 유림단 운동을 주도한 면우는 본래 한주의 주리론을 춘추의 대일통大一統 정신이라는 관점에서 이해한 위정척사가였다. 그가 수간에 의한 주리론을 지향한 이유는 하나에 의해 통어됨을 중히 여긴다는 대일통 정신의 실현에 있었고, 학설의 이견으로 인해 분기된 학파들의 통합도 마찬가지 이유로 추진되어야 했다. 인간과 사물에서 동일하게 발견되므로 보편적이고도 선천적이라고 할, 리가 주재하고 기는 도구에 지나지 않는 본원적 현상을 인식하는 것은 가치를 통일하고 분규를 조정하는 기준이었다.[61] 동문들의 주리 일변도의 연구 태도에 제동을 걸었던 이가 물천이지만, 한주의 『이학종요』가 '사문斯文의 일맥一脈이 오로지 여기에 있다'고 평가하고 있으니 그는 동문들과 의식을 같이 하고 있다.

61) 곽종석, 위의 「답김치수 정축」, 484하b.

그런데 이들은 서세西勢에 대한 대응방법에서 이견을 드러낸다, 면우는 대일통 정신을 가지면서도 외국도지外國圖誌의 학습 등 서양학문을 공부하라고 권유하였는데, 변화에 대응하기 위해서는 식견이 있어야 한다고 생각했을 것이다. 물천은 이에 불만을 표출한다. "사람들에게 외국도지를 보라고 권유했다고 들었습니다. 영공令公의 한 마디 말은 후생들의 귀와 눈에 큰 귀감이 되는데, 남들에게 이와 같이 취사하라고 말하였다니 정말 알지 못할 일입니다."[62] 물천은 가뜩이나 기질과 욕망의 유혹에 시달리는 사람들이 대일통의 일一에 해당하는 유교가 아닌 이적夷狄의 지식을 얻음으로써 풍속과 정신이 타락할 것을 걱정했다고 추정된다. 그런 물천에게 면우는 "입을 다물고 절대로 구미와 같은 문자를 말하지 않는 것은 진실로 백이伯夷의 맑음이 되는 데 해가 없을 것이나, 천하의 형세는 장차 어느 때에나 평화로워지겠습니까?"[63]라고 답하였다.

면우는 유교의 의리로 서양인들을 열복悅服시킬 수 있다고 믿었다.[64] 열복은 주자가 『대학장구大學章句』 평천하장平天下章에서 사용한 감발흥기感發興起와 동일한 뜻일 것인데, 동양인과 서양인의 인성이 같거나 유사해야 일어날 수 있다. 리가 주재하는 현상을 널리 확인하고자 했던 면우는 감복의 가능성을 믿었던 것 같은데 1919년 파리강화회의가 선전한 평화추구 정신에서 인간본성의 실현을 본다. 그는 「장서」에 이렇게 썼다. "하늘이 오늘날에 위대하게 어진 무력(대인무大仁武)을 내리시어 천지의 (생생生生하는) 마음을 받들어 큰 밝음을 비추고 큰 화육을 행하게 하여 천하를 하나로 묶어 대동大同의

62) 김진호, 「與郭鳴遠」, 499쪽.

63) 곽종석, 「답김치수 병신(1896)」, 488하a.

64) 곽종석, 「답김치수 병신」, 488하a. "到得內修旣完, 遠人悅服, 則鉤牙鋸爪, 可囿於率舞之列, 而舟車所通, 皆將尊親乎聖人矣.

세계로 돌아가게 함으로써 만물로 하여금 그 본성을 다하게 한 것입니다."[65] 제1차 대전 승전국 대표들은 하늘이 내린 위대하게 어진 무력을 사용하여 천지의 대명大明과 대화大化를 실현하는 사람들이었다.

이런 수사는 척사위정정신을 투철하게 견지하던 유학자들에게는 불만스러운 것이었다.[66] 파리장서 운동은 물천 사후에 벌어진 일이므로 그가 이것에 어떤 입장을 취했을지는 알 수 없다. 다만 타고난 기질이 천양지차임을 근거로 이주기자의 적용에 제한을 두고 개인의 수양을 중시하였던 그로서는 오랑캐의 문명을 가진 서양인이 유가의 의리에 감복하거나 개과천선하여 유교적 본성을 발휘할 것이라고 보기는 어려웠을 것이다. 설령 서명하였더라도 강고한 위정척사의 정신을 고수할 가능성이 높다. 그렇다면 그가 선택할 수 있는 길은 유교 문명의 보수이고 구체적으로는 교육이다. 그가 법물을 벗어나지 않고 유교 교육에만 힘썼던 이유를 여기서 찾을 수 있다.

1887년(43세) 자신의 독서와 강학을 위해 물천서당勿川書堂을 지었던 그는 이곳에서 많은 제자들을 길러냈다. 후일 중재重齋 김황金榥(1896~1978)은 「물천서당중건기勿川書堂重建記」에서 그의 공을 이렇게 기렸다. "근년에 유풍이 보존되는 곳으로 강성江城의 오래된 군을 꼽는데, 법물 한 마을은 더욱 선비가 많다고 칭찬되고 도와 예에 밝다고 자자하여 다른 마을 사람들에게 오래도록 명망이 있는 것은 본래 모두 물천 선생이 계발하여 이룬 일이다."[67] 강성은 단성의 옛 이름이다. 왜정시대에 신식학교의 건립까지 거부하면서 저항한 법물은 오래 동안 유교문화를 보존한 공간으로 남는다. 물천서당은

65) 「(곽종석) 연보」 758~759쪽.

66) 호서유림의 대표 金福漢(1860~1924)은 「파리장서」의 문장에는 찬탄하였지만 大仁武 등의 어구가 지나치게 무겁기 때문에 夷狄의 우두머리에게 사용할 수 없다고 비판하였다.(金榥. 「記巴里愬書事」『重齋先生文集附錄』13책. 1998. 중재선생기념사업회. 84쪽.)

67) 金榥. 「勿川書堂重建記」『勿川集』하. 734쪽.

서부경남에서 유교를 지키는 마지막 보루였다. 면우의 제자 중재가 법물과 함께 산청군 평지리로 편제된 내당으로 옮겨와 약 50년 동안 1천여 명의 문도를 길러 내당서사內塘書舍가 전국유림의 중심지로 일컬어진 것은 후일의 일이다.

면우俛宇 곽종석郭鍾錫의 철학과 한주학의 비판적 계승

추 제 협

면우俛宇 곽종석郭鍾錫의 철학과 한주학의 비판적 계승

추 제 협

1. 한주학의 비판적 계승자 면우 곽종석

곽종석郭鍾錫(俛宇, 1846~1919)은 이진상李震相의 수제자로 알려져 있다. 그는 스승의 '심즉리설心卽理說'을 적극 옹호했으며 한주학파가 형성되는 데 주도적인 역할을 했다. 당시 이진상의 학설이 기호학파는 물론 영남학파에서도 쉽사리 받아들이기 어려운 것이었고, 특히 문집 간행 이후 비판의 강도가 더욱 거세졌음을 상기할 때, 그의 이러한 노력은 두드러진 바가 없지 않았다. 그만큼 스승에 대한 존모의 마음이 각별했고, 학문에서도 이황 학맥의 적전이자 주희의 종지를 체득했다는 믿음이 확고했다.

그런 점에서 기존의 연구가 그의 한주학 계승에 초점을 맞추는 경우가 많았던 것은 너무나 자연스럽다. 물론 그 연구가 많다 할 수는 없으나 얻은 성과 또한 없지 않았다. 즉 삼간법三看法과 순추順推, 역추逆推의 인식방법을 통해 스승의 성리설을 적극 해명하였고『대학大學』과『논어論語』등 경학에서도 이러한 관점이 일관되게 유지되었으며 여러 인물들과의 논변을 통해서는

이를 더욱 견고히 하고 있음을 확인할 수 있었다.[1]

그러나 그는 이렇게 한주학을 적극 계승하면서도 자신의 독자적인 영역을 조금씩 확보해가기도 했다. 대체로 스승의 견해에 동의하면서도 서로 일치되지 않은 부분에 대해서는 의문을 나타내거나 숙고를 거듭하는 등 결코 묵과하는 법이 없었다. 그럴 수 있었던 것은 이진상을 만나기 전부터 성리학에 대한 상당한 조예가 있었기 때문이었다. 연보에 의하면 그는 21세 때부터 여러 성리학 관련 저술을 통해 자신만의 독자적인 견해를 갖고 있었고, 이것이 스승과의 만남 이후 더욱 깊고 풍부해졌던 것으로 보인다.[2] 말하자면 맹목적인 묵수가 아니라 비판적 계승을 했던 것이다.

그런데 이에 대해서는 그동안 상대적으로 소홀한 감이 없지 않았다. 곽종석이 이진상의 철학을 계승한 양상을 평면적으로 서술할 뿐, 그의 철학은 어떠하며 스승의 철학을 어떻게 발전시켰는지에 대해서는 구체적으로 살피지 않았다. 그나마 최근에 그 일면을 살핀 연구가 있어 이에 대한 실마리를 제공한다.[3] 곽종석과 이진상의 첫 만남에 나눈 토론을 기록한『지의록贄疑錄』에서 유일하게 스승과 견해 차이를 보인 미발未發 때에 기질지성氣質之性의 유무에 대해 다루었다. 그 차이도 눈여겨봐야겠지만 문제는 그것이 이후 그의 학설에 어떠한 영향을 주었는지에 대해서는 구체적으로 논의되지 않았다는 점이다. 이는 그의 철학적 특징을 이해하면서도 스승의 철학을 어떠한 관점에서 수용하고 있는지를 살피는 중요한 기준이 될 수 있다는 점에서 그 의미

---

1) 곽종석에 대한 최근의 연구는 경상대 남명학연구소편. 2010.『면우 곽종석의 학문과 사상』 진주: 술이. 에 담겨 있다. 특히 이 중에서 다음 논문이 매우 중요하다. 이상하.「면우 곽종석의 성리설 -한주 성리설의 수용과 전파」; 홍원식.「면우 곽종석의 성리설-한주 성리설의 계승을 중심으로」

2) 금장태. 2000.「면우 곽종석의 리기론과 심설」『퇴계학파와 리철학의 전개』 서울: 서울대 출판부. 192쪽.

3) 이상하.「면우 곽종석의 성리설 -한주 성리설의 수용과 전파」

가 크다. 그런 점에서 이 글은『지의록』에 나타난 곽종석이 이진상과 논란을 벌였던 미발의 기질지성에 대해 재검토해보고 이것이 이후 그의 학설에 어떠한 영향을 주었는지를 중점적으로 살펴보고자 한다.

2. 미발지시未發之時의 기질지성氣質之性

곽종석이 이진상을 만난 것은 그의 나이 25세 때인 1870년이었다.『지의록』은 그때의 만남에서 유학자들 사이에 서로 상충되는 성리학적 문제에 대해 토론한 내용을 기록한 것이다. 스승인 이진상 또한 여기에 제기된 문제를 20조목으로 나누어 분석한 내용을 붙여 화답하였으니, 그가 이를 자기 학문의 입두처入頭處이자 의지처依支處라 한 것이 지나친 말은 아닌 듯하다. 실제로 이 글은 이후 후예들에 의해 한주학의 입문서로서 언급되곤 했다.

여기에 유독 논란이 되었던 부분은 바로 미발 때의 기질지성 유무에 대한 내용이다. 논란의 소지는 곽종석이 성性이 무엇이며 본연지성本然之性과 기질지성이 무엇인가라는 질문에 대해 이진상이 답한 말에서 비롯되었다.

> 본연지성이라는 말은 미발 때에 보존된 것을 가리키고 기질지성이라는 말은 이발 때에 변한 것만을 가리킨 것이다. 성만을 말하면 성 자체에 동정이 있으니, 주자가 "성이 동정을 포함하니 어디에도 치우치지 않는다."라고 말한 것이다. 기질을 품부 받은 것이 성과 함께 이루어지지만 미발 때에는 기가 용사하지 않아 하나의 리만 있을 뿐이니 본체가 드러나 순수하고 지극히 선하니 바로 성의 본연이다. 사물에 감응하여 움직일 때에 기가 비로소 용사하여 순하거나 역하거나 하면서 선과 악이 비

로소 나뉘니 더 이상 성의 본연이 아니고 기질에 의해 변한 것이다.[4]

이진상은, 성에는 본연과 기질이 있고 본연은 미발 때를, 기질은 이발 때를 말한 것이라고 했다. 여기에는 기의 용사 여부가 관계되는데, 본연은 기가 용사하지 않아 하나의 리만이 존재하고, 기질은 기의 용사로 리와 기가 존재하게 된다는 것이다. 그러니 선과 악의 분기는 바로 이 기질에서 비롯된다는 말이다.

이렇게 이해하고 보면 몇 가지 의문이 든다. 우선 주자학에서 '성발위정性發爲情'이라 하여 미발 때에 성을, 이발 때에 정을 언급하는 것이 일반적인데, 여기서는 이발 때를 기질지성이라 하니 의아하다. 이에 대해 이진상은 성은 본래 기를 겸하지 않고 리만을 말한 것이라 하고 기질지성은 성이 발할 때 기질에 의해 변한 상태를 말한 것일 뿐이라고 했다.[5] 즉 기질을 성의 영역에 넣을 수 없다는 뜻이다. 그럼에도 굳이 성이란 말을 붙인 것은 그 상태를 나타낸 일정의 표시 정도라고 보아야 한다는 것이다.

그렇다면 정과의 구분은 어떤가? 곽종석은 "발한 것은 정이라 하지 성이라 하지 않는다."라고 하여 이 모호함을 지적하고 있다. 이진상은 이러한 개념의 혼선과는 달리 오히려 이 기질로 인해 정의 구분이 있게 되고 여기에 선과 악의 분기가 일어나는 것이 명확해진다고 언급했다. 철저히 성과 정을 이원화시켜서 논하고자 하는 의도인 셈이다.

---

4) 李震相(이하 생략). 『寒洲先生文集』 권19. 「書, 答郭鳴遠疑問[贅疑錄○庚午]」. "其言本然之性, 則的指未發之所存, 其言氣質之性, 則專指已發之所變. 蓋單言性, 則性自有動靜, 朱子所謂性之蘊該動靜而不偏者也. 氣質之稟, 與性俱成, 而未發之前, 氣不用事, 一理渾然, 本體呈露, 純粹至善, 乃其性之本然也. 及其感物而動, 氣始用事, 或順或逆, 善惡始分, 已非復性之本然, 而受變於氣質矣."

5) 『寒洲先生文集』 권19. 「書, 答郭鳴遠[辛未]」. "如是則渾然全體, 性之本於天地者也, 偏全厚薄, 性之變於氣質者也. 偏全厚薄, 若果是氣質之性, 則氣質之性, 不可言於未發也."

마지막으로 기질이 미발 때에는 없는가 하는 문제가 제기될 수 있다. 당연히 이진상은 있을 수 없다고 단언했다.

> 미발 때에 만약 기질지성이 있다면 선악의 뿌리가 이미 성에 갖추어져 있으니, 성선이란 종지는 선천에 해당하는 것이 되고 악을 하는 리가 성의 당연한 본체가 되는 것이다. 리기를 겸하여 성을 말할 수 있다면 리발과 기발이 모두 성이 되니 정에 두 근본이 있음을 면치 못하게 된다. … 기질이 성이 아니고 보면 대본의 경지에 어찌 기질지성이란 갈림을 말할 필요가 있겠는가?[6]

인간이 하늘에 품부 받은 성은 기질에 들어간 리를 말한 것이기에 기질지성이다. 그러나 성선이란 유학의 종지를 부정하지 않는다면 성의 본체는 리만이 존재해야 하고 당연히 기질지성을 언급할 수 없다는 것이다. 이는 본연과 기질이 둘이 아니듯 미발과 이발도 두 층이 아니기에 그럴 수 있다는 말이다.[7] 만약 그렇지 않다면 결국 두 개의 근본을 만드는 것이 되어버리기에 리발과 기발을 말하지 않을 수 없게 된다고 했다. 그의 핵심 주장인 리발일도理發一途가 이러한 맥락에서 제기된 것임을 알 수 있는 대목이다. 이를 보면 리발일도에는 인간 마음의 본체에 악의 기미가 깃든 용의 영역을 분리하여 그 순선함을 보존하거나 회복할 수 있는 마지막 보루를 확보하고자 하는 의도가 아니었을까 짐작할 수 있다.[8] 그러나 그 논리적 기반이 그리 견고해보지 않는다.

---

6) 『寒洲先生文集』 권20. 「書, 答郭鳴遠別紙」. "未發之時, 如有氣質之性, 則善惡根株, 皆已具於性中矣, 性善之宗旨, 便歸於先天物事, 而爲惡之理, 占了當體矣. 兼理氣而亦可言性, 則氣發理發, 皆此性也, 情有兩本, 不可諱也. … 氣質非性, 則大本之地, 何必歧說它氣質之性哉?"

7) 『寒洲全書』 권4. 『求志錄』 권4. 「論語箚義」. "盖未發已發, 只在一處, 元無東西之異位, 上下之分層, 故通謂之性耳."

8) 이형성. 2006. 『한주 이진상의 철학사상』. 서울: 심산출판사. 193~197쪽 참조.

곽종석은 다음과 같이 의문을 제기한다.

> 리는 하나일 뿐이라 본래 선하지 않음이 없고 사람마다 같으므로 이를 본연지성이라고 한다. 기가 유행하는 것으로 말하면 이미 스스로 비양하고 발동하니 사람에게 품부된 것도 절로 어둡고 밝으며 가볍고 무거운 차이가 없을 수 없으니 사람마다 같지 않다. 그러나 하늘에 근원하여 사람에게 성립되었다는 점에서는 또한 성과 같다. 성과 함께 이루어졌기에 이를 가리켜 기질지성이라 한 것이다. 기질의 맑고 흐리며 순수하고 섞인 것은 이미 미발 때에 갖추어져 있으나 이때에는 기가 용사하지 않아 그 자취가 보이지 않는다. … 미발 때에는 하나의 리만 혼연하나 기가 없지 않으니 그 중에 나아가 리를 가리켜 본연지성이라 하고 기를 겸한 것을 가리켜 기질지성리라 하는 것이니 어찌 불가할 수 있겠는가? … 이를 통해 보면 기질지성이 성이란 명칭을 얻은 까닭은 하늘에 근원하여 사람에게 성립한 것이 성과 함께 이루어졌기 때문이다.[9]

그는 성리학의 원론적인 입장에서 언급한다. 인간에게 품부된 성은 기질지성이고, 이는 리가 기를 겸하여 있는 것이니 당연히 미발 때에도 기질지성을 말할 수 있다는 것이다. 물론 이는 기의 용사가 이루어지지 않기에 드러나지는 않지만 이미 갖추어져 있으니 이를 무시할 수 없다고 했다. 이황李滉이 「심통성정도心統性情圖」 하도에서 '기질청탁수박氣質淸濁粹駁' 여섯 자를 원안 미발 경계에 놓은 것[10]도 바로 이러한 맥락에서 비롯되었다고 그 근거를

9) 郭鍾錫(이하 생략). 『俛宇先生文集』 권10. 「書, 上寒洲先生」. "理一而已, 自無不善, 人人皆同, 故此之謂本然之性. 而至若氣之流行, 已自飛揚發動, 其賦於人者, 自不能無昏明輕重之別, 故人人不齊. 然究其原於天而立於人, 則亦與性同也. 以其與性俱成, 故目之曰氣質之性. 其清底濁底粹底駁底, 已具於未發之前, 而其未發也, 氣不用事, 不見其痕. … 未發之時, 渾然一理, 而初非無氣, 則就其中單指理, 而曰本然之性, 兼指氣, 而曰氣質之性, 有何不可? … 由此觀之, 其所以得性之名者, 以其原於天而立於人者, 與性而俱成故也."

10) 『俛宇先生文集』 권10. 「書, 上寒洲先生」. "… 如曰不然, 則退陶夫子下圖內氣質清濁粹駁六箇

제시했다.

이에 대해 이진상은 이황이 심을 리기의 합이라 했기에 인의예지의 리와 청탁수박의 기를 상대하여 적은 것이며, 그렇다고 청탁수박을 성이라 할 수는 없다고 했다. 그는 기질지성이 전혀 없는 것이 아닌 "미발 상태를 성인의 지위와 같이 보아 기질지성을 언급할 필요가 없음을 말한 것일 뿐"[11]이라고 하였다. 이를 굳이 이해하자면 본연과 기질을 단지單指와 겸지兼指로 말할 수 있으니,[12] 이 중 단지로 보면 기질이 없지 않지만 언급할 필요가 없다는 논리가 성립한다. 하지만 이 또한 없는 것이 아니기에 여전히 명쾌하지 않다.

이에 곽종석은 정자와 주희의 기질지성에 대한 일련의 말을 인용하여 이를 부정하고 도리어 기를 리로 오인할까 이렇게 말하는가 하고 반문한다. 그러면서 "기질지성을 발하는 곳에서 볼 수 있다는 것은 진실로 그렇지만 미발 때에 기질지성이 없다고 할 수는 없다."[13]라고 하여 자신의 생각을 굽히지 않는다.

이러한 곽종석의 생각은 이후 허유許愈(后山, 1833~1904)와의 서신을 통해서 재확인된다. 그는 기질지성이란 이발 때에 드러나는 것이긴 하지만 미발 때에도 있다고 주장한다.

이발已發의 묘맥苗脈으로부터 미발未發의 근저根底로 미루어 이름

字, 胡不排置於圈外發爲之下, 而乃反滚廁於圈內未發之境也."

11) 『寒洲先生文集』 권20. 「書, 答郭鳴遠[壬申]」. "僕亦何嘗曰都無氣質之性. 特以未發時分, 同之於聖人地位, 而言其不須言氣質之性而已. 況存養工夫, 只在性上, 思慮未萌, 何能及氣質事哉."

12) 『寒洲全書』 권2. 『理學綜要』 권10. 「情(理之發見)第五」. "按, 本然之性, 單指理, 氣質之性, 兼指氣."; 『寒洲全書』 권4. 『求志錄』 권4. 「論語箚義」. "本然性者, 卽其未發之眞體, 單指理而言之也. 氣質性者, 因其已發之當體, 兼指氣而言之也."

13) 『俛宇先生文集』 권10. 「書, 上寒洲先生」. "愚意則以爲氣質之性, 可見於發處則固然矣, 而若以爲未發之前, 都無氣質之性, 則不可云爾."

붙인 것이 기질지성이다. 이름붙인 유래는 이발에 선악이 있는 데 따른 것이지만 그 이름은 미발 가운데에 있는 것이다.[14]

기질지성이 미발에 있다는 것은 그 드러남이 없다 하더라도 명칭은 존재한다는 말이다. 이를 그는 선봉장先鋒將, 순찰대사巡察大使, 포도대장捕盜大將을 예로 들어 설명한다. 즉 이것은 그들이 자신의 직무를 행하는 데 따라 붙인 명칭이지만 이를 행하지 않을 때에도 그 명칭으로 부른다고 했다.[15] 그렇기에 미발 때에 기질지성이 없다고 말하기 어렵다는 것이다.

결국 이들의 견해 차이는 기질지성을 성으로 볼 수 있는가에 있다. 이진상은 성이라고 할 때는 그 본체를 말한 것이기에 당연히 리만이 있어야 한다는 입장에서 기질은 리와 기가 함께 있으니 미발에 소속시킬 수 없다고 했다. 반면 곽종석은 성은 하나이나 단지單指와 겸지兼指에 따라 본연지성과 기질지성으로 나눌 수 있는 것이기에 기질지성은 미발과 이발을 관통한다고 했다.[16] 물론 이진상 또한 이렇게 보지 않는 것은 아니지만 성을 단지에 맞춰보고자 하기에 기질을 배제해야 한다고 생각했던 것이다.

이러한 차이는 곽종석에게 스승의 학설을 계승하면서도 이에 대한 입론의 근거를 달리 함으로써 자신의 학설을 만들어가는 중요한 계기가 되었다

14) 『俛宇先生文集』 권16. 「書, 答許后山[辛未]」. "自其已發之苗脉, 而推其未發之根柢, 名之曰氣質之性. 其所以名之之由, 則在於已發之有善惡, 而其名, 則在於未發之中矣."

15) 『俛宇先生文集』 권16. 「書, 答許后山[辛未]」. "譬如軍之先鋒將, 其所以得名之由, 則以其押前隊行前營先衝賊首立功, 而雖其無事時坐在纛下, 亦謂之曰先鋒將, 未嘗爲無名氏也. 且如巡察大使, 其得名, 則固由於巡察, 而雖不巡察日, 亦謂之曰巡察大使. 捕盜軍官, 其得名, 則固由於捕盜, 而雖不捕盜時, 亦謂之曰捕盜軍官, 已發也固氣質之性, 而未發也亦何嘗無氣質之性哉."

16) 『俛宇先生文集』 권16. 「書, 答許后山[辛未]」. "就其中單指其不相雜者, 而謂之曰本然之性, 兼指其不相離者, 而謂之曰氣質之性. 所兼之性, 卽本然之性, 而非別爲一性也. 特以單指兼指之間, 不能無名言之殊者耳, 然而氣之不齊, 必其已發而後見."; 『俛宇先生文集』 권16. 「書, 答許后山」. "蔽一言曰氣質之性, 通未發已發而言之也."

고 본다. 그는 성론에 대한 기존의 입장을 정리하여 보다 명확한 기준을 마련하고 이에 따라 미발의 기질 문제와 그 연관된 인물성론에 대한 비판적 접근을 시도하고 있다.

3. 성론性論의 정립과 리동성부동설理同性不同說

곽종석은 미발지성에 대한 스승과의 의견 차이에서 성에 대한 철저한 분석을 시도한다. 그는 세상 사람들이 성을 논할 때 리만을 가리키고 기질을 함께 고려하지 않는다고 하면서 품부 받기 전에는 본연지성이라 할 수 있으나 받은 후에는 기질지성이라고 해야 한다고 했다.[17] 이는 성리학에서 말하는 인간이 부여받은 성에 대한 설명과 다르지 않다. 그러면서 성을 크게 나누면 이렇게 본연지성과 기질지성이라 할 수 있지만 세부적으로 보면 다섯 가지로 나눌 수 있다고 하여 다음과 같이 설명한다.

> 성을 둘로 말하면 본연지성과 기질지성으로 이는 크게 나눈 것이다. 진실로 이를 상세히 하면 다섯 가지의 이름이 있다. 첫째, 본체지성은 건순오상이 혼연하게 갖추어져 선하고 악함이 없을 따름이다. 둘째, 기품지성은 기품에 따라 성에도 편전偏全과 다과多寡가 있는 것이니 사람의 기가 바르면 그 성이 온전하고 물의 기가 치우치면 그 성도 치우치며 목기木氣가 많으면 인仁이 많고 금기金氣가 적으면 의義가 적을 따름이다. 이 본체가 혼연한 가운데 실로 밝게 분수分殊의 묘가 있으니 이를 가리켜 말한 것이 분합分合으로 이물二物이 아니다. 셋째, 형체지성은 그 형形이 있으면 반드시 형의 리理가 있으니 귀의 성은 (귀가) 밝은

---

17) 『俛宇先生文集』 권130. 「雜著, 釋性[戊戌]」. “世之人言性曰性者單指理, 無與乎形氣, 却以稟受已前當本然之性, 已後作氣質之性.”

> 것이고 눈의 성은 (눈이) 밝은 것이며 손의 성이 공손하고 발의 성이 무거울 따름이다. 넷째, 형기지성은 형기가 있으면 호護, 양養, 제濟, 생生하는 리가 있으니 눈이 색에, 귀가 소리에, 입이 맛에, 코가 냄새에, 사지가 편안함에 대한 것일 따름이다. 다섯째, 기질지성은 성이 기질로 인해 변하여 강선剛善, 강악剛惡, 유선柔善, 유악柔惡이 될 따름이다. 기氣는 지知에 속하고 지우智愚는 청탁淸濁에서 나뉘며, 질質은 행行에 속하고 현불초賢不肖는 수박粹駁에서 나뉜다. 기질지성이란 이름이 이로 인해 생긴 것이다.[18]

본체지성은 건순오상의 리가 온전히 갖춰져 선하여 악이 있을 수 없고, 기품지성은 기품에 따라 성에 편전다과의 차이가 있으며 그렇기에 리와 기는 서로 다르지 않고 단지 말할 때에 나누어 말한 것일 뿐이라고 했다. 형체지성은 형形에 따른 리가 있다는 것이며 형기지성은 눈이 색에 대해, 귀가 소리에 대해 말하듯이 형기에 따라 호護, 양養, 제濟, 생生하는 리가 있다는 것이다. 기질지성은 기질의 청탁수박에 따라 성이 변하는 것을 말하는데 기품지성에서 말하는 편전다과와는 다르다고 했다. 대개의 학자들이 형체지성을 기질지성이라고 하는데 그것은 대체를 말한 것일 뿐 실제에서 말한 것은 아니라고 했다.

이 중 본연지성을 제외한 네 가지 성은 모두 기에 관련된 것으로 인간에게 이 기는 있을 수밖에 없는 것임을 나타낸다. 다만 기에 의해 성이 변하는

---

18) 『俛宇先生文集』 권130. 「雜著, 釋性[戊戌]」. "言性有二, 日本然之性, 曰氣質之性, 此其大分也. 苟求其詳, 可名爲五. 一日本體之性, 健順五常, 渾然備具, 有善無惡者是已. 二日氣稟之性, 隨氣所稟, 而性爲之偏全多寡. 人之氣正, 而其性全, 物之氣偏, 而其性亦偏, 木氣多而仁多, 金氣寡而義寡者是已. 此於本體渾然之中, 實有粲然分殊之妙, 其所指而言者, 有分合爾, 非二物也. 三日形體之性, 凡有是形, 必有是形之理, 耳之性聰目之性明手之性恭足之性重者是已. 四日形氣之性, 旣有形氣, 須有護養濟生之理, 目之於色耳之於聲口之於味鼻之於臭四肢之於安佚者是已. 五日氣質之性, 性之變於氣質, 而爲剛善剛惡柔善柔惡者是已. 氣屬知而智愚分於淸濁, 質屬行而賢不肖分於粹駁. 此氣質之性所由名也."

것은 기품이라고 했다. 편전다과가 변화하게 하는 요인인데 이는 기질이 아닌 기품과 관련된 것이기에 그러하다. 그러니 기질지성이 미발과 이발에 일관되게 존재해야 한다는 말이 잘못되지 않았다는 것이다. 기질지성을 겸지로 보아 이를 주로 삼아야 한다고 했다.

이러한 맥락에서 그는 선유들의 성에 대한 견해에 대해서도 나름의 해석을 가한다. 다룬 대상은 맹자孟子, 고자告子, 양웅揚雄, 한유韓愈이다. 우선 맹자의 성선설性善說에 대해서는 인정하지만 기질지성이 결여되었다고 하며, 고자의 생지위성生之謂性 즉 성무선악설性無善惡說에 대해서는 본성을 망각한 오류라고 지적했다. 순자의 성악설性惡說과 양웅의 성선악혼설性善惡混說에 대해서는 기를 성으로 여긴 폐단이 있고, 한유의 성삼품설性三品說은 태어난 이후의 기품을 성으로 보는 잘못이 있다고 했다.[19]

여기서 그가 맹자의 성선만을 긍정한 것은 그 성이 본연지성이라 여겼기 때문이고, 여기에도 기질지성은 존재하기에 이에 대한 결여를 언급했다. 물론 순자나 양웅이 기를 성으로 오인한 폐단이 있다고 지적한 것 등 오류가 없지는 않지만 성을 기가 아닌 리의 관점에서, 즉 성의 본질을 리에서 찾고 이해하려고 하는 의도는 일관되게 보여주고 있는 셈이다. 말하자면 기가 관여된 기질의 관점에서 성을 논해야 보다 분명한 이해에 이를 수 있음을 주장하

19) 『俛宇先生文集』 권80. 「書, 答李善載[戊戌]」. "曰生之謂之性, 性卽氣氣卽性, 生之謂也者, 言告子所謂生之謂性, 乃性卽氣氣卽性, 便是生之謂也, 所以闢之也. 曰人生氣稟, 理有善惡, 不是性中元有此兩物相對而生也者, 言生是氣稟, 故有善惡, 而性本無惡也. 所以明生之爲氣而氣之非性也, 荀揚性惡善惡混之說, 亦在所辨, 曰有自幼而善, 有自幼而惡, 是氣稟有然也者. 言人之生, 旣稟得不齊之氣, 故自其始生, 已有善惡之可見者也. 所以明善惡不齊, 雖其始生, 已是氣稟之固然, 而不可以此爲性也. 韓氏三品之說, 亦在所辨矣, 曰善固性也, 然惡亦不可不謂之性也者. 言孟子之道性善, 誠爲至當, 而性之流而爲惡者, 亦不可謂性外之事也. 所以明性善之旨, 而兼論氣質之性, 以補孟子之不備也. 曰生之謂性, 人生而靜以上不容說, 才說性時, 便已不是性也者. 言彼旣以生爲性, 則人之未生, 生不容言矣. 才其有生, 生便非性矣, 性者人生以後之名, 而才說性時, 便是人之有生也, 至此而闢告子之失無餘矣. 凡人說性以下, 因孟子之言而詳論氣質之性以補之, 末乃曰此理天命也. 所以立性卽理之宗旨, 而卽氣卽性之見, 自歸落空矣. 未知可備一說否, 創新可駭, 惟默會之如何?"

는 것이다.

이렇게 곽종석은 성에 대한 철저한 분석에서부터 기질지성에 대한 명확한 이해를 이끌어내고, 그렇게 함으로써 미발 때에도 기질지성이 있다고 강조한다. 여기서 더 나아가 그는 이러한 미발의 분별이 인물성동이론에 중요한 분기가 된다고 했다.

알다시피 인물성동이론은 18세기 최대의 화두였다. 권상하權尙夏(遂庵, 1641~1721)의 문하에 있던 이간李柬(巍巖, 1677~1727)과 한원진韓元震(南塘, 1682~1751) 사이에 일어난 이 논쟁은 두 가지 논점이 발단이 되어 일어났다.[20] 즉 미발의 기질지성 여부와 오상의 덕이 인물에 함께 부여하는지 여부이다. 전자는 이간이 미발 때에 기질지성을 말할 수 없다고 하고, 한원진은 리기불리이기에 미발 때에도 기질지성은 있다는 입장으로 맞섰다. 후자는 이간이 인물 모두 오상을 함께 받는다고 했다면, 한원진은 인간이 오상을 부여받지만 사물은 그렇지 않다고 했다. 이 중 실질적인 논란은 전자에 맞춰져 있었다.

이에 대해 곽종석은 다음과 같이 정리한다. 즉 이간은 희노애락이 발현되지 않는 미발 때에는 선과 악의 기미가 있는 성을 말할 수 없다는 입장이라면, 한원진은 미발 때에도 기질의 청탁수박은 있기에 이발 때에는 그것이 드러난 것이라는 입장이라고 했다. 그러면서 그는 이를 양립하거나 의존하게 되면 치우치거나 갖추지 않은 것이 있게 되니 둘을 겸하여 보는 것이 바람직하다는 의견을 개진한다.[21]

---

20) 한형조. 2008.「인물성동이론의 논점과 해법」.『조선 유학의 거장들』. 파주: 문학동네. 214쪽.

21)『俛宇先生文集』권16.「書, 答許后山」. "若能眞箇未發, 則於此不可以言善惡不齊之性, 此則洛說之旨, 而以未發之極功言之也. 但指其喜怒哀樂不形時節, 則清濁粹駁都在這裏, 而爲發後淑慝之種子, 此則湖說之旨, 而以喜怒之不形處言之也. 兩說各立, 則俱偏, 而相須則不備, 鄙意, 則盖欲兼兩說, 而觀之耳."

그의 이런 생각을 좀 더 진전시킬 수 있었던 것은 그의 나이 56세 때인 1901년에 제자인 송정용宋廷用이 인물성에 대한 질문에 답하면서이다. 우선 송정용은 인물성동이에 대해 리는 같으나 기에서는 다르다는 '리동기이理同氣異'의 입장에서 질문을 하자 그는 다음과 같이 말한다.

> 같다는 것은 리에 즉하여 같은 것이며 다르다는 것은 기로 인하여 다른 것이다. 다르다는 것이 비록 기에 연유하는 것이나 다른 것에 실지는 리이다.[22)]

이는 이진상이 "인과 물에 성이 있다는 점에서는 같으나 성이 된다는 점에서는 다르다"[23)]는 말에 근거한다. 곽종석은 인성과 물성은 다르며 이는 기의 차이에 근거하지만 궁극적으로는 이 기로 인한 리의 차이에서 발생한다고 했다. 이는 오상을 가진 모든 만물이 기의 편전에 따라 리 또한 편전이 있게 된다는 말로 이해될 수 있는데, 그렇다면 리라는 것이 기에 의해 좌우될 수 있다는 말인가 하는 의문이 들 수 있다. 물론 그는 악의 발생을 설명하면서 리 없이는 기 자체로 어떤 현상이 일어나지 않기에 리가 타고 있는 기가 리를 엄폐하는 등 과불급이 생길 수 있다고 했다. 즉 기에 의해 리가 좌우될 수 있는 소지가 없지 않다는 것이다.[24)] 그러나 여기서 말하는 리는 부여받은 리 그대로라기보다는 기질에 부여된 리이다. 즉 인간에게 부여된 성의 근원

---

22) 『俛宇先生文集』 권81. 「書, 答李善載[癸丑]」. "同者何, 卽理而同也, 異者何, 因氣而異也. 異雖因氣, 而異底實理."

23) 『寒洲先生文集』 권5. 「書, 上柳定齋先生[癸丑]」. "故竊以爲人與物, 有性則同, 爲性則異."

24) 『俛宇先生文集』 권129. 「雜著, 理訣上[惡亦不可不謂之理]」. "凡有惡者, 固氣之爲祟. 然氣而無理, 亦做出惡不得, 是以其爲惡也, 爲之者固氣也. 而爲者卽理也, 然而理之本體, 何嘗有惡哉? 惟其動而氣汩之揜之逆之盪之, 如人君之受制於强臣, 而蒙其昏險之名, 惡亦不可不謂之理者, 責備於賢者也."; 김종진. 2015. 「면우 곽종석의 「理訣」연구」. 『한문학보』 32집. 우리한문학회. 260쪽.

인 리는 같지만 기질에 들어간 성은 그것으로 인해 인성과 물성에 차이가 없을 수 없다고 했다. 이는 근본적으로 리와 성이 다르다는 입장에서 연유한다.

> 성은 진실로 리이지만 리는 공공公共의 대체大體로서 말한 것이며, 성은 각각 얻은 일정한 분수로 말한 것이다. 비록 성이 같다고 말하고 그 대체가 모두 선하더라도 일정한 분수는 모두 같지 않으니 그 실지는 곧 리가 같은 것을 말한다. 그러므로 이를 리는 같으나 성은 같지 않다고 말한 것이다.[25)]

성즉리라는 전제로 보면 리일지리의 측면에서 성은 리로부터 나와 같지만 분수지리의 측면에서는 성은 같지 않다고 말한다. 결국 그는 '리동성부동理同性不同'을 주장하고 있는 것이다. 이를 그는『중용中庸』의 말을 들어 설명하기도 한다. 즉 '천명지위성天命之謂性'에서 성은 인과 물이 이 성을 같이 받는 것이라면, '솔성지위도率性之謂道'의 성은, 인은 인성을 따르고 소는 소의 성을 따르는 것이라고 했다.

그러면서 그는 한원진의 성삼층설性三層說을 통해 이를 부연하고 있다. 한원진의 성삼층설은 사람과 사물이 모두 같은 초형기超形氣의 성, 사람과 사물이 다른 인기질因氣質의 성, 사람과 사람이 다른 잡기질雜氣質의 성으로 단계가 나뉜다. 이를 초형기의 성을 천지의 자재한 리인 본연지성으로, 인기질의 성은 인물이 각각 갖추고 있는 리인 편전의 성으로, 잡기질을 선과 악이 고르지 않은 기질지성으로 본다. 여기서 초형기와 잡기질은 성의 당체가 되

---

25) 『俛宇先生文集』 권61. 「書, 答鄭聚五[辛丑]」. "性固理也, 而理以公共大體而言, 性以各得定分而言. 雖謂之性同, 而指其大體之皆善, 非謂定分之皆同也, 則其實乃理同之謂也. 是以更於此立言曰理同而性不同."

지 않는다고 했으며 인기질은 사람과 사람, 사람과 사물, 사물과 사물의 성이 같고 다름을 편전을 통해 파악할 수 있다고 했다.[26] 이 역시도 기질이 인기질의 측면이 있기 때문에 성으로 볼 수 있다는 입장을 드러내고 있다. 이진상이 기질이 성이 될 수 없다고 한 것에 대해 그는 인물성론에서도 이 점을 고수하고 있는 것이다. 물론 이 기질은 잡기질의 측면도 있어 선과 악을 예정하고 있기에 이것이 이발의 단계에서 용사할 수 있음도 빼놓지 않았다.

이상에서 보면 곽종석은, 리는 같으나 성은 다르다는 리동성부동의 입장을 견지하고 있다. 기의 차이가 리의 차이로 나타나게 된다는 전제에서 리는 같으나 성은 다르다는 주장이 나올 수 있었다. 그리고 이 성은 기질에 의해 달라진 것으로, 그 본체는 리로 같으나 현실 속에는 차이를 나타내는 기질지성을 매우 중요하게 인식하고 있음을 확인할 수 있다. 그런데 다음 글에서 보면,

> 미발 때에서 기질지성의 문제는 근자에 한주 선생과 견해의 합일을 보았다. 내가 "기질지성은 이발 후에 볼 수 있다고 하신 것은 진실로 옳습니다만 만약 미발 때에 기질지성이 전혀 없다고 해서 안 될 것입니다."라고 하니 선생은 "내가 미발 상태에서 기질지성이 전혀 없다고 한 적이 있던가. 다만 말할 필요가 없다고 하였을 뿐일세."라고 하시기에 내가 "말할 필요가 없다."라고 한 대목에서 존성尊性의 지결旨訣을 깊이 깨닫고 다시 감히 입을 열어 떠들지 못했다. 대개 혼연한 일리一理, 태극의 전체라는 측면에서 본연지성이라 하고, 어떤 사람은 인仁이 많고 어떤 사람은 의義가 많으며 어떤 사람은 치우쳤고 어떤 사람은 온전하다는 측면에서 기질지성이라고 하지만 치우친 성품을 바로 잡아 온전

26) 『俛宇先生文集』 권61. 「書, 答鄭聚五[辛丑]」 "至若湖論之三層說, 則指天地自在之理爲本然之性, 而謂人物皆同. 指人物各具之理, 爲偏全之性, 而謂人與人同, 物與物同. 指善惡不齊之端, 爲氣質之性而 謂人人不同, 物物不同. 其上下二層, 俱非性之當體也, 鄙說則只就它中層可以言人物皆同, 可以言人與人同, 物與物同, 可以言人人不同, 物物不同, 其實不啻朔南矣."

> 하게 하고 박한 성품을 바로 잡아 후하게 하는 것은 오로지 이발已發 때에 있기에 이제 미발未發의 때에서 구구하게 기질지성을 말하는 것이 공부에 무슨 도움이 되겠는가?[27]

그는 마치 스승의 의견에 동조하는 듯 보인다. 하지만 기질지성이 성이고 따라서 미발에서 언급될 수 있음을 성에 대한 분석을 통해 보여주고 있다. 그렇다면 이는 리발일도를 지지하고 있는 기반을 부정하는 것이 아닌가 하고 물을 수 있다. 미발 때에 기질지성이 존재한다는 것을 인정하더라도 주재主宰의 주체는 마음의 본체에 있기에 여전히 리를 말하지 않을 수 없다. 이는 이진상이 채택한 수간竪看에 대한 횡간橫看을 겸하는 것이라 오히려 자신의 논리에 부합하는 것만 취사선택했다는 비판을 잠재울 수 있는 적절한 방법이 될 수 있는 것이다.[28]

이러한 곽종석의 인식은 이후 명덕明德과 심에 대한 논란을 통해 심과 정, 그리고 성에 대한 심과 정의 관계 등으로 확대됨으로써 보다 튼튼한 토대 위에서 심즉리설과 리발일도설로 대변되는 주리철학을 전개하게 되었다고 판단된다. 그 중 그의 독특한 견해인 사단십정경위설四端十情經緯說을 통해 이를 살펴보기로 한다.

27) 『俛宇先生文集』 권17. 「書, 答許后山」. "未發前氣質性之說, 近亦與洲上爛漫. 而鍾錫之言曰, 氣質之性, 見之於發處則固然, 而若以爲未發之前都無氣質之性則不可. 洲上之敎曰, 鄙人何嘗謂未發之前都無氣質之性哉, 但謂之不須言云. 鍾錫於不須言三字, 深悟尊性之訣, 而更不敢開喙啾啾耳. 盖就其渾然一理太極全體, 而謂之本然之性, 自其仁多義多或偏或全, 而可以言氣質之性, 然矯其偏而使之全, 矯其薄而使之厚者, 專在於發後, 則今於未發之前區區說氣質之性, 亦何所補哉."

28) 이상하. 앞의 글. 125쪽.

4. 사단십정경위설四端十情經緯說과 심즉리心卽理

곽종석은 리와 성의 관계로부터 심에 대한 논의로 확대한다. 그는 심이란 그 범위와 의미가 넓어 쉽게 규정하기 어렵다 하고 통체統體, 본체本體, 편체偏體, 당체當體로 나누어 설명한다. 즉 통체는 리기와 성정을 겸하는 것이라면, 본체는 혼연한 태극이 허령불매한 것이라고 했다. 편체는 청탁혼명淸濁昏明으로 품부 받은 것이 다르다는 것이며, 당체는 육체인 심장을 말한다. 여기서 주목해야 할 것은 통체와 본체의 심이며[29] 그런 점에서 그는 이황의 심합리기心合理氣를 철저히 견지한다. 심이란 리와 기가 합한 것이라 하면 이는 통체의 심을 말한 것이고 리만을 가리키면 본체의 심을 말한 것이 된다.[30] 심즉리는 바로 본체의 심을 말한 것으로, 여기에 기가 없는 것이 아니라 본체와 주재의 주체인 리가 중요하다는 점을 부각시킨 것이다. 그렇기에 심의 본체인 성이 발하여 정이 될 때, 비록 리가 기에 의해 발하여 정이 되더라도 이 또한 근본적으로 리라 말하지 않을 수 없다고 했다.

그런데 이 정을 그는 사단과 칠정이 아닌 사단과 십정으로 구분하고 이를 경위의 논리로써 설명한다.

> 대개 사람의 마음은 리가 주가 되고 기가 착종경위錯綜經緯가 되기에 단수單遂하는 경우도 있고 상생相生하는 경우도 있으며 상극相克하는 경우도 있다. 리가 단수하는 경기經氣를 타고 직발直發하는 것을 사

29) 『俛宇先生文集』 권13. 「書, 與李監役(丙戌)」. "盖心之一字, 部位甚廣, 所就以言者多端. 日有統體焉, 兼理氣合性情者是已, 有本軆焉, 渾然太極至虛至靈者是已. 有偏軆焉, 清濁昏明, 禀受不齊者是已, 有當軆焉, 圓外竅中, 血肉凝成者是已. 當體之心, 只是此心之宅舍, 而醫家之所補瀉也, 偏體之心, 只是此心之資具, 而佛氏之所作弄也. 二者之心, 君子有不心者焉, 惟本軆統軆之心, 最是千聖相傳之的訣. 而旣識此心之統體, 則其眞切究竟, 亶在於本體, 本體旣立, 則統體之說, 可作筌蹄耳."

30) 『俛宇先生文集』 권130. 「雜著, 柳省齋(重教)心說辨(辛卯)」. "合理氣統軆也, 單指理本軆也."

> 단四端이라 하고, 리가 상생, 상극하는 위기緯氣를 타고 방생旁生하는 것을 칠정七情이라고 한다. 주자가 칠정이 사단을 가로질러 관통한다고 말한 것이 바로 이 뜻이다. 상생, 상극하는 기는 열 가지이지만 정의 중요한 항목이 일곱일 뿐이다.[31]

그는 사단을 측은, 수오, 사양, 시비에다 감感과 사思를 더하였으면서도 사단이란 명칭을 그대로 유지했다면, 칠정은 희노애락애오욕喜怒哀樂愛惡欲에다 분忿, 구懼, 우憂를 더하여 십정으로 달리 불렀다.[32] 그 이유는 칠정이란 인간의 감정은 기에 의해 일어나는 여러 가지 현상을 일곱 가지로 한정할 필요가 없이 그 다양성을 인정할 수 있지만 사단은 성이 그대로 발현된 순선한 것이니 이것으로 충분하다고 보았던 것이다. 이러한 사단과 십정을 그는 경위를 통해 발현의 과정을 설명한다. 즉 전자는 리가 기를 타고 직발하는 것으로 경이 되며, 후자는 리가 기를 타고 방생하는 것으로 위가 된다고 했다. 이렇게 보면 사단과 십정이 모두 리발이라 할 수 있겠는데,[33] 그렇다면 그 차이란 직발과 방생에 있으니 이는 어떻게 일어나는지 살펴볼 필요가 있다. 이에

---

31) 『俛宇先生文集』 권128. 「雜著, 四端十情經緯圖(幷說○庚午爲圖, 辛未爲說, 壬申爲後說)」. "盖以爲人之一心, 理爲之主而氣爲之錯綜經緯, 有單遂者有相生者有相克者. 理之乘單遂之經氣, 而直發者曰四端, 理之乘生克之緯氣, 而旁生者曰七情. 朱子所謂七情橫貫過了四端者, 正此意也. 然而生克之氣凡一十, 而情之大目七而已."

32) 『俛宇先生文集』 권128. 「雜著, 四端十情經緯圖(幷說○庚午爲圖, 辛未爲說, 壬申爲後說)」. "孟子曰, 惻隱之心仁之端也, 羞惡之心義之端也, 辭讓之心禮之端也, 是非之心智之端也, 吾於孟子, 得四端焉. 禮運曰, 喜怒哀懼愛惡欲, 大學曰, 心有所忿懥好樂憂患, 吾於禮運大學, 得十情焉."

33) 곽종석은 김창협金昌協의 성정경위설性情經緯說과 이현일李玄逸의 리기경위설理氣經緯說을 부정하고 자신의 설을 개진하고 있다. 『俛宇先生文集』 권128. 「雜著, 四端十情經緯圖(幷說○庚午爲圖, 辛未爲說, 壬申爲後說)」. "余於己巳春, 在洛下, 從書肆中見農巖續集, … 及見又有性爲經情爲緯之說, 亦私疑之曰性發爲情而未聞經發爲緯也, 緯貫於經而未聞情貫於性也, 亦疑之而已. 後又見葛菴集中有理經氣緯之說, 亦私疑之曰聞理之生氣, 未聞經之生緯, 聞緯之貫經, 未聞氣之貫理, 自是之後, 疑情層發, 積數年之勞而求千慮之得, 一朝似有所怳然者矣."; 김형찬. 1992. 「면우 곽종석의 사단칠정론」. 민족과 사상연구회편. 『사단칠정론』. 파주: 서광사. 440쪽.

대한 좀 더 자세한 설명을 들어보자.

> 사단을 리발理發이라고 하는 것은 무슨 말인가? 의리義理의 일이 내감內感하면 내 마음의 리가 그 실實을 감득感得하니 지각이 의리를 좇아 리에 감하고 리를 따르게 되니, 이에 리가 주가 되므로 리발이라고 한다. 다만 리가 발하는 것에 기가 곧 아래에 따른다. 칠정을 기발氣發이라고 하는 것은 무슨 말인가? 형기形氣의 일이 내감하면 내 마음의 기가 중重을 감득하여 지각이 형기를 좇아 기에 감하고 기를 따르게 되니, 이에 기가 도리어 주가 되므로 기발이라고 한다. 다만 기가 발하는 것에 리가 곧 그 위에 탄다.[34)]

사단과 칠정의 발현과정을 설명하고 있다. 흔히 사단과 칠정이 리발과 기발이라고 하지만 리와 기가 함께 발하되 그 실지는 리가 본체이고 주재가 되는 것이니 모두 리발이 된다고 하겠다. 단지 그 차이는 의리와 형기의 일로 내감의 차이에서 비롯된다. 물론 칠정 또한 성에 근원하기 때문에 형기의 일에 내감하더라도 지각이 의리에 근거한다면 올바름을 얻을 수 있다고 했다. 흔히 공칠정公七情이라 하는 이것은 사단이라 할 수는 없지만 선에 가까운 것으로 보았다.[35)] 그렇다면 이는 감정 중에 형기와 관련된 것만 칠정으로 한정하고 그 외의 감정들은 선한 것으로 나누니 이이李珥의 칠포사七包四를 따르되 그 외연이 좀 더 확장된 것이라고 할 수 있다.[36)]

---

34) 『俛宇先生文集』 권128. 「雜著, 四七雜記」. "四謂之理發者何? 事之屬乎義理者來感, 則吾心之理感得實, 而知覺從義理上去, 感於理而從理者, 理仍爲主故謂之理發, 而但理發處, 氣便隨在其下也. 七謂之氣發者何? 事之屬乎形氣者來感, 則吾心之氣感得重, 而知覺從形氣上去, 感於氣而從氣者, 氣反爲主故謂之氣發, 而但氣發處理便乘在其上也."

35) 김형찬. 앞의 글. 443쪽.

36) 곽종석은 명덕明德을 리理이며 만선萬善의 통칭이라 하여 포괄적으로 해석한 것도 이러한 맥락과 관련된다. 이종우. 2013. 『19세기 퇴계학의 좌우파 논쟁』. 서울: 역사공간. 254~257쪽 참조.

이를 발현의 전후로 살펴보면, 여기서 그는 수간과 횡간을 모두 인정한다. 수간은 미발의 때이며, 횡간은 이발의 때이다. 전자는 아직 성의 단계이니 사단과 칠정이 미분화된 근원에서 보기에 모두 리발이며, 후자는 정의 단계이니 사단과 칠정으로 분화된 상태에서 보기에 리발과 기발로 나눠진다. 스승이었던 이진상은 수간에 방점을 찍었기에 리발일도를 주장하게 되고 그 또한 이를 적극 긍정하지만 횡간 또한 부정하지 않기에 기발 또한 배제하지 않고 있는 것이다. 이는 혼륜渾淪과 분개分開의 관점에서도 비슷하게 나타난다.

> 사단과 칠정은 모두 성이 발한 것이지만 사단은 천리의 순수한 본질이고 칠정은 기미의 비중이 큰 것이다. 혼륜하여 성이 발한 것을 말하면 칠정을 말하는 것이기에 사단은 그 안에 있다. 그러나 달도로서 희노애락은 사단으로부터 근원하여 그 사이에 번갈아 드러나는 것이지 칠정이 마음대로 하는 것은 아니다. … 감응하는 것이 의리이고 사단이 주가 되면 이 희노애락은 리발이며 사단일 뿐이다. 그 상태를 자세히 보면 혼륜한 가운데 분개의 뜻이 없을 수 없다. 분개하여 발하는 기미를 말하면 사단은 도리에 근거하여 발하기에 리발이라 하고 칠정은 형기에 근거하여 발하기에 기발이라고 한다. 도리가 발하는 곳에서도 리가 홀로 발하는 것이 아니라 리가 발하자마자 기가 곧 따르고, 형기가 발하는 곳에서도 기가 혼자 발하는 것이 아니라 기가 발하자마자 리가 곧 기를 탄다.[37]

37) 『俛宇先生文集』 권128. 「雜著, 四七雜記」. “四七皆性之發, 而四者天理之赤骨也, 七者氣機之交重者也. 渾淪而言性之發, 則言七情而四端在其中. 然達道之喜怒哀樂, 實由四端而層間迭見者也, 非七情之驀地自由也. … 所感者義理而四端爲主, 則此箇喜怒哀樂, 固是理發, 而卽亦四端而已矣. 細究其貌狀, 則渾淪之中, 未嘗不有分開之意. 分開而言發之機, 則四爲道理, 而發故謂之理發, 七爲形氣, 而發故謂之氣發. 理道發處, 非理獨發, 理才發而氣便隨, 形氣發處, 非氣獨發, 氣才發而理便乘.”

혼륜에서 보면, 사단과 칠정은 성이 발한 것으로 같다는 점에서 칠정으로 통칭하면, 사단은 그 가운데 포함된다. 그러나 분개에서 보면, 리와 기가 함께 발한다는 점은 동일하나 그것이 의리의 일과 형기의 일 중 어디에 근거하는가에 따라 마음의 리와 기가 지각하여 리발과 기발로 구분된다. 그는 칠정 중에 의리에 맞는 것은 사단에, 그렇지 않는 것은 칠정에 귀속시킴으로써 앞서 수간과 횡간에서와 같이 혼륜과 분개를 모두 인정했음을 알 수 있다.

그런데 이렇게 하더라도 문제가 없는 것은 아니다. 성이 발하여 정이 된다는 동일한 감정 발현 과정에서 내감의 근본적인 원인은 외부에서 오는 의리의 일과 형기의 일에 주어져 있다는 점이다. 감정 발현의 전과 후가 모순될 뿐만 아니라 설사 리와 기가 함께 있다 하더라도 내감할 때 의리와 형기에 따라 수동적으로 따라갈 수밖에 없다는 것이다. 그렇다면 이것은 스승으로부터 이어온 심즉리心卽理가 갖는 의도라 할 수 있는 리의 온전한 실현을 통한 순선함을 확보하기가 쉽지 않게 된다.

그가 감정이 발현하기 전인 미발의 단계를 주목하지 않을 수 없었던 이유가 바로 여기에 있다. 감정이 발현한 뒤 선과 악의 선명한 분별도 중요하지만 그러기 위해서는 감정이 외부의 의리와 형기의 일에 근거한다고 할 때 이것이 이르기 전에 올바른 지각을 위한 마음의 순선한 상태를 유지하는 것이 전제되어야 한다. 그리고 이것은 리의 주재를 통해서만 가능하다. 바로 이러한 점 때문에 마음의 수양이 절실하게 다가오지 않을 수 없게 된다.[38] 기질지성을 미발 때에도 있음을 인정해야 한다는 주장도 이러한 맥락에 근거한다. 즉 의리와 형기의 분별은 이미 그 근원이 미발의 단계에 있다고 보는 것이 자연스럽다.

---

38) 『俛宇先生文集』 권128. 「雜著, 心動靜圖說」 "蓋其有未發之工者, 其發也可以直遂, 其無未發之工者, 其發也易至橫奔."

5. 면우 곽종석의 철학적 특징

이 글은 『지의록』에 나타난 곽종석이 이진상과 논란을 벌였던 미발의 기질지성에 대해 재검토해보고 이것이 이후 그의 학설에 어떠한 영향을 주었는지를 살펴보았다. 그 결과 그는 스승의 견해와는 달리 기질지성을 성으로 인식하여 이발은 물론 미발에도 존재한다고 주장했다. 즉 인간은 리일의 리에서 분수의 리 즉 성을 부여받게 되고 이는 하나로 본연과 기질은 단지單指로 보느냐 겸지兼指로 보느냐에 따라 달라질 뿐이라고 하면서 여기에 근거하여 보면 미발 때에는 비록 기가 용사하지 않지만 엄연히 있는 것으로 봐야 한다고 했다.

이러한 인식은 이후 성을 본연과 기질로 구분한 것에서 기품과 형체, 형기를 더하여 세분화하여 이해하였다. 이를 바탕으로 선유들의 성을 비판적으로 검토한 뒤 인물성론에서 자신의 견해를 개진하게 된다. 인물성동이는 미발 때에 기질지성이 있는가에 핵심적 논점이 있다고 판단하여 이간과 한원진의 차이를 구분한 뒤 이를 함께 살펴야 한 쪽으로 치우치지 않게 된다고 했다. 그러면서 그는 리는 같으나 성은 다르다는 리동성부동理同性不同의 견해를 제시한다. 기의 차이가 리의 차이로 나타나게 된다는 전제에서 리는 같으나 성은 다르다는 주장이 나올 수 있었다. 그리고 이 성은 기질에 의해 달라진 것으로, 그 본체는 리로 같으나 현실 속에 차이를 나타내는 기질지성이 매우 중요하게 인식되고 있음을 확인할 수 있다. 이는 리발일도를 지지하는 기반을 약하게 하기보다 오히려 자신의 논리에 맞는 것만 취사선택했다는 비난을 피할 수 있는 적절한 방법일 수 있었다.

그의 독특한 견해인 사단십정경위설四端十情經緯說이 이에 대한 좋은 예가 된다. 그는 흔히 칠정이라고 하는 것에 분忿, 구懼, 우憂를 더하여 십정이라 하고 이 사단십정을 경위의 논리로 설명한다. 즉 사단은 리가 기를 타고 직

발하는 것으로 경이 되며, 십정은 리가 기를 타고 방생하는 것으로 위가 된다고 했다. 여기서 사단과 십정은 모두 리발이나 직발과 방생에 차이가 있는데 이는 외부에 오는 의리의 일과 형기의 일에서 비롯된다. 문제는 이러한 일의 차이에서 마음의 리와 기는 수동적으로 대처할 수밖에 없다는 점이다. 이를 위해 그 본체인 미발의 단계에서 리의 주재성을 통한 마음의 순선함을 확보할 필요가 있게 되는 것이다. 이것이 바로 미발에 기질지성을 인정함으로써 마음의 수양을 통해 심즉리心卽理가 의도한 리를 올바르게 실현하는 길이 될 수 있다.

교우膠宇 윤주하尹胄夏의 한주학 계승

이 세 동

교우膠宇 윤주하尹胄夏의 한주학 계승

이 세 동

1. 머리말

조선은 유교 국가였다. 조정은 유교의 이념으로 나라를 다스렸고, 온 나라 사람들은 그 이념이 최선인 줄 알고 살았다. 교우膠宇 윤주하尹胄夏(1846~1906)는 이런 조선의 끝자락을 살다가 간 학자이다. 망국으로 치달리던 이 시기에 조선인들의 이념은 흔들리고 있었지만 교우는 흔들림 없이 유교의 이념을 실천하고 있었다. 그래서 그는 선비였다. 학자가 선비가 되기 위해서는 실천이 수반되어야 한다. 실천하지 않는 학자는 선비가 아닌 것이다. 10대조의 실기를 편찬하고 조부와 생양가 아버지들의 생애를 정리하였으며, 을사늑약의 소식을 듣고 분문奔問하기 위해 대궐로 달려갔고, 스승의 가르침을 어기지 않기 위해 평생을 바쳤다. 오늘의 나를 있게 한 임금과 스승과 부모를 한결같이 섬기는[生三事一] 도리를 다한 것이다.

특히 스승에 대한 섬김은 특별했다. 가르침을 베푼 모든 스승들을 한결같이 섬겼을 터이지만, 첨예한 학설을 제기하여 시비에 휩싸인 한주寒洲 이진상李震相(1818~1886)에 대한 그의 신념은 각별한 것이었다. 같이 배우던 사람들이 스승을 배반할 때에도 동요하지 않았고, 서울의 성균관부터 영남의 도산서원에 이르기까지 학계의 주류집단들이 스승의 학설을 핍박할 때에도 붓을 들어 스승의 이론을 발명하였다. 그래서 교우는 이른바 주문팔현洲門八賢의 일원이 되었다.

본고에서는 교우의 이러한 자취들을 살펴보고자 한다. 그의 가문과 생애를 살펴볼 것이고, 스승들에게 무엇을 배웠는지를 살펴볼 것이며, 마지막으로 그가 한주의 학설을 어떻게 계승하고 있는지를 살펴볼 것이다. 다만 필자의 여러 가지 한계로 인해 교우 학문의 전모를 살피지 못하고, 사라진 문헌 「산거한화山居閑話」를 분석하여 그가 한주학을 계승하고 있는 양상만을 집중적으로 검토하고자 한다.

2. 교우 윤주하의 가문과 삶

윤주하는 자가 충여忠汝, 호가 교우膠宇이며 관향은 파평이다. 그의 16대조 윤장尹將은 사헌부 장령을 지냈는데, 김종서金宗瑞(1383~1453)의 장인인 윤원부尹元富와 사촌 간이었다. 윤장은 계유정난으로 김종서와 그 일족들이 죽임을 당할 때 화를 피해 경남 합천으로 내려온 것으로 알려져 있다.[1] 윤

1) 『國朝榜目』(1984, 太學社 영인본)에 부록으로 실려있는 「前朝科擧事蹟」에 의하면 윤장의 초명은 尹相이었고 우왕 6년(1380)에 同進事로 문과에 급제하여 左獻納을 지낸 것으로 기재되어있는데, 父名이 得龍인 것이 『파평윤씨대동보』(2011, 파평윤씨대종회)와 일치한다. 『조선왕조실록』의 태조 2년(1393) 6월 22일의 1번째 기사에도 '右補闕 尹將'이라는 기록이 보이는 바, 윤장은 고려에서 문과에 급제하고 조선에서도 벼슬하여 사헌부 장령을 지낸 것이다. 1380년에 문과에 급제한 윤장이 1453년의 계유정난 무렵에 합천으로 내려왔다면 소년등과하였더라도 90세가 넘었을 것으로 추산되는데, 자세한 것은 알 수 없다.

장의 손자 윤자선尹孜善은 합천에서 다시 거창으로 이거하여 거창에 세거하는 파평윤씨의 입향조가 되었다. 윤자선은 생원시에 급제하고 단성현감을 지냈다. 윤자선의 아들 윤경尹耕은 연산군 1년(1495)에 문과에 급제하여 사간원 사간을 지냈고, 그의 아들 윤삼빙尹三聘은 무과에 급제하여 회령판관을 지냈다. 윤삼빙의 손자 윤경남尹景男(1556~1614)은 호가 영호瀯湖이며 임진왜란 당시 의병장 김면金沔(1541~1593)의 참모로 활동하였고, 김성일金誠一(1538~1593)의 추천으로 군기시 주부에 제수되었으나 출사하지 않았다. 이후 학행으로 천거되어 세자익위사 익찬과 사헌부 감찰 등에 제수되었으나 나아가지 않다가 장수현감, 개령현감, 운봉현감 등의 지방관을 지내며 치적을 쌓았다. 고종 30년(1893)에 사헌부 대사헌 겸 성균관 좨주에 증직되었다.

거창의 파평윤씨들은 대체로 윤경남을 중시조로 받들고 있는데, 윤경남은 교우에게 10대조가 된다. 교우는 이 선조의 관련기록과 유문을 모아『영호실기瀯湖實記』를 편찬했다. 윤경남 이후 교우의 직계 선조들 가운데 두드러진 인물은 없는 듯하다. 윤경남의 아들 윤사훈尹思勛과 손자 윤정尹珵이 각각 사과司果와 주부主簿 벼슬을 지냈다고 하지만 모두 음직이고, 윤정의 증손 윤탕로尹湯老가 이인좌李麟佐의 난에 공을 세워 사헌부 감찰에 제수된 정도가 전해진다. 윤탕로는 교우의 생가 5대조이다.

교우의 조부 윤진옥尹振玉(1794~1870)은 호가 단포丹圃인데,『주역』에 밝았고 원림園林을 가꾸며 소요자적 하였다. 교우의 부친 윤흠도尹欽道(1810~1877)는 호가 죽석竹石이며 학행으로 드러났고, 교우의 생부 윤문도尹文道(1822~1859)는 부친인 윤진옥과 백형인 윤흠도를 대신해 치산治產에 힘썼다고 한다.

대체로 교우의 가문은 조선전기에는 대를 이어 문무관원들을 배출하였으나 중기의 윤경남 이후로 과거 급제나 벼슬길이 끊어진 집안이었다. 그러나 대대로 호학好學의 가풍을 이어 조부는 『주역』을 깊이 체득하였고,[2] 부친은 정주程朱의 서적과 『퇴계집』 등을 읽어 이기理氣에 대한 견해를 표명할 정도의 식견을 갖춘[3] 인물이었다. 가학이라고 할 만큼 현저하지는 않았지만, 아마 교우에게 이 조부와 부친의 영향은 컸을 것이다.

교우는 조선 헌종 12년(1846)에 거창군 남하면 양항리의 전촌箭村(살목)에서 윤문도의 아들로 태어나 백부인 윤흠도에게 양자로 들어갔다. 8세에 『소학』을 읽고 대의를 모두 파악하였다고 하는데,[4] 『교우집』 권1에는 이 무렵인 9세에 지은 시가 한 수 실려 있다.

偶吟　　우연히 읊음
我有一寶劍, 나에게 보검 한 자루 있어,
秋風能殺人. 추풍같이 사람을 죽일 수 있다네.
殺人那能易, 사람 죽이기가 어찌 쉬우랴만,
能殺不義人. 불의한 사람 능히 죽이리.

『소학』을 읽어 사람의 도리를 배운 아홉 살 소년의 강개한 기상이 삼엄하다. 의리의 분별에 투철하였던 교우의 후일 행적들을 이 시는 이미 예고하고 있는 것이다. 18세에는 『사서오경』과 제자백가의 글들을 모두 읽어 두루 통하게 되었는데, 이즈음에 외숙인 백후柏後 김기수金基洙(1818~1873)가 『후청록侯鯖錄』을 주며, "이 책을 읽으면 옛일을 널리 알 수 있다."고 하였다. 『후청

2) 尹冑夏. 『膠宇集』 권19. 「王考丹圃府君行錄」 참조.

3) 尹冑夏. 『膠宇集』 권19. 「先考竹石府君行錄」 참조.

4) 河謙鎭의 『晦峯遺書』 권48. 「膠宇先生尹公行狀」에는 "八歲入小學, 盡通大義."라고 하였고, 郭鍾錫의 『俛宇集』 권151. 「尹忠汝壙誌」에는 "五歲誦小學, 盡篇不錯一字."라고 하여 차이를 보이고 있으나 면우의 제자였던 회봉이 스승의 글을 보고서도 굳이 다르게 쓴 것은 까닭이 있을 것이라고 생각되어 회봉의 기록에 의거하여 서술했다. 어느 기록에 의거하든 교우의 재주가 특출하였던 것은 분명하다.

록』은 북송의 조령치趙令時가 일사, 명물, 전고 등을 모아 쓴 책이다. 교우는 이 책을 간혹 들추어보고는 "쓸데없기가 후청과 같다.[閑汨董侯鯖之類也.]"고 적었다. 남다른 재주로 호학의 가풍에 젖어들어 잡다한 지식을 쌓기보다는 정심한 학문의 길로 나아가고자 하는 지향이 드러나는 일화이다.

교우는 18세(1863)에 모친상을 당하고, 복을 마친 19세(1864)에 과거에 응시하기 위해 상경했다. 관왕묘關王廟를 돌아보고 한강을 건너면서 시를 지어, "관왕묘 바라보며 잔 들고 통곡하고, 한강 가에서 노를 치며 길게 노래 부른다.[擧盃痛哭關王廟, 擊楫長歌漢水濱.]"고 하였다. 아마 낙방한 울분과 시세時勢에 대한 개탄이었을 터이지만, 열아홉 살 청년에게 아홉 살 때의 그 기상이 여전한 것이 주목된다. 교우는 경륜의 뜻이 큰 인물이었다. 언제부터 사용한 것인지는 모르지만 그는 자신의 호 '교우膠宇'를 해설한 명문銘文에 그런 큰 뜻과 지향을 담았다.

> 崑河千丈, 곤륜산 내린 황하 천 길을 흐르나니
> 阿濟一寸. 한 치의 아교로 맑히려 하네.
> 非曰能救, 맑게 할 수 있다고 말할 수 없으나,
> 畢生志願. 평생토록 원하는 바는 맑게 하는 일이라네.[5]

이 명문을 보면 '교우'라는 호는 분명 『포박자·외편·가둔嘉遁』의 "한 치의 아교로는 황하의 흐림을 다스릴 수 없다.[寸膠不能治黃河之濁]"는 뜻을 취한 것이다. 교우는 흐린 세상을 바로잡고 싶었던 것이다. 과거에 급제하고 벼슬에 나아가 경륜을 펼치고 싶었던 것이다. 그런데 혼탁한 과거장에서는 그를 알아주지 않았고, 보검으로 불의한 자들을 베겠다고 노래하던 소년의 꿈은

---

5) 尹胄夏. 『膠宇集』 권18. 「膠宇銘」.

막혔다. 배 위에서 지은 이 시구에는 그의 이런 낙담과 비분이 서려있다.

경륜의 뜻을 포기하지 못한 교우는 그 이듬해(1865)에 다시 서울에 가서 과거에 응시했으나 실패했다. 낙방하고 돌아온 아들에게 아버지는 훈계했다. "과거는 사람의 뜻을 빼앗는 것이니 공맹孔孟의 정맥正脈을 공부해야 한다."고 하였다. 이때부터 교우는 과거에 대한 미련을 접었다. 경륜의 꿈을 학문으로 돌린 것이다. 정호程顥의 「정성서定性書」, 정이程頤의 「호학론好學論」, 장재張載의 「서명西銘」 등을 읽으며 성리학에 전념한다. 31세(1876)에는 성주의 대포大浦(한개)로 한주寒洲 이진상李震相을 찾아가 입문하였고, 32세(1877)에 부친상을 당하자 상중에 여러 예서를 두루 읽고 『찬축고증贊祝考證』과 『사의요변士儀要辨』을 편찬했다. 『찬축고증』은 여러 홀기와 축문의 양식을 고증하여 정리한 것이고, 『사의요변』은 성재性齋 허전許傳(1797~1886)의 저술인 『사의士儀』의 핵심을 간추려 변설한 책이다.

36세(1881)에 스승 한주를 모시고 안음安陰의 원학동猿鶴洞을 유람하고 동계桐溪 정온鄭蘊(1569~1641)의 유촉지인 모리某里에서 유숙한 뒤, 갈천서당葛川書堂에서 향음주례를 거행했다. 39세(1884)에는 안동으로 가서 도산서원을 배알하고, 검제의 서산西山 김홍락金興洛(1827~1899), 닭실의 이재頤齋 권연하權璉夏(1813~1896), 소호리의 긍암肯庵 이돈우李敦禹(1801~1884) 등을 두루 방문하여 질정했다. 다시 당시 태백산에 은거하고 있던 면우俛宇 곽종석郭鍾錫(1846~1919)을 찾아갔는데, 면우는 교우의 손을 잡고, "남방의 학문이 거의 끊어져 부탁할 곳이 없으니 그대는 힘쓰시라!"고 했다. 42세(1887)에 금강산으로 가는 길에 영평永平(경기도 포천)에 있던 중암重菴 김평묵金平默(1819~1891)을 방문했다. 화서華西 이항로李恒老(1792~1868)의 제자였던 중암은 교우의 주리설을 듣고 깊이 찬동하였다.

49세(1894) 봄에 교우는 동문인 후산后山 허유許愈(1833~1904) 등과 함께 삼가의 병목서당에서 한주의 『이학종요理學綜要』를 교정했다. 이 해에 갑오농

민봉기와 청일 양군의 국내진입으로 정세가 위태로워지자, 사미헌四未軒 장복추張福樞(1815~1900), 대계大溪 이승희李承熙(1847~1916), 홍와弘窩 이두훈李斗勳(1856~1918) 등이 소요를 피해 거창으로 들어왔다. 교우는 날마다 이들을 찾아가 토론하였고, 이듬해(1895)에는 동문들과 함께 원천정原泉亭에서 『한주집』을 교정해 간행했다. 이 해 겨울에 조정에서 단발령을 내리자 격분하여 격문을 지어 동지들에게 보냈다.

1905년에 을사늑약의 소식을 듣고, "이는 천고에 없던 변고이다. 군부君父가 욕을 당하였는데 비록 포의라고 하더라도 달려가 위문하지 않을 수 없다." 하고는 즉시 상경하다가 도중에 병을 얻어 돌아왔다. 이듬해 12월 12일에 여러 제자들에게 학문에 힘쓸 것을 당부한 뒤, "내가 죽고 나면 면우와 대계가 반드시 올 것이다. 나를 예禮로써 보내도록 부탁하라."는 유언과 함께 생을 마감하니 61세였다.

교우는 평소에 거처할 때 심의를 입고 치포관을 쓰고 단정히 앉았다. 예에 맞지 않는 행동을 하지 않았고, 끼니를 잘 잇지 못했으나 늘 편안했다. 손에는 주자와 퇴계의 글이 늘 들려 있었고, 힘써 실천하고 탐구하여 피로한 줄을 몰랐다. 배움을 청하는 자가 있으면 기뻐하며 인도하기를 게을리 하지 않았고, 벗들과 사귐에는 정직하고 신실하여 유익함이 많았다. 종족은 은혜와 의리로 대하였으며, 자애로움이 종들에게까지 미쳐 자식처럼 여겼다. 사람을 대할 때는 겸허하고 온화했으나, 의롭지 않은 일을 만나면 뜻을 굳게 지켜 흔들리지 않았다. 평생을 초야에서 늙어 군신간의 의리가 없었으나 나라를 걱정하고 시대를 아파하는 마음은 충심衷心에서 우러난 것이었다.[6]

---

6) 교우의 생애에 대한 이러한 개괄과 평가는 河謙鎭의 「膠宇先生尹公行狀」과 郭鍾錫의 「尹忠汝壙誌」의 기록에 따른 것이다.

스승 한주는 교우를 '독실篤實' 두 글자로 평가했고,[7] 동문의 면우 곽종석은 광지壙誌에서 교우의 일생을 다음과 같이 요약했다.

> 뭇사람의 것을 모은 식견이 있었으나 어린아이의 마음으로 자신을 지켰고, 만부萬夫를 상대하는 용맹을 지녔으나 처녀처럼 행동했다. 리理를 탐구함이 고명하여 한 터럭의 기氣도 어지럽히지 못했으며, 일을 다스림이 정밀하여 한 치의 사사로움에도 이끌리지 않았다. 남이 알지 못하는 곳에서도 자신을 속임이 없었고, 곤궁하였지만 하지 않는 일이 있었다. 이런 사람을 지금 세상에서 구하더라도 다시 교우선생 같은 분이 있으랴![8]

면우의 문인인 하겸진河謙鎭(1870~1946)이 행장을 지었고, 교우의 아우인 윤평하尹坪夏가 주관하여 1911년에 『교우집膠宇集』 20권 11책을 목판으로 간행했다.[9]

3. 교우의 스승들

교우는 평생 세 사람의 스승을 섬겼다. 면우는 이에 대해 다음과 같이 말하였다.

---

7) 李震相. 『寒洲集』 권27. 「答莘巷齋儒生宋子三宋敬夫宋士範宋子敬」: "醇粹如南黎, 篤實如膠宇, 老物之所曾倚賴, 後進之所當模範."

8) 郭鍾錫. 『俛宇集』 권151. 「尹忠汝壙誌」: "有兼人之識, 而守之以赤子之心; 有萬夫之勇, 而修之以處女之行. 玩理高明, 而不容以一毫氣滓攪汩之; 制事綜詳, 而不肯以一分私意操縱之. 幽暗而有不欺也, 窮困而有不爲也. 求之今世, 其復有膠宇先生耶!"

9) 이상 교우의 생애는 곽종석의 「尹忠汝壙誌」와 하겸진의 「膠宇先生尹公行狀」을 종합하여 서술하였고, 拙著 『한주 이진상과 그의 제자들』(2016, 역락출판사)에 실린 문장을 일부분 그대로 인용하였다.

사미헌 장공을 사사하여 위기지방爲己之方을 들었고, 성재 허문헌 공을 서울에서 뵙고 예학지전禮學之傳을 얻었으며, 이윽고 또 한주 이 선생의 문하에 올라 심리지결心理之訣을 깨달았다.10)

이 문장은 교우가 학문을 이룬 경과를 설명한 것이지만, 우선 흥미로운 면우의 인식부터 살펴보자. 면우는 교우의 세 스승을 각각 '사미헌 장공', '성재 허문헌공', '한주 이선생'으로 호칭하였다. 사미헌 장복추는 '공'으로, 성재 허전은 '문헌공'으로, 한주 이진상은 '선생'으로 호칭한 것이다. '성재 허문헌공'은 시호를 넣어 높인 듯하지만 반드시 그런 것은 아니다. 만약 성재를 선생으로 인식하였다면 '문헌공 성재 허선생'이라고 하였을 것이기 때문이다. 면우의 시각으로는 자신의 스승 한주만이 선생이었던 것이다. 또 한 가지 면우의 인식을 살펴볼 수 있는 부분은 '이윽고[旣]'라는 표현이다. 이 표현은 대체로 사안을 점층적으로 표현할 때 쓰는 부사이다. 사미헌과 성재에게 배운 교우가 '드디어' 한주의 문하에서 배우게 되었다는 뜻이다. '위기지방'을 듣고 '예학지전'을 얻은 뒤에 드디어 '심리지결'을 깨닫게 되었다는 것이다. 이것은 단순히 배움의 선후를 표현한 것이 아니다. 면우의 관점에서 교우의 스승 가운데 한주가 종착점이며, 위기지방과 예학지전은 심리지결을 깨닫기 위한 과정이었던 것이다. 듣고[聞], 얻은[得] 뒤에 깨닫게[領] 된 것이다.

면우의 이러한 관점이 정당한지는 차치하고, 위기지방으로부터 예학을 거쳐 이학으로 나아가는 공부는 일견 순서상에 있어 타당해 보인다. 위기지방은 사람이 사람답게 살기 위한 방도이고, 예학은 사람이 사람답게 살기위한 실천학이며, 이학은 우주와 인간의 본질에 대한 철학적 탐구영역이기 때문이다. 아무튼 면우의 주관적인 관점은 이쯤 살펴보고 이제 교우가 실제로

10) 郭鍾錫.『俛宇集』권151.「尹忠汝壙誌」: "師事四未軒張公, 聞爲己之方; 拜性齋許文憲公于京師, 得禮學之傳; 旣又登寒洲李先生門, 領心理之訣."

세 스승들을 어떻게 인식하고 있는지 제문들을 통해 검토하기로 한다.

「제사미헌장선생문祭四未軒張先生文」

생각건대 우리 선생께서는 순수한 마음과 지극한 성품으로 한 지역에 임하시어 의義와 덕德에 뿌리하고 화려하게 꾸미는 일을 가까이 하지 않으셨으니, 근래 남쪽의 선비들이 자못 실질에 힘을 써 볼만하게 된 것은 모두 선생께서 추동하신 것이었습니다. 심의를 입고 끈 띠를 두르고 허리를 움직이며 앉아 흔들림이 없었던 것은 선생의 고요할 때의 성誠함이요, 읍양揖讓하고 공손하며 겸손하여 일상에서 마치 큰 손님을 만난 듯이 처신한 것은 선생의 움직일 때의 성誠함이요, 누항에서 스스로 즐기며 부귀를 구름 보듯 한 것은 안분安分에 성誠함이요, 맑은 벼슬과 높은 품계가 여러 차례 내려와도 조금도 마음이 흔들리지 않았던 것은 자수自守에 성誠함입니다. …… 아! 선생께서는 소자에게도 역시 성誠하셨습니다. 소자가 학업이 있으면 "너는 힘써라!" 하셨고, 소자가 의혹이 있으면 "너는 풀어라!" 하셨으며, 의론이 가지런하지 않으면 더 생각하라고 경계하셨고, 처사에 지나침이 있으면 되풀이하지 말라고 경계하셨습니다.[11]

이 글은 교우가 사미헌에게 올린 제문이다. 앞부분에서 사미헌이 남방의 선비들에게 미친 영향을 말하고, 사미헌의 일생을 '성誠', 한 글자로 요약했다. 마지막에는 자신에게 베풀었던 자상한 가르침을 말하고 이 역시 사미헌의 '성'이었음을 밝혔다. '성'은 하늘의 도이고 '성하고자 하는 것[誠之]'은 사람이 가야할 길이다.[12] 성은 진실하여 거짓이 없는 것이고, 성실하여 쉼 없

11) 尹胄夏, 『膠宇集』 권18, 「祭四未軒張先生文」: "惟我先生, 以純心至性, 坐鎭鄕邦, 基根義德, 不上華藻, 近南士之多務實可觀, 皆先生推也. 盖深衣大帶活腰坐整定, 先生之誠於靜也. 揖讓恭謙尋常如大賓見, 先生之誠於動也. 陋巷自娛, 雲視富貴, 誠於安分也. 淸啣顯秩, 屢度天隕, 不以少動心, 自守誠也. …… 嗚呼! 先生於小子亦可謂誠矣. 小子有業曰汝勉之, 小子有惑曰汝解之. 議論有不齊, 戒之更思也; 處事有過當, 戒之勿復也."

12) 『中庸』 20장: "誠者, 天之道; 誠之者, 人之道."

는 것이다. 그래서 성誠한 하늘은 거짓이 없다. 밤이 지나면 아침이 오고, 가을이 가고나면 겨울이 온다. 잠시도 쉬지 않고 순간도 어긋남이 없는 이 하늘의 성함을 보고 인간은 본받아야 한다. 그러나 이 일은 아무나 할 수 있는 것이 아니다. 어진 자[賢者]라야만 하늘을 닮고자 노력한다. 교우는 사미헌에게서 일생을 두고 '성지誠之'하는 현자의 모습을 본 것이다. 이런 사미헌이기에 교우에게 성실하고 자상하게 위기지방을 말해 줄 수 있었을 것이다.

> 「제성재허선생문祭性齋許先生文」
>
> 선생께서 이에 나시니 세상에 드문 상서로움이 있었습니다. 물에 비친 달처럼 맑으셨고, 바람과 우레처럼 과감하셨습니다. 기상이 고매하며 산악같고 하늘같았으며, 봉황의 빛나는 눈으로 만물을 살피셨습니다. 제자백가를 섭렵하여 헤아리고 응용하셨으며, 천고의 서적들을 독파하여 요약하되 자세하셨습니다. 성현들의 자취에 잠심하여 계단을 거쳐 마루에 오르시고, 큰 근본을 발라내어 찬란하게 드러내셨습니다. …… 예가 무너지고 학설이 나뉘어져 양을 쫓다 길을 잃은 격이더니, 『사의士儀』 한 책으로 줄기를 세우셨습니다. 삼백 가지 경례經禮와 삼천 가지 곡례曲禮를 우뚝하니 베풀어 펼치셨습니다. …… 생각건대 저희 소자들이 일찍이 문하에 들어가니 광대한 덕화로 버리지 않으시고 문 곁에 거두어 두셨습니다. 게으른 저희들을 채찍하시고 허랑한 저희들을 격려하시니, 얼굴 맞대 타이르신 그 말씀들이 아직도 귓가에 쟁쟁합니다. 때때로 내려주신 그 글들이 상자에 가득하고, 번갈아 나아가 뵈온 지가 십수 년이 되었습니다.[13]

13) 尹胄夏. 『膠宇集』 권18. 「祭性齋許先生文」: "先生乃挺, 曠世禎祥. 水月之淸, 風雷之剛. 標格高邁, 嶽峙霄昂. 燁燁鳳眼, 照徹無疆. 涉獵百氏, 斗轉升量. 讀破千古, 反約而詳. 潛心聖賢, 歷階進堂. 剔發大本, 揭之煌煌. …… 禮壞多歧, 如追亡羊. 士儀一弓, 煞着脊梁. 三千三百, 歷落排張. …… 惟小子輩, 早齋瓣香. 大化無棄, 收置門傍. 鞭我闒靸, 激我虒浪. 諄諄面命, 至今耳洋. 時時下書, 手澤盈箱. 迭造納拜, 十數星霜."

세상에 드문 상서로움은 성재의 모부인이 성재를 잉태할 때 백룡과 황룡이 뜰로 내려오는 꿈을 꾼 사실을 말한 듯하고, 바람과 우레처럼 과감하다는 것은 『주역』 풍뢰익風雷益 괘의 「상사象辭」에 있는 "바람과 우레가 익괘이니 군자는 이것을 본받아 선을 보면 옮겨가고 허물이 있으면 고친다.[風雷益, 君子以見善則遷, 有過則改.]"는 구절을 차용하여 성재가 선으로 나아감에 과감하였음을 말한 것이다.

사미헌에게 사람답게 사는 도리를 들은 교우는 성재에게서 또 다른 스승의 모습을 본다. 『사의』를 저술하여 무너진 예학의 줄기를 세우고, 광대한 덕화로 제자들을 거두어 주던 스승의 모습을 보고, 맑고 고매한 기상을 타고나 고금의 책을 두루 읽고 근본을 체득하여 성현의 마루에 오른 또 다른 현자의 모습에 감동한 것이다.

> 「제한주이선생문祭寒洲李先生文」
>
> 아! 생각건대 선생께서는 하늘이 내신 호걸이십니다. 용과 코끼리 같은 힘으로 교악과 태산처럼 우뚝하셨습니다. 두보杜甫가 시를 짓고 소순蘇洵이 독서하던 정력으로 의리를 밝히시니, 무르익고 넘쳐났습니다. …… 육구연이 마음을 높였으나 참된 마음이 아니었고, 왕양명이 리理를 말했으나 순수한 리가 아니었습니다. 근래에 한 가지 학설은 또 한 겹 꺼풀을 씌웠습니다. 마음이 본체가 없다면 리도 쓸데가 없으니, 그릇됨을 걱정하여 막으시고자 우뚝하니 『이학종요理學綜要』를 저술하셨습니다. 변방을 방어하고 사직을 지키듯이 빗장과 자물쇠를 크게 베푸시니 우리 학문 참된 진리가 태양처럼 드러나 길이길이 푸른 하늘에 임할 것입니다. 아! 옛날의 철인哲人들이 상제를 모시고 있으리니 선생께서도 그 자리에 올라 리체理諦를 잡고 계실 것입니다. …… 대상大祥이 이미 지나 제자들이 장차 돌아가려 합니다. 서로 아파하고 서로 경

계하기를 우리 스승 가르침 어기지 말자고 하였습니다.[14)]

교우는 또 한 분의 현자를 스승으로 모셨다. 태산교악처럼 우뚝한 그 스승은 두보가 시를 짓는 노력과 소순이 발분독서하던 정력으로 의리를 규명하기 위해 평생을 바쳤다. 육구연과 왕양명의 심학心學이 오류임을 밝히고 근래의 한 가지 학설, 즉 율곡학파의 심즉기설心卽氣說이 덧씌운 꺼풀을 벗겨내어 태양처럼 밝은 진리를 드러내었다. 그분이 돌아가신 지금, 이제 그분은 진리를 밝혔던 과거의 현자들과 함께 하늘에서 그 진리를 잡고 상제를 모시고 계실 것이다. 진리를 밝히신 그분을 두고 우리들을 어떻게 가르치셨는지를 세세하게 말하는 것은 구차한 일이다. 우리 제자들은 다만 그분의 가르침을 어기지 말기를 약속하였다. 그래서 교우는 한주의 학설을 수호하기 위해 평생을 바친다.[15)] 그는 한주에게서 오도吾道를 보았고, 독실하게 믿어 평생토록 변함이 없었다. 이제 그가 한주에게서 보았던 그 진리를 살펴보자.

4. 교우의 한주학 계승

1895년 12월에 거창의 원천정에서 『한주집』 49권 25책이 목활자로 간행되었다. 이를 본 퇴계의 후손 이만인李晩寅(1834~1897)은 「한주이씨동정설조

---

14) 尹胄夏. 『膠宇集』 권18. 「祭寒洲李先生文」: "於惟先生, 天以挺豪. 龍象其力, 喬泰其高. 杜陵工詩, 老蘇業書. 用之義理, 爛熟紆餘. …… 子靜師心, 非心之眞. 陽明曰理, 非理之純. 挽近一說, 又膜一重. 心旣無體, 理亦無用. 思憂輿拒, 綜要歷落. 捍邊衛社, 大施關鑰. 斯學眞詮, 如揭太陽. 千秋必返, 赫臨蒼穹. 嗚乎前哲, 列配上帝. 先生躋祔, 手秉理諦. …… 琴祥已經, 二三將歸. 相痛相戒, 我師無違."

15) 필자가 자료 수집을 위해 거창 살목마을에 살고 있는 교우의 종증손 윤원생(73) 씨를 접촉한 바, "교우선조는 한주의 학설을 수호하기 위해 평생을 바친 분"이라고 교우의 일생을 개괄하였다.

변寒洲李氏動靜說條辨」, 「한주사칠원위설寒洲四七原委說」 등을 지어 논박하였고, 도산서원은 1897년 3월에 보내온 『한주집』을 8월에 성주향교의 장무처로 반송하였다. 책의 반송과 함께 보낸 패자牌子에는, "대포(한개) 문집 25책을 본원으로 보내왔는데, 그 가운데 도산의 학설과 어긋나는 곳을 일일이 들고 싶지 않거니와, 주자와 퇴계 두 선생의 이발기발의 논의를 두 근본으로 돌아가게 하였다. 이 책을 비단 본원에 소장하기가 합당치 않을 뿐만 아니라 모든 연원가 후예들이 차마 바로 볼 수 있겠는가! 이 책을 본가로 돌려보내고 이 패자를 고을의 여러 집안에 두루 고하는 것이 옳을 것이다."[16]라고 하였고, 책의 뒤에는 "이 책을 가야산 골짜기에 깊이 감추었다가 오도吾道가 사라지고 난 뒤에 꺼내어 행해지도록 해야 할 것이다."라고 배서背署하여 보냈다.[17] 이때의 상황을 교우는 다음과 같이 말하고 있다.

> 한주선생께서 남방에서 떨쳐 일어나 주자와 퇴계를 조술하고 심즉리설을 발휘해 내니 남방의 선비들이 떼를 지어 고슴도치처럼 일어나 작게는 의심하고 크게는 놀라더니 더욱 심한 자들은 공격하고 훼손하기에 힘을 남겨두지 않았다.[18]

이에 한주의 아들 이승희는 「선록조변宣錄條辨」을 지어 이만인의 주장을 조목조목 반박하였고, 교우 역시 「반구록反究錄」을 지어 축조 변론하였다. 교

---

16) 李承熙. 『韓溪遺稿』 卷6. 「宣錄條辨」: "大浦文集二十五册, 送來本院, 其中搓挱陶山處, 不欲枚擧, 而至以朱退二先生理發氣發之論, 歸之二本, 則此册, 非但不合於本院之藏, 凡爲淵源後承者, 其忍正視乎, 此册還之本家, 此牌輪告于鄕中各宅爲可."

17) 黃玹. 『梅泉野錄』 권1. 「甲午以前·上」: "李震相號寒洲, 隱居教授, 刻苦精進, 所學多自得, 以心即理三字爲宗旨. …… 刊旣訖, 首送于退溪書院, 諸李譁然, 斥以異端, 背署于卷而逐之曰: '此册可深藏伽倻山谷中, 待吾道滅絶之後, 始乃出而行也.'"

18) 尹冑夏. 『膠宇集』 권18. 「祭許后山文」: "寒洲先生奮起南服, 祖述雲陶, 發揮出心理之說, 南之士蝟然羣起, 小疑大駭, 其尤甚者, 攻之毁之, 不遺餘力."

우의 「반구록」은 이미 학계에 대략의 내용이 소개된 바 있기에[19] 본고에서는 다루지 않기로 한다.

회봉晦峯 하겸진河謙鎭은 교우의 행장에서, "한주의 주리설을 세상의 논자들이 독자적인 견해라고 여겨 의심하지만 실은 주자와 퇴계의 논지와 맞지 않는 것이 적다고 생각하여 「산거한화山居閑話」와 「간서우기看書偶記」 두 편을 지었는데, 모두 스승이 전한 것을 발명한 것으로 구차하게 억지로 변론한 것이 아니다."[20]라고 하였다. 아울러 두 편의 글 가운데에서 일부를 발췌하여 행장에 실어 두었는데, 특히 「산거한화」의 원본이 사라진 지금[21] 행장의 실린 「산거한화」의 인용문은 소중한 자료가 아닐 수 없다. 더구나 「산거한화」에서 발췌한 분량이 행장의 1/3을 차지하고 있고 「간서우기」 발췌문과 합하면 거의 행장의 반이나 되니, 회봉도 교우의 한주학 발명을 중요한 사실로 간주하고 있었음을 알 수 있다. 이에 본고에서는 회봉의 안목[22]을 빌려, 행장에 발췌된 「산거한화」의 전문全文을 축조 분석함으로써 교우가 한주학을 계승한 양상을 살펴보기로 한다.

「산거한화」에는 객客과의 문답 형식으로 교우의 견해가 서술되어있다.

---

19) 「반구록」을 다룬 논문으로는 劉明鍾의 「尹胄夏의 「反究錄」과 理氣說」(1991, 『석당논총』 17집)이 있고, 부분적으로 다룬 논문으로는 권오영의 「膠宇 尹胄夏의 학문연원과 사상경향」(2011, 『남명학연구』 32집)이 있다.

20) 河謙鎭. 『晦峯遺書』 권48. 「膠宇先生尹公行狀」: "以爲寒洲主理之說, 世之論者, 以其爲創見而疑之, 然實與朱李之旨不合者寡, 作山居閑話·看書偶記二篇, 皆所以發明師傳, 而非苟爲强辯也."

21) 현존의 『膠宇集』에 「看書偶記」는 실려 있으나, 「山居閑話」는 실려 있지 않다. 필자는 교우의 후손을 수소문하여 교우의 세거지인 거창 살목마을에 살고 있는 종증손 윤원생 씨를 접촉하였는데, 교우의 저술들이 여러 차례 옮겨 다니다가 현재 살목으로 돌아왔으나 「산거한화」는 보이지 않는다는 대답을 들었다. 회봉이 교우의 행장을 지은 것이 1941년(辛巳)인 바, 이 때에는 있었던 문건이 지금 사라지고 없으니 안타까운 일이다.

22) 晦峯 河謙鎭(1870~1946)은 진주 출신의 유학자로 곽종석의 문인이다. 역사와 문학, 유학과 성리학에 두루 밝아 『晦峯遺書』 50권 26책, 『陶文酌海』 6권, 『朱語節要』 10권, 『明史綱目』 18권, 『東詩話』 2권, 『東儒學案』 30권 등의 방대한 저술을 남겼다.

회봉은 이「산거한화」에서 기질성氣質性과 관련한 내용을 주로 발췌하였는데, 내용상 자연스럽게 인물성동이론人物性同異論 및 심즉리설心卽理說과 연결되어 있다.

> 객이 물었다. "성性은 하나인데 본연성과 기질성이 있는 것은 무엇 때문입니까?"
>
> 대답하기를, "기질에 나아가 그 미발일 때를 가리켜 말하면 곧 본연지성이니 인의예지신이 이것이고, 외물이 형形을 감촉하여 마음이 움직이게 되면 이에 기질지성이 있게 된다.「소고召誥」의 '날마다 성을 절제한다.'는 말과, 공자의 '성은 서로 비슷하다.'는 말과, 맹자의 '마음을 움직이고 성을 참는다.'는 말과, 장자張子의 '군자가 성으로 여기지 않는다.'는 말이 모두 이것이다."[23]

성性의 문제는 한주 심즉리설心卽理說의 출발점이다. 한주가 17세부터 『성리대전』을 읽기 시작하고 나서 최초로 쓴 글이 18세 때의「성명도설性命圖說」이며, 22세 때는「성학도설性學圖說」을 지었다. 이 두 문건은 『한주전서』에 실려 있지 않아 자세한 내용을 알 수 없지만 연보에「성학도설」의 내용을 요약하기를, "본연지성과 기질지성의 명의와 양성養性, 교성矯性 등 공부와 공효를 나누어 정이천과 장횡거가 입언한 취지를 발명했다."[24]라고 하였다. 학문 초기부터 한주의 관심은 성性에 있었으며, 한주는 이 관심을 확대하여 심즉리설을 확립하게 된 것이다.

주지하다시피 성을 두 가지로 나눈 것은 장재張載가 천지지성과 기질

---

23) 河謙鎭.『晦峯遺書』권48.「膠宇先生尹公行狀」: "客問: '性一也, 有本然性氣質性, 何也?'曰: '就氣質中, 指其未發言之, 則曰本然之性, 仁義禮智信, 是也. 外物觸其形而動於中, 於是有氣質之性, 召誥所謂惟日節性, 孔子所謂性相近, 孟子所謂動心忍性, 張子所謂君子有不性, 是也.'"

24) 李震相.『寒洲集·附錄』권1.「年譜」22세條: "撰性學圖說. 大畧分本然氣質名義及養性矯性等工夫功效, 發明程張立言之旨."

지성을 말하고부터이며,[25] 정이程頤도 이에 동조하여 기질지성을 인정하였다.[26] 주희朱熹는 이들의 구분을 인정하되 사람이 태어난 뒤에는 리가 형기 가운데 떨어져 있어 완전한 성의 본체가 아니라고 하여 대체로 하나의 성으로 보았다.[27] 한편, 퇴계는 본연지성은 리를 주로 한 것이고 기질지성은 본연지성이 기질의 가운데에 떨어져 리와 기가 섞여 있는 것을 말한 것일 뿐 별도의 다른 성이 있는 것이 아니라고 하여[28] 대체로 주리의 입장에서 본연지성에 방점을 찍었고, 율곡은 기질에 나아가 단순히 그 리만을 가리켜 본연지성이라 하고 리와 기질을 합쳐서 기질지성이라고 하는 것이므로 본연지성과 기질지성은 두 가지 본성이 아니라고 주장하여[29] 대체로 주기의 입장에서

---

25) 張載. 『正蒙·誠明』: "形而後有氣質之性, 善反之則天地之性存焉. 故氣質之性, 君子有不性者焉."

26) 程頤, 『二程遺書』 권18: "'性相近也, 習相遠也, 性一也, 何以言相近?'曰: '此只是言氣質之性. 如俗言性急性緩之類, 性安有緩急? 此言性者, 生之謂性也.'"

27) 『朱子語類』 권95. 「程子之書·一」: "'人生而靜'以上, 即是人物未生時. 人物未生時, 只可謂之理, 說性未得, 此所謂'在天曰命'也. '纔說性時, 便已不是性'者, 言纔謂之性, 便是人生以後, 此理已墮在形氣之中, 不全是性之本體矣, 故曰'便已不是性也', 此所謂'在人曰性'也. 大抵人有此形氣, 則是此理始具於形氣之中, 而謂之性, 纔是說性, 便已涉乎有生而兼乎氣質, 不得為性之本體也."주자는 정자의 말을 해석하여, 사람과 만물이 생기기 전에는 理만 있고 사람이 생겨난 뒤에라야 性이 있게 되는데, 이때는 리가 形氣 가운데 떨어져 완전한 성의 본체가 아니라고 한 것이다. 그러므로 성은 리가 기질을 겸한 것이기 때문에 성의 본체라고 할 수 없다는 것이다. 이는 사람이 태어나는 순간 이미 본연지성은 없다는 말이다. 『주자어류』의 이 내용에 대해 한주는 "리가 기를 떠날 수 없는 것은 애초부터 하늘과 사람의 구별이 없는데 어찌 유독 사람만 생겨난 뒤에 '떨어져 있다[墮在]'는 이름이 생겨 형기와 결부시키는 것인가? 성이라고 하는 순간 곧 기질일 뿐 리가 아니라면 하늘의 리는 기질이 섞이지 않았는데 사람만 유독 기질을 성으로 삼는다는 말인가? …… 이 말은 결단코 기록의 오류이다.(理不離氣, 初無天人之別, 則豈獨人生之後, 方有墮在之名, 而始涉於形氣也? 才說性, 便只氣質而不是理焉, 則天之理不雜氣質, 而人獨以氣質爲性耶? …… 此決是記錄之誤.)"(「理學綜要·권4」 54쪽)라고 하여, 사람이 태어나는 순간 이미 본연지성이 있고, 이 본연지성이 발할 때 기질지성이 생긴다고 여긴 것이다.

28) 李滉. 『退溪集』 권17. 「重答奇明彥·附奇明彥四端七情後說」: "夫所謂氣質之性, 以理與氣雜而言之者. 蓋以本然之性, 墮在氣質之中, 故謂雜而言之. 然氣質之性之善者, 乃本然之性, 非別有一性也."

29) 정원재. 2006. 『이이 율곡전서』(『철학사상』 별책 제7권 제4호). 서울대학교 철학사상연구소. 88쪽.

기질지성을 강조하였다. 이 문제에 대해 한주는 다음과 같이 말한다.

> 기질에 나아가 단순하게 그 리만을 가리키면 이것이 바로 본연지성이다. 사물이 이르면 기질이 용사用事하여 성이 이를 타고 발하게 되는데, 그 발함은 성의 범위를 벗어나지 않으나 그 용用은 이미 기질의 울타리 안에 있게 되니 이것이 바로 기질지성이다. 어찌 미발 때의 용사하지 않은 기질을 거짓으로 성이라고 하겠는가! 기질지성은 오로지 미발 때의 기질을 가리킨다는 말은 깊이 변론할 것도 없다."[30]

기질 안에 있는 본연지성이 사물에 감촉하면 기질이 작용하게 되고, 이때 품부 받은 기품에 따라 다르게 나타나는 것이 기질지성이라는 것이다. 본연지성은 기질의 울타리 안에 있고 그 용사함을 타고서 발하는 것이다. 이렇게 보면 본연지성은 미발의 체이고 기질지성은 이발已發의 용이다. 이 지점에서 교우가 객의 질문에 대답하였다. "기질에 나아가 그 미발일 때를 가리켜 말하면 곧 본연지성"이라고 하였으니 한주의 이론과 일치한다. 교우는 여기서 한 걸음 더 나아가 "외물이 형形을 감촉하여 마음이 움직이게 되면 이에 기질지성이 있게 된다."고 하였다. 마음이 움직여야만[已發] "이에 기질지성이 있게 된다."라고 하였으니 움직이지 않을[未發] 때는 없다는 말이다. 한주는 미발 때의 기질지성 유무는 명언하지 않았으나 문맥에서 읽히기는 대체로 미발 때는 기질만 있을 뿐 기질지성은 없다고 본 것이다. 교우는 이를 분명하게 말한 것이다. 이 대답으로는 미진하다고 생각한 교우는 다시 문답을 설정한다.

---

30) 李震相.『寒洲全書』(1980, 아세아문화사) 제2책. 53쪽.「理學綜要·권4」: "就氣質中, 單指其理, 此便是本然之性. 事物之至, 氣質用事, 性乘之而發言, 其發不出於性圈, 而其用已囿於氣質者, 此便是氣質之性. 烏可以未發時不用事之氣質, 賺謂之性也! 其言氣質之性專指未發時氣質者, 又不足深辨."

(객이) 말하였다. "이와 같다면 미발시에는 기질성이 없는 것입니까?"

대답하기를, "미발시에는 기가 아직 용사하지 않았으니 대개 본연뿐이다."[31]

미발 때는 기질지성이 없다고 분명하게 말하였다. 미발 때는 본연지성뿐인 것이다. 이는 당시 미발전未發前에도 기질성이 있다고 본 동문의 곽종석郭鍾錫, 장석영張錫英(1851~1929) 등과도 다른 견해이다.[32] 그래도 의혹이 풀리지 않은 객은 달리 묻는다.

(객이) 말하였다. 이 리는 기질에 떨어지기만 하면 곧 다름이 있게 되니 이것이 기질성이 아닙니까?

대답하기를, "기질이 품부된 바가 다르므로 이 성도 과연 다름이 있다. 그러나 많고 적음의 다름이 있을 뿐, 선악의 다름은 없다.[33]

'리가 기질에 떨어진다'는 것은 주희에게서 유래한 개념이다.[34] 객은 인간이 태어나는 순간 리가 기질에 떨어지게 되는데 이것이 바로 기질지성이 아니냐고 물은 것이다. 교우의 대답을 음미하기 전에 이에 대한 한주의 말을 들어보자.

---

31) 河謙鎭. 『晦峯遺書』 권48. 「膠宇先生尹公行狀」: "曰: '若是, 則未發無氣質性耶?'曰: '未發氣未用事, 蓋本然而已.'"

32) 권오영. 2011. 「膠宇 尹胄夏의 학문연원과 사상경향」. 『남명학연구』 32집. 110~111쪽.

33) 河謙鎭. 『晦峯遺書』 권48. 「膠宇先生尹公行狀」: "曰: '此理才墮於氣質, 便有不同, 此非氣質性耶?'曰: '氣質所稟旣異, 則此性亦果不同. 然有多少之不同, 無善惡之不同.'"

34) 앞의 주 27) 참조.

성에 어찌 두 가지가 있으랴! 선善이 성의 본체이지만 선악이 일정하지 않은 것은 성이 발하여 기질의 변화를 받기 때문이다. …… 단 미발전에는 기가 용사하지 않아 하나의 리가 혼연히 순수지선純粹至善하니, 비록 기로 인해서 인仁이 많고 의義가 적다거나 의가 많고 인이 적은 치우침이 있다하더라도 애초부터 칸막이가 있는 것이 아니다. 이처럼 완전하고 원만하여 단지 태극의 전체全體일 따름이니 이것이 성의 당체當體이다.[35)]

교우는 한주의 이 말을 가져다 대답하였다. 사람이 태어나는 순간 리가 기질에 떨어져 사람마다 다름이 있으니 어떤 사람은 인을 많이 가지고 태어나고 어떤 사람은 의를 많이 가지고 태어난다. 그러나 이것은 기질지성이 아니다. 혼연한 성본체의 다소의 차이일 뿐인 것이다. 이제 객은 그렇다면 기질지성은 어떻게 생기는 것인지 묻는다.

(객이) 말하였다. "그렇다면 이른바 기질성은 어떻게 나오는 것입니까?"

대답하기를, "이것은 성의 본체가 혼연히 이르는 것이다. 그것이 발하는 곳에서 혹 인이 많아서 부드럽기도 하고 혹은 의가 많아서 굳세기도 하니 이 역시 본연성이 발하는 것이므로 또한 성이라고 하는 것이다. 그러나 리일理一의 측면에서 말하면 인이나 의가 온전히 하나의 리이므로 많고 적음을 말할 것이 없고, 분수分殊의 가운데에서도 리는 일찍이 하나가 아닌 적이 없으니 이것이 그 대본大本이 같은 것이다.[36)]

---

35) 李震相.『寒洲集』권33.「氣質之性考證後說」: "性豈有二哉! 善者,性之本體也. 善惡不齊者, 性之發而受變於氣質者也. …… 但其未發之前, 氣不用事, 一理渾然, 純粹至善. 雖以所因乎氣者, 有仁多義寡義多仁寡之偏, 而初無間架, 恁地渾圓, 亦只是太極之全體, 此乃性之當體也."

36) 河謙鎭.『晦峯遺書』권48.「膠宇先生尹公行狀」: "曰: '然則所謂氣質性, 緣何而出?'曰: '此性本體固渾然而至. 其發處, 或仁多而偏於柔, 或義多而偏於剛, 是亦本然性所發, 故亦曰性也. 然而就其理一而言, 則曰仁曰義, 渾是一理, 有何多少之可言. 分殊之中, 理未嘗不一, 此其大本之所同也.'"

성의 본체는 순수지선純粹至善한 리이고, 한주가 말하는 성의 당체는 성의 본체와 같은 개념이다. 교우는 성의 본체가 혼연히 이르러 기질성이 나온다고 대답한다. 본연지성이 발하여 기질지성이 생긴다는 말이다. 한주의 뜻이다. 그리고 다시 한주의 인다의다仁多義多의 설명을 빌려서 말한다. 앞의 대답에서는 본연지성의 많고 적음의 다름만 이야기 했는데 이제는 이 본연지성이 발하여 강유로 드러나 기질지성이 되는 것을 말했다. 그런 뒤에 리일의 리가 분수의 리를 관통함을 말하여 대본이 동일함을 역설했다. 여기까지 듣고 객은 화제를 돌린다.

> (객이) 말하였다. "리일로써 말한다면 비단 사람만 대본이 있는 것이 아니라 만물에게도 또한 있습니다."
>
> 대답하기를, "사람의 대본은 많고 적은 가운데의 리일이고, 사물의 본연은 치우치고 막힌 가운데의 리일이다. 치우치고 막힌 것이 어찌 대본이 될 수 있겠는가!"[37]

인성과 물성이 모두 대본을 가지고 있으니 같은 것인지를 물었다. 인물성동이론을 끄집어낸 것이다. 이에 대해 교우는 인성과 물성은 다르다고 한다. 인성은 온전한[全] 가운데의 다과多寡이지만 물성은 애초부터 치우친[偏] 것이기 때문에 본연성이라고 할 수 있을지언정 대본이라고 할 수 없다는 것이다. 이에 객은 다시 묻는다.

> (객이) 말하였다. "이미 대본이 없는데 어찌 본연성이라고 할 수 있습니까?"

---

37) 河謙鎭. 『晦峯遺書』 권48. 「膠宇先生尹公行狀」: "曰: '以理一而言, 則非但人有大本, 物亦有之.'曰: '人之大本, 多少中一也, 物之本然, 偏塞中一也. 偏塞者, 安得有大本乎!'"

대답하기를, "물物은 하나의 성에 치우쳐 있지만, 치우친 것도 실리實理이니 어찌 본연성이 아니라고 할 수 있겠는가!"[38]

주지하다시피 조선후기에 인물성동이의 문제를 학계의 토론주제로 제기한 인물은 낙론洛論의 외암巍巖 이간李柬(1677~1727)과 호론湖論의 남당南塘 한원진韓元震(1682~1751)이다. 외암은 본연성에 중점을 두어 인물성동론人物性同論을 주장하였고 남당은 기질성에 역점을 두어 인물성이론人物性異論을 주장했는데, 한주는 호락湖洛의 인물성동이론을 모두 비판하고 인물성에는 동이가 공존하고 있다고 보았다.[39] 교우가, 인人과 물物의 본연성은 같지만 편전偏全의 차이로 사람의 성만 대본이 될 수 있다고 말한 것은 바로 동이가 공존한다고 본 한주의 관점을 부연한 것이다.

(객이) 말하였다. "퇴계 「심통성정도」의 하도下圖에 동그라미 가운데에 성性자를 써두고 인의예지仁義禮智와 청탁수박淸濁粹駁을 상하에 대치시키고 본연과 기질을 전도시켜 각기 안쪽을 향하도록 쓰고 그 동그라미 아래에 특별히 '발위發爲' 두 글자를 써 둔 것은 미발시에도 기질성이 있다는 분명한 증거가 아닙니까?"

대답하기를, "이 그림은 마음을 그린 것이지 성을 그린 것이 아니다. 성으로 말하면 미발의 때에는 요순과 길가는 사람이 모두 한가지로 본연성 뿐이지만 마음으로 말하면 중인衆人들은 사려가 발하지 않았을 때에도 혹 혼매한 시절이 있으니 이것은 기질이 섞인 것이다. 그러므로 마음을 그린 동그라미 안에 특별히 이와 같이 써 넣은 것이니 이것이 이른바 분개설分開說이다. 중도中圖를 보면 동그라미 안에 이 성과 이

38) 河謙鎭. 『晦峯遺書』 권48. 「膠宇先生尹公行狀」: "曰: '旣無大本, 則何以云本然性?'曰: '物固偏一性, 而偏者, 實理也, 何可曰非本然乎!'"

39) 李宗雨. 2009. 「19세기 嶺南學派의 人物性同異論爭 批判」. 『儒教思想硏究』 36집 참조.

> 마음의 본연을 이미 말한 것을 볼 수 있다.[40]

객의 질문이 이제 심즉리설心卽理說로 넘어왔다. 한주는 미발의 때에는 오로지 본연지성만이 혼연하다가 이발의 때에 비로소 기질이 작용하여 기질지성이 생기게 된다고 하였다. 그러므로 마음의 본체는 리일 뿐이므로 그 본체를 두고 말한다면 심즉리가 되는 것이다. 그런데 한주의 심즉리설을 공격하는 사람들은 퇴계가 「심통성정도」를 그리면서 하도에 동그라미를 그려 가운데에 성性자를 써두고 위에는 인의예지와 본연을 적어 넣고 아래에는 청탁수박과 기질을 거꾸로 써서 상하가 모두 성을 향하게 하였고 동그라미의 아래에 '이것이 발하여[發爲]'라는 두 글자를 써 두었으니 이 동그라미는 미발의 상태를 표현한 것이고 미발의 때에 이미 기질지성이 있으므로 심즉리가 될 수 없다고 하였다.

이에 대해 교우는 이 그림은 성을 그린 것이 아니라 마음을 그린 것이니 심합리기心合理氣의 실상을 표현한 것일 뿐 심의 본체를 표현한 것이 아니라고 한 것이다. 심의 본체를 표현한 것은 「심통성정도」의 중도인데 이 그림에는 동그라미 안에 성을 가운데에 두고 허령지각과 인의예지만을 써 두었으니 마음의 본체를 가지고 말한다면 심즉리라는 것이다. 객은 다시 묻는다.

> (객이) 말하였다. "마음의 허령함은 리입니까 기입니까?
>
> 대답하기를, "마음이 비록 리기가 합쳐진 것이지만 그 실체는 리이다. 대체로 허령의 리가 먼저 있고 그 리가 기와 합쳐져 허령할 수 있는

---

40) 河謙鎭.『晦峯遺書』권48.「膠宇先生尹公行狀」: "曰: '退陶心統性情下圖, 圈內書性字於當中, 以仁義禮智淸濁粹駁, 對置於上下, 本然氣質顚倒書其向裏, 其圈下特書發爲二字, 此乃未發時亦有氣質性之明證?'曰: '此圖乃心圖非性圖, 以性言, 則未發之時, 堯舜與路人一也, 只是本然而已. 以心言, 則衆人於其無思慮之發也, 而亦或有昏昧時節, 此氣質之所雜也. 故心圈內特如此塡書, 是所謂分開說者也. 觀於中圖, 圈內已說此性此心之本然, 可見.'"

것이니 만약 기가 리를 기다리지 않고 스스로 영묘하다면 리는 군더더기가 되고 말 것이니 어찌 귀할 것이 있겠는가![41]

교우의 대답이 마음의 본연지성이 실체임을 주장한 한주의 심즉리설을 설명한 것임은 말할 필요가 없다. 객은 다시 묻는다.

(객이) 말하였다. "마음과 성은 분별이 있습니까?

대답하기를, "마음의 본체는 성이다. 미발시의 혼륜함으로 말하자면 마음이나 성이나 같은 리이지만, 분별하며 말하자면 마음은 움직임과 고요함을 관통하는 것이고 성은 고요함에 속하는 것이다. 마음은 성에 비해 큰 것이고, 성은 마음에 비해 정밀한 것이다.[42]

이 대답 역시 한주의 심즉리설이다. 한주는 정이程頤의 심성일리心性一理를 누누이 이야기 하여 미발시에는 마음과 성이 하나임을 심즉리설의 한 가지 근거로 삼았다.[43]

회봉이 인용하고 있는 교우의 「산거한화」는 여기서 종지부를 찍는다. 살펴본 바처럼 교우가 말하는 자자구구가 모두 한주의 학설에 근거하여 한주의 학설을 부연한 것이다. 그가 동문의 선배인 후산后山 허유許愈를 애도하기

---

41) 河謙鎭. 『晦峯遺書』 권48. 「膠宇先生尹公行狀」: "曰: '心之虛靈, 是理是氣?'曰: '心雖是理氣之合, 而其實體則理也. 蓋先有虛靈之理, 理與氣合, 便能虛靈, 若氣不待理而自靈, 則理是贅物, 何貴之有!'"

42) 河謙鎭. 『晦峯遺書』 권48. 「膠宇先生尹公行狀」: "曰: '心與性有分別乎?'曰: '心之體卽性也. 方其未發渾淪言之, 則心性同一理, 分而言之, 則心是貫動靜, 性是屬於靜. 心比性則較大, 性比心則較密.'"

43) 李震相. 『寒洲集』 권32. 「心卽理說」: "程叔子以心性同一理釋之, 而又曰心則性也, 性則理也. 是聖賢者, 非不知心之不離於氣, 性之微別於心, 而猶且云然, 蓋亦主心體而爲言耳." 郭鍾錫. 『俛宇集』 권162. 「寒洲李先生行狀」: "著心卽理說. 以明王陽明認氣爲理而謂心卽理, 其實乃心卽氣也. 本心之正, 在理而不在氣, 孔子之從心所欲不踰矩, 孟子之良心, 程子之心性一理, 朱子之心爲太極, 主宰卽理, 皆以理言心. 心卽理三字, 實相傳之的訣也."

위해 지은 제문에서, "공의 학문이 한주 이선생의 학문이요, 공의 의론이 한주 이선생의 의론입니다. …… 진리를 보고 독실하게 믿지 않았다면 이럴 수 있었겠습니까!"[44]라고 하였는데, 교우 자신도 마찬가지였다. 교우의 학문이야말로 한주의 학문이고, 교우의 의론 역시 한주의 의론인 것이다.

5. 맺음말

이상에서 교우의 삶과 한주학 계승 양상을 살펴보았다. 그는 유교적 신념을 실천으로 옮긴 조선의 선비였다. 그가 살았던 시기는 서구의 문화와 문물이 밀려들어오던 조선의 마지막 자락이었다. 격동을 겪으며 새로운 변화를 준비해야 되는 시기였으나, 교우는 오롯이 유가의 전통을 지키고자 하였다. 그는 동문의 곽종석이 제자들에게 시무時務를 힘쓰게 하고 외국책과 외국어를 익히며 개화문자를 공부하도록 권유하는 것을 비판하였으며, 관인官人은 나라를 위해 선비는 오도吾道를 위해 목숨을 바칠 것을 주장했다.[45] 그의 이러한 생각들이 우활해 보일수도 있으나 조선의 선비된 책무를 다하고자 하는 그 순결성은 높이 평가되어야 할 것이다.

그는 사미헌 장복추에게 위기지학을 배우고 성재 허전에게 예학을 배웠으며 한주 이진상에게 이학을 배웠다. 세 스승의 장점을 모두 섭취하였을 터이지만, 특히 한주에게서 오도吾道를 보았다. 그러므로 오도를 위해 목숨을 바칠 것을 주장한 그는 스승의 학설을 수호하고 발명하기 위해 일생을 바쳤

44) 尹冑夏. 『膠宇集』 권18. 「祭許后山文」: "公之學, 寒洲李先生之學也; 公之論, 寒洲李先生之論也. …… 非見之眞·信之篤, 能如是乎!"

45) 권오영. 2011. 121쪽.

다. 그의 수다한 저술들이 모두 그러한 결과물일 것이지만 많이 사라지고 20권 11책의 문집과 일부 문건들만 남아있다.

「산거한화」는 그 사라진 문건들 가운데 하나이다. 원본이 없어졌으나 하겸진이 쓴 교우의 행장에 일부가 실려 있어 내용을 짐작할 수 있다. 객과의 대화형식으로 기술되었는데, 대체로 한주의 심즉리설을 발명하기 위해 집필한 것으로 보인다. 교우는 여기에서 한주의 본연지성과 기질지성에 대한 관점을 깊이 천착하고, 인물성동이론을 언급한 뒤, 심즉리설을 간명하게 설파하였다. 한주는 성의 본체는 순수지선純粹至善한 리理 뿐이며 이것이 발할 때 기질이 용사用事하여 기질지성이 생긴다고 하였고, 그러므로 마음의 본체는 리일 뿐이라는 심즉리설을 주장하였다. 교우는 일관되게 이러한 견지에서 객의 질문에 대답하고 있다. 주문팔현洲門八賢 가운데 한 사람인 교우 윤주하는 한수학寒洲學의 성실한 세승사였던 것이다.

자동紫東 이정모李正模의 학문성향과 한주 학설 수용

전 병 철

자동紫東 이정모李正模의 학문성향과 한주 학설 수용

전 병 철

1. 머리말

자동紫東 이정모李正模(1846~1875)는 30년의 짧은 생애를 살았지만, 한주寒洲 이진상李震相(1818~1886)의 제자들 가운데 주문팔현洲門八賢의 한 사람으로 꼽히는 인물이다. 이진상은 곽종석郭鍾錫에게 보내는 편지에서 그의 죽음에 대해, "오당吾黨이 한 팔을 잘린 듯하다. 노숙老宿의 눈물이 오래도록 두 뺨에 흘러내린다."[1]라며 애통해 했다. 곽종석은 이진상을 추모하는 제문에서 스승이 이정모에게 보인 깊은 애정과 상심을 "성양聖養이 일찍 세상을 떠나자, 물러나서 공公도 곤궁하게 지내면서 두 귀밑머리가 하얗게 셌다."[2]라고 기억했다.

이런 기록들을 본다면, 이정모는 공자 문하의 안회처럼 꽃은 피웠지만

1) 이진상.『한주집』권22.「答郭鳴遠(丙子)」."聖養之喪 吾黨如斷一臂 老宿之涕 久猶交頤"
2) 이진상.『한주집』부록 권5.「祭文(郭鍾錫)」."聖養已早世矣 退而公亦窮且困而兩髩已皤如矣"

끝내 열매를 맺지 못한 채 일찍 스승과 동문들의 곁을 떠난 사람이었다. 그래서 그의 문집은 중도에 그친 유고를 수습한 책일 수밖에 없으며, 그에 대한 연구도 완정된 학설이 아니라 지향한 곳이 어디였는가를 가늠해보는 작업에 그칠 수밖에 없다. 이러한 한계로 인해서인지 이정모에 대한 연구는 현재까지 「자동 이정모 한시 연구」[3]라는 제목의 석사학위논문 1편이 있을 뿐이며, 그 외에는 주문팔현을 서술하면서 간략하게 소개하는 정도에 머물렀다. 하지만 위의 석사학위논문도 한시에 초점을 맞추어 서술했으므로, 그의 학문 성향이나 한주학과의 관련성에 대해 다루지 않았다.

그러므로 이 글은 19세기 경상우도에서 활동한 이정모의 삶과 학문을 고찰하되 그가 한주학을 수용하는 과정에서 가진 의구심이 무엇이었으며, 결국 그것은 어떠한 논변과 계기를 통해 해소될 수 있었는지를 살펴보기로 한다.

2. 생애와 학문 성향

1) 짧지만 큰 울림의 30년 생애

현재까지 이정모의 생애에 대해 상세하게 서술한 연구 성과가 없었으므로, 이 절에서는 삶의 행적을 자세히 고찰하여 그의 인품과 학문성향을 이해할 수 있는 토대로 삼으려 한다.

이정모의 본관은 고성固城이며, 시조는 이황李璜이다. 고려 말에 우군총제右軍摠制를 지낸 이백李伯이 혼란한 세상을 피해 경남 의령 세간촌世干村으로

3) 이유선. 2012.「紫東 李正模 漢詩 硏究」. 경성대학교 한문교육전공 교육학석사학위논문.

내려와 은거한 후, 후손들이 의령에 세거하게 되었다. 임진왜란 때 형 송암松巖 이로李魯와 함께 의병을 일으켜 활약한 백암栢菴 이지李旨가 직계 선조이다. 부친은 이운규李雲逵이며, 모친은 강이흠姜理欽의 딸인 진양강씨晋陽姜氏이다. 출생한 곳은 의령 석곡리石谷里이다.

이정모는 겨우 말을 배울 적에 바람이 일어나는 것을 보고선 "하늘이 입으로 호흡합니까?"라고 묻기도 하고, "별들도 모두 집이 있습니까? 어찌 서로 이끌면서 서쪽으로 갑니까?"라고 말하기도 해서 총명한 자질을 드러냈다. 6세 때 모친이 별세하고 계모 안씨安氏가 들어왔는데, 모친과 조금도 다름없이 모셨다고 한다. 어느 날 새벽에 문안을 드렸는데 응답하는 말이 없어 두려워하면서 회초리를 청하자, 계모가 웃으면서 타일러 그치게 하는 일이 있었다.

이 무렵부터 공부를 시작했다. 『소학』을 읽을 적에 구용九容과 구사九思로 학문의 핵심으로 삼아 항상 생각하며 잊지 않았다. 천성이 눕는 것을 좋아하지 않았는데, 병이 날까 염려하여 부모가 억지로 잠자리에 들게 하면 조금 누웠다가 벌떡 일어나면서 "누우면 마음이 편안하지 않으니, 몸이 편안하지 않는 것이 마음의 편안함으로 편안하게 여기는 것만 못하다."라고 했다.

조금 자라서는 부친의 명으로 고모부인 만성晩醒 박치복朴致馥(1824~1894)에게 나아가 배웠다. 이때부터 문장과 견식이 크게 성장했으며, 박치복은 "이 아이는 나의 외우畏友이다."라고 감탄했다. 1866년 21세 때 성재목成載穆의 딸인 창녕성씨昌寧成氏를 부인으로 맞이했다. 당시 이정모가 박치복에게 자字를 지어주기를 청하자, '성양聖養'이라고 지어주었다. 박치복은 이정모가 어릴 적부터 자신에게 배웠는데, 조용하고 차분하여 장난을 좋아하지 않으며 자제子弟의 도리를 어기는 일이 적어 도道에 가까운 자질을 타고 났다고 칭찬했다. 그리고 이정모가 15세 때부터 성인聖人이 되는 학문에 뜻을 두었으며, 주자와 퇴계의 저술을 자신의 말처럼 외우고, 아는 것을 극진히 실천하기 위해 노력한 사실들을 기억했다. 그리하여 이름에 정正자가 있으므로 '자신의 올바름[正]을 기르는 것[養]이 성인[聖]이 되는 공부'라는 뜻에서 '성양聖養'이라는 자를 지어주었다.[4]

다른 기록에 따르면, 이정모는 15세 이후로 성인이 되는 것에 삶의 목표를 두었으며, '독실한 뜻으로 학문을 익혀 죽음에 이르러서도 뜻을 변치 않는다[篤志學問至死不變]'라는 8자를 써서 맹서했다고 한다.[5] 또한 모든 언행과 행실에서 성인이 한 일을 따라 하며 성인이 하지 않은 일을 하지 않도록 힘써 노력했다.[6] 그의 벗들은 이정모가 추구한 이와 같은 지향과 실천을 알고 있었으므로, 그의 삶을 추모하는 글들에는 공통적으로 '죽는 순간까지 성인을 배우고자 노력한 학자'라는 내용이 서술되어 있다.

1867년 22세 때 자미산紫微山 아래 도당곡陶唐谷에 작은 서재를 지어 자도재紫陶齋라고 명명했으며, 또한 누와陋窩라고도 이름을 했다. 그는 아침저녁으로 부모님께 문안드리는 일 외에는 줄곧 이곳에서 생활했는데, 「누와기陋窩記」에는 그가 서재의 이름에 담은 의미와 삶의 지향이 잘 드러나 있다.

> 선비가 배우지 않으면 그만이거니와, 배운다면 성인에 이른 뒤에야 그만둔다. 그러나 처음 배우는 이는 반드시 현인을 희구한 후에 성인을 희구하는 데로 나아갈 수 있다. 안연顔淵은 성인을 희구했는데, 그 거리가 하나의 간격이었을 뿐이었다. 정숙자程叔子가 말하지 않았는가? "맹자는 재주가 높아 그를 배우려 해도 의거할 만한 것이 없으니,

4) 박치복. 『만성집』 권13. 「李聖養字辭」. "李君正模 自齠齔從余讀人也 恬而靜 不喜詼諧 少子弟過 其資之近道者歟 甫成童從事此學 誦朱李書如己言 必欲蹈知而求至焉 可謂知所方也 已旣冠禮 當敬其名 請於余 余謂養其正 聖功也 蒙之象時義也 旣正以名之矣 善養乃所以入聖也 盍表之以聖養乎 聖養曰 謹受教"

5) 이정모. 『자동집』 부록. 「墓誌銘(郭鍾錫 撰)」. "自成童來 斷然以聖人爲己任 嘗書篤志學問至死不變八字 囊弆之以爲誓"

6) 이승희. 「紫東集序」. "公幼不嬉戲 甫成童 便以學聖人爲己事 書篤志學問至死不變八字而囊之 凡一語一默一坐一行 必于繩尺之所中 其孝于親 友于弟 刑于妻 信于朋友 惟聖人之所由而由之 其所不爲者 亦必以聖人所不爲也"

안연을 배워야 표준이 있을 것이다."라고 했다. 대개 사물四勿·박약博約 등의 공부를 일컬은 것이니, 차근차근 밟아 가면 도모할 수 있을 것이다. 그러므로 안연을 배우는 일은 성인을 배우는 것이다. 지금 궁벽한 시골에 사는 만학晩學으로서 지극히 어리석고 비루하여 온갖 일들이 남들에게 미치지 못하지만, 입지立志의 우직함에 있어서는 "안연도 사람이며 나도 사람이니, 어찌 유독 나만 남들과 같지 못한 것을 괴로워하겠는가?"라고 말한다. 자신을 돌아보며 타고난 자질이 비루한 것을 부끄러워하므로, 거처의 이름을 '누와陋窩'라고 했다. 하지만 또한 안연을 배우고자 한다면, 누항陋巷에 거처하는 것으로부터 시작해야 하리라. 임신년(1872) 2월 초3일 정사일에 기록하다.[7]

그의 호인 자동紫東은 자미산 동쪽이라는 뜻이며, 서재의 이름도 자미산 도당곡에서 한 자씩 따온 것이다. 이에 비해 누와陋窩는 안연의 누항陋巷에 근거한 이름이며, 안연을 통해 성인을 배우고자 하는 뜻을 담고 있다. 이 서재를 지은 시기가 1867년이고 「누와기陋窩記」를 지은 때가 1872년이므로, 그 사이 5년의 시간이 흘렀다. 그는 이 서재에 기거하면서 성인을 배우려는 뜻을 더욱 돈독하게 하기 위해 새롭게 이름을 바꾼 것이라고 짐작할 수 있다.

이정모는 우리나라 성리설에서 다양한 학설이 분분한 것에 대해 우려하여 널리 탐구했지만 핵심을 터득하지 못하고 있었다. 이때 후산后山 허유許愈(1833~1904)가 그를 위해 한주의 학설을 설명해주었으며, 1872년 여름에 허유 및 곽종석과 함께 한주를 찾아뵙고 인사를 드렸다. 당시 그의 나이는 27세였다. 하지만 『문집』에 남겨진 편지들을 살펴보면, 여전히 그는 한주의 학

7) 이정모, 『자동집』 권4, 「陋窩記」 "士不學已 學則至聖人而後已 然初學 必希賢而後 可進於希聖 顔淵嘗希聖 而相去纔一間耳 程叔子不云乎 孟子才高 學之無可依據 須是學顔淵 有準的 蓋謂如四勿博約等工夫 循循然可蹈而企也 故學顔淵 乃所以學聖人也 今窮鄕晩學 雖至愚極陋 百不逮人 而若夫立志之戇 則曰顔淵人也 余亦人也 奚苦獨余而不若人哉 顧獨恥其生質之陋 故名其居 曰陋窩 抑亦以爲欲學顔淵 當自居陋巷始 壬申二月初三日丁巳 記"

설에 대해 의구심을 가지고 있었다. 마침내 29세에 이르러서야 곽종석의 『지의록贄疑錄』을 통해 한주 학설의 진면목을 깨닫게 되어 의심이 풀렸다. 그러나 그 해 겨울에 계모 안씨安氏의 상을 당해 거상居喪하던 가운데 병을 얻어 다음 해 12월 17일에 서른의 나이로 별세했다.

허유는 이정모보다 13세나 연장자였지만, 오랫동안 함께 교유하며 학문을 이끌어주는 역할을 했다. 그래서 곽종석은 허유가 이정모의 부우父友였다고 표현했다. 하지만 허유는 그의 행장을 지으면서 이정모와의 관계에 대해, "나이는 공公이 조금 뒤였지만, 덕은 나의 사표師表였다."라고 말했다. 이처럼 두 사람은 서로 존경하고 신뢰하는 관계였으므로, 허유가 지은 행장에는 이정모의 진정한 모습을 드러내기 위해 세세한 부분까지도 마음을 쓰며 묘사하고 있는 점이 각별하다.

허유는 이정모가 서른의 나이에 별세했으나 요절이 아니라 군자의 고종考終이었다는 사실을 말하기 위해 임종의 모습을 아래와 같이 곡진하게 기록하고 있다.

> 내가 장자長子의 상에 곡을 한 이후로 쓸쓸히 사람과 학문에 뜻이 없었다. 어느 날 공의 병이 심하다는 말을 듣고 비와 안개를 무릅쓰고 걸어가 찾아보았다. 공이 여전히 질대絰帶를 한 채 예법대로 절을 하고 머리를 조아렸다. 만류하며 누워 있도록 하자, 일어나서 "저는 죽음과 삶에 대해 확고하게 부동심이 있습니다. 맹자께서 '요절과 장수는 두 가지가 아니다. 자신을 수양하며 천명을 기다린다.'라고 하셨는데, 제가 거의 이룬 듯합니다."라고 했다. 우연히 안자가 인仁했지만 오래 살지 못한 일을 언급하게 되자, "학자는 인仁이 안자에게 미치지 못할까 염려할 뿐, 오래 사느냐 그렇지 못하느냐에 대해서는 논할 필요가 없습니다."라고 했다. 책상에 『주자어류』 초본草本 몇 권이 있었으니, 병중에 손수 베껴놓은 것이었다. 이른바 '한 가닥의 숨이 아직 남아 있거든 조금의 게으름도 용납하지 않는다.'는 것이구나!

> 어떤 학자가 찾아와 '직이온直而溫'의 의미에 대해 질문하자, 공이 벌떡 일어나 "사람이 살아가는 이치가 정직[直]입니다. 정직한 자는 살 것이며, 정직하지 않은 자는 살아 있더라도 산 것이 아닙니다."라고 대답했다. 나는 마음 속으로 '이것은 주부자朱夫子께서 임종하실 때의 말씀인데, 군의 말이 이와 같구나. 이 말로 절실하게 경계하는 것은 무슨 까닭일까? 아마도 그가 심중에 느끼는 바가 있는 것일까?'라고 생각하며 탄식하면서 돌아갔다. 얼마 지나지 않아 공이 별세했다.
>
> 공이 별세하기 하루 전날, 홀연 부축을 받지 않고 바르게 앉아선 "내가 오래도록 책을 읽지 못했다."라고 말한 후, 낭낭하게 '학문의 도는 다른 것이 없다. 잃어버린 마음을 찾는 것일 뿐이다.'는 구절을 외웠다. 음성이 방 안에 가득했으며, 곁의 사람이 그 눈을 보니 빛이 번쩍번쩍 사람을 쏘았다고 한다. 아! 군자는 '종終'이라고 하니, 공이 아마도 그것을 얻었구나.[8]

이정모의 저술로는 『자동집紫東集』 6권 3책이 전해진다. 문집의 간행은 장례에 모인 자리에서 의논되어 허유가 유문을 모으고 곽종석이 교감했다. 1899년 봄에 이정모의 아우 이형모李衡模가 일을 주관하고 고을의 유림이 계를 만들어 경비를 지원해서 원집原集을 간행했다. 하지만 그 후 이형모가 죽게 되자 다시 중제仲弟 이경모李景模가 이어받아 습유拾遺와 부록附錄을 추가하여 간행했다.[9]

---

8) 이정모. 『자동집』 권6 부록. 「行狀(許愈 撰)」. "愈自哭長子來 索然無意於人學 而一日聞公病甚 卽冒雨霧 徒步往見之 公猶経帶 拜稽如禮 留與臥 起曰 吾於死生 確然不動心 孟子曰 夭壽不貳 修身以俟命 吾庶幾焉 偶語及顔子仁而不壽曰 學者只患仁不及顔子 其壽不壽 不須論也 案上有語類草本數卷 蓋病中手寫者也 豈所謂一息尙存不容少懈者歟 有一學者來問直而溫之旨 公蹶然曰 人生也直 直者生 不直者 雖生非生也 愈心以爲此朱夫子臨終之言也 君言之若是 警切於此 何也 其有所感于中耶 嘆息而歸 未幾 公歿 歿之前一日 忽不扶而正坐曰 吾久不讀書矣 因朗然誦學問之道無他求放心而已之句 音韻滿一室 傍人見其目 光閃閃射人云 嗚呼 君子曰終 公其得之矣"

9) 이태식. 「紫東集跋」. "自玆以往 滿架遺籍 可以鞏守矣 又念此集原委篋衍 旣無臚錄 而一自會葬之席咸議 蒐輯于許南黎所 而已爲數卷矣 俛宇函丈 又加丁乙 己亥春始鋟于梓 資費則鄕道章甫構契以應之也 先生之季弟衡模氏 幹其事 纔刊原集數編 遽至不淑 吁 亦其慘也 今又仲弟

2) 거경수정居敬守正의 학문 방법을 통한 성학聖學 추구

『자동집』 권4에는 「수록隨錄」이라는 글이 실려 있다. 간기가 정묘년으로 되어 있으므로, 1867년 22세 때 작성한 것이다. 또한 『전신결傳神訣』에 있다'는 내용이 주석으로 적혀 있다. 『전신결』은 이정모가 주자의 「독서법」을 필사한 책의 이름이다.[10] 이런 사실들을 종합해 볼 때, 「수록」은 이정모가 22세 무렵 공부를 하면서 마음에 깨닫는 것이 있으면 수시로 적어놓은 글들이며, 그것이 『전신결』에 함께 수록되어 있었다고 추론된다. 그러므로 「수록」은 이정모가 지향한 학문 목표와 실천 방법을 파악할 수 있는 근거 자료가 된다.

「수록」은 세 가지 주제로 분류될 수 있다. 수신修身에 관한 글이 33조, 제가齊家에 관한 내용이 14조, 치국治國에 관한 기록이 4조이다. 전체적인 면모가 『대학』의 팔조목이 가지는 체제와 유사한데, 허유도 「행장」에서 「수록」의 내용을 인용하면서 "이 말들은 모두 공이 『대학』에서 터득한 것이며, 내가 공에게 함께 들은 것이다."[11]라고 서술했다. 따라서 「수록」은 이정모가 『대학』을 공부해나가는 과정에서 마음에 깨달은 것을 적어놓은 기록임을 추정할 수 있다.

「수록」의 첫 조목은 격물치지格物致知에 관한 내용으로, "강우 학자들이 크게 진보할 수 없는 까닭은 격물치지가 부족하기 때문이다."[12]라고 기록했다. 이정모는 경상우도 지역의 학자들이 학문에 있어 지지부진한 상태를 답보하는 원인이 격물치지에 힘쓰지 않기 때문이라고 파악했다. 그렇다면 그

景模氏竭蹶用誠 增刊其拾遺及附錄以卒之 合六卷三册"

10) 이정모. 『자동집』 권6 부록. 「行狀(許愈 撰)」. "手寫朱夫子讀書法 號曰傳神訣"

11) 이정모. 『자동집』 권6 부록. 「行狀(許愈 撰)」. "此皆公之所得於大學者 而愈之所與聞於公者也"

12) 이정모. 『자동집』 권4. 「수록」. "江右學者不能長進 格致不足故也"

가 생각한 격물치지는 어떠한 것이었을까?「수록」에서 관련 조목을 선별해보면 아래와 같다.

> ① 학자가 전배前輩에게 장점을 취해야 하지만, 도학道學의 사정邪正·시비是非에 있어서는 조금의 가차도 없어야 한다.[13)]
> ② 고금의 사람이 성현聖賢이 되지 못한 까닭은 이理자를 세밀하게 보지 못하기 때문이다. 지극한 이치를 정밀하게 생각하여 안팎이 환하게 통해야 옳을 것이다.[14)]
> ③ 옛사람이 밤에 길을 갈 때 촛불이 없으면 멈춘 것은 어두우면 가지 않는 것이 알지 못하면 행할 수 없는 뜻과 같기 때문이었다.[15)]
> ④ 그 이치를 알지 못하면서 망령되게 행동하고 사체事體에 어두우면서 망령되게 말하는 데에 근심이 있다.[16)]

이천伊川 정이程頤는 "격물格物은 외물外物의 물物에 관한 것인가? 성분性分의 물物에 관한 것인가?"라는 질문에 대해, "어느 한 쪽에 구애되지 않는다. 눈앞에 있는 대상은 격물의 물物이 아닌 것이 없으니, 사물마다 모두 이理가 있다. 예컨대 불이 뜨거운 까닭과 물이 차가운 이유, 군신·부자의 관계가 모두 이 이理이다."라고 답했다.[17)] 정이程頤가 설명하는 물物은 물질적인 객관 대상으로부터 인간의 사회적 관계와 정신 영역에 이르기까지 모두를 포괄하

---

13) 이정모. 『자동집』 권4. 「수록」. "學者於前輩固取其長處 而至於辨道學之邪正是非 當毫釐不貸"

14) 이정모. 『자동집』 권4. 「수록」. "古今人不做聖賢 只爲不能細看理字 精思至理 內外融徹 方是"

15) 이정모. 『자동집』 권4. 「수록」. "古人夜行無燭則止者 闇昧則不行 與無不知而作之義同"

16) 이정모. 『자동집』 권4. 「수록」. "患在不知其理而妄作 昧於事體而妄言"

17) 정호·정이. 『하남정씨유서』 卷19. 「楊遵道錄」. "問 格物 是外物 是性分中物 曰 不拘 凡眼前無非是物 物物皆有理 如火之所以熱 水之所以寒 至於君臣父子間 皆是理"

는 개념이다. 격물은 그 모든 대상의 원리에 대한 연구를 요하는 것이다.[18] 그러므로 그는 격물의 방법에 대해, "궁리窮理는 정말 단서가 많다. 혹 독서를 통해 의리義理를 강구하여 밝히며, 혹 고금의 인물을 논하여 그 시비를 분별하며, 혹 사물에 응접하여 그 마땅함을 처리하는 것이 모두 궁리이다."[19]라고 한 것이다.

격물이 가지는 함의를 이와 같이 이해할 때, ①은 전배前輩의 인물에 나아가 격물하는 경우이다. 이정모는 후배로서 전배를 대할 적에 장점은 취하고 단점은 들추어내지 않는 것이 올바른 자세이지만, 도학道學의 사정邪正·시비是非와 관련된 문제는 추호의 가차도 없어야 한다고 생각했다. 전배를 대하는 마음의 자세와 시비를 분변하는 학문의 엄정함은 분명하게 구별되어야 한다고 여긴 것이다.

②는 찰리察理의 중요성을 언급한 말이다. 그는 고금의 사람들이 성현聖賢이 되지 못하는 원인이 이理자를 세밀하게 살피지 못하는 데에 있다고 보았다. 그리하여 지극한 이치를 정밀하게 사색하여 내밀한 이치와 겉으로 드러난 이치를 모두 관통할 수 있어야 옳다고 생각했다. 하지만 찰리察理의 중요성은 실천의 바탕이 된다는 점에 있다. ③에서 어두우면 밤길을 갈 수 없듯이 알지 못하면 행동할 수 없다고 비유한 것, ④에서 이치를 알지 못하면서 망령되게 행동하고 사체事體에 어두우면서 망령되게 말하는 데에 근심이 있다고 서술한 것이 이러한 지知와 행行의 상호 긴밀성을 표현한 언급들이다.

내면의 덕성德性을 함양해야 하는 당위성의 전제로서 성性에 관해 "하늘이 나에게 성인聖人의 성性을 온전하게 부여한 것이 천자가 자신의 자손에게

18) 안은수. 2002. 『정이程頤』. 성균관대학교출판부. 76쪽.

19) 정호·정이. 『하남정씨유서』 권18. 「劉元承手編」. "窮理 亦多端 或讀書講明義理 或論古今人物 別其是非 或應事接物 而處其當 皆窮理也"

천하를 온전하게 맡기는 것과 같다. 지금 조종祖宗의 강토가 까닭도 없이 잃게 된다면 반드시 이겨내어 회복한 이후에 그만두어야 하니, 한 모퉁이에 치우쳐 안주한 채 그쳐서는 안 된다."[20]라고 설명했다. 그의 말에 따른다면, 하늘이 모든 사람에게 부여한 본성은 완전하고 흠이 없는 성인聖人의 본성이기 때문에, 어느 누구나 온전하게 회복한다면 성인聖人이 될 수 있다. 그리고 이것은 천자의 자손이 조상으로부터 물려받은 영토를 잃게 되면 끝까지 싸워 반드시 옛 땅을 회복해야 하는 것처럼, 불완전한 상태에 머물며 안주해서는 안 될 일이다.

마음을 올바르게 세우는 공부는 '무불경毋不敬'으로부터 시작된다고 이해했다.[21] 그리고 정이程頤가 경敬의 개념을 '하나에 집중하여 마음이 다른 데로 가지 않는 것[主一無適]'이라고 규명한 것에 대해, "주일무적主一無適은 이 일에 집중할 때 다른 일이 있는 줄을 알지 못하는 것처럼 하는 것이다. 조금도 다른 데로 새는 것이 없어야 경敬이다."[22]라고 해석했다.

성의誠意에 관해서는 "의意가 싹트는 곳에서 천리天理와 인욕人欲을 살펴야 하며, 역행力行을 위주로 하여 자신을 속이는 일이 없어야 한다."[23]라고 설명했다. 주희는 의意란 '마음이 일어나는 것'이며, 성의誠意는 '자기 마음이 일어나는 것을 진실하게 하여 반드시 스스로 흡족하고 자신을 속임이 없고자 하는 것'이라고 해석했다.[24] 이정모는 성의에 관한 주희의 해석을 보다 구체화하여 마음의 생각이 일어날 때 그것이 천리로부터 나온 것인지 인욕에 의

---

20) 이정모, 『자동집』 권4, 「수록」 "天之全付我聖人之性 猶天子之全付以天下於其子孫 今祖宗疆土 無故失之 則必克復而後已 不可偏安於一隅而止"

21) 이정모, 『자동집』 권4, 「수록」 "立心 自毋不敬始"

22) 이정모, 『자동집』 권4, 「수록」 "主一無適 主此事時 如不知有他事 無毫髮滲漏 方是敬"

23) 이정모, 『자동집』 권4, 「수록」 "意之萌處 當察天理人欲 以力行爲主 毋自欺"

24) 주희, 『대학장구』 경1장, "意者心之所發也 實其心之所發 欲其必自慊而無自欺也"

해 생긴 것인지를 살핀 후, 천리로부터 나온 생각을 힘써 실천함으로써 스스로 옳다고 여기면서도 실제 행동에서는 어긋나 자신을 속이는 일이 없도록 해야 한다고 이해한 것이다. 그리고 다른 사람을 대할 적에 털끝만큼도 스스로 부끄러운 일이 있다면 성誠이 아니라고 생각했다.[25]

이정모는 인심人心이 지극히 위태로운 것이므로, 잠시라도 경계하지 않으면 불타지 않는데도 뜨거우며 얼지 않는데도 차가워져 만 길의 구덩이에 떨어지니, 참으로 생사生死의 관두關頭라고 표현했다. 『서경書經』「대우모大禹謨」에서 "인심人心은 위태롭고 도심道心은 미약하다."고 말한 것과 같은 맥락이다. 그래서 그는 마음을 붙잡아 지키는 조심操心에 대해 각별한 주의를 기울였다.

> 조심하기가 어렵다. 한 때 조심했다면 확충하여 하루에 이르며, 하루에서 한 달에 이르며, 한 달에서 일 년에 이르며, 일 년에서 일생에 이른다. 한 가지 일에서 그 이치를 살폈다면, 두 가지 일에 이르며, 두 가지 일로부터 일마다 모두 살피는 데에 이르러 쌓아나가 만사의 이치에까지 이른다. 만약 일생동안 조심할 수 있고 만사를 순리대로 할 수 있다면, 성인이 되지 못한다 하더라도 큰 잘못은 없을 것이로다. 마음을 잃어버리는 것은 일각一刻도 곤란하거늘, 하물며 한 때이겠는가. 터럭 하나 살피지 못한 것인데, 하물며 한 가지 일이겠는가. 그렇다면 평생 성인이 되느냐 어리석은 사람이 되느냐의 갈림은 일각一刻과 일념一念의 차이에 달려 있도다. 두려워하지 않을 수 있겠는가.[26]

25) 이정모. 『자동집』 권4. 「수록」. "對人有一毫自愧之事 非誠也"

26) 이정모. 『자동집』 권4. 「수록」. "操心爲難 一時操心 則充而至於一日 自一日而至於一月 自一月而至於一年 自一年而至於一生 一事而察其理 至於二事 自二事 而至於事事皆察 積至萬事之理 苟能一生操心 而萬事理順 雖不爲聖人 庶幾無大過乎 放其心者 一刻猶難 況一時乎 一毫未察 況一事乎 然則一生爲聖爲愚之判 在於一刻一念之差乎 可不懼哉"

어떤 사람은 성인이 되고 누구는 어리석은 사람이 되는 까닭이 다른 것에 있지 않다고 한다. 일각一刻의 순간에 조심하느냐 방심하느냐에 달려 있으며, 일념一念이 일어날 때 천리와 인욕을 분변할 수 있느냐 그렇지 못하느냐에 좌우된다고 했다. 일각의 조심이 확충되어 일생의 조심이 되며, 일념의 분변이 만사의 분변이 되는 것이다. 그러므로 그는 성인이 되는 학문은 마음을 붙잡아 지키고 사사로움이 없으며, 작은 일에도 공경하고 미세한 것에도 삼가며, 편안한 마음으로 덕성을 기르는 것이라고 규정했다.[27]

또한 이정모는 내면의 덕성을 기르는 공부와 외면의 위의를 확립하는 수양이 상호 긴밀하게 연관되어 있는 점을 강조했다. 그런 면모를 깊은 연못가에 임한 듯하고 얇은 얼음을 밟는 것처럼 삼가는 뜻이 있다면 저절로 봉황이 천길 하늘 위로 날아오르는 기상이 있을 것이라고 표현했다. 언뜻 생각하기에 삼가고 조심하는 뜻과 천길 하늘 위로 날아오르는 기상은 전혀 어울리지 않는 모습인 듯하다. 하지만 성의誠意를 통해 자신을 속이는 일이 없고 남을 대할 적에 조금도 부끄러운 일이 없다면, 겉으로 드러나는 모습이 저절로 바르고 당당할 수 있는 것이다.

이렇게 내면과 외면이 서로 연관되어 작용하는 것에 대해, 『중용』에서는 '마음속에서 진실하면 겉으로 드러난다[誠於中 形於外]'라고 표현했다. 그것과 반대로 정이程頤는 내면이 공경해지기 위해 외모를 단정하고 엄숙하게 하는 공부법[整齊嚴肅]을 강조했다. 「수록」에서 내면의 덕성에 관한 공부와 함께 외면의 위의를 중시한 까닭이 이러한 사실에 바탕한 것이라고 이해할 수 있다. 그리고 허유가 이정모에 대해 "외모는 보통 사람보다 나은 것이 없었지만, 기절氣節은 벽립천인壁立千仞이었다."[28]라고 서술한 말은 그의 확고한

27) 이정모, 『자동집』 권4, 「수록」, "聖人之學 秉心無私 敬小愼微 安養德性"

28) 이정모, 『자동집』 권6 부록, 「行狀(許愈 撰)」, "公狀貌不踰中人乎 而氣節則壁立千仞也"

내면 수양과 철저한 율신律身이 없었더라면 불가능한 일이었을 것이다. 이와 같이 이정모가 지향한 학문 방법은 그의 표현에 따른다면, '경敬에 거하고 올바름을 지키는 것[居敬守正]'[29]이란 말로 함축할 수 있을 것이다.

「수록」에는 제가齊家에 관한 14조목과 치국治國에 대한 4조목이 기록되어 있다. 제가에서는 엄격함을 유지하는 가운데 온화함으로 이끌어가는 것을 중시하는 내용이 많다. 치국은 임금이 지녀야 할 덕성과 신하로서 해야 할 일을 언급하고 있다.

3. 성리설에 관한 논변과 한주寒洲 학설의 수용

앞에서 이미 언급했듯이, 이정모는 27세 때 한주 문하에 입문하기 진후로 성리설에 대해 적극적인 관심을 가지고 주위의 벗들과 토론했다. 문집에 실려 있는 편지들에 근거해 본다면, 논점은 크게 두 가지로 정리된다. 하나는 마음을 태극太極이라고 말할 수 있는가에 대한 문제이다. 다른 하나는 이것과 연관되어 명덕明德을 어떻게 규정할 것인가에 대한 논의이다. 두 가지 모두 19세기 학술사에서 중요하게 다루어졌던 논점이며, 특히 한주학과 성리설의 핵심이 뚜렷하게 드러나는 지점이다.

먼저 1873년 이전에 보낸 것으로 추정되는 가천可川 최정기崔正基에게 부친 편지에서 다음과 같이 말하고 있다.

> 심즉리心卽理의 설에 대해 저는 편안하게 여기지 않습니다. 이理가 혼연하여 나누어질 수 없는 것이 마음이라고 한다는 말은 그나마 옳습

29) 이정모, 『자동집』 권4, 「수록」. "居敬守正外 不知許多巧飾"

> 니다. 예전에 호오봉胡五峯이 성性을 논하면서 "모든 사람이 태어날 적에 순수한 천지의 마음이 도의道義로서 온전하게 갖추어지니, 선악으로 분변할 수 없고 시비로 구분할 수 없다."라고 했습니다. 주선생朱先生은 이 설을 취하지 않았으니, 성性을 논하면서도 이와 같을 수 없는데 하물며 마음을 논할 적에 곧장 이理가 구분될 수 없다고 말하겠습니까? 또한 주자가 "이理는 스스로 이理이며 마음은 스스로 마음이다."라고 했으니, 이 말씀은 사례가 매우 많으며 후학이 근거할 만한 곳입니다. 여기에서 벗어나지 않을 듯합니다.[30)]

위의 내용을 본다면, 당시로서는 한주가 주창한 심즉리설心卽理說에 대해 긍정하지 않는 입장을 견지하고 있었다. 이정모는 오봉五峯 호굉胡宏(1106~1161)이『지언知言』에서 성性을 선악이나 시비로 나눌 수 없다고 말한 것에 대해, 주자가 선하다고 말해야 하고 하나로 여겨 구분하지 않아서는 안 된다고 지적한 점을 거론했다.[31)] 그리하여 성性도 이와 같은데 마음을 어찌 이理와 구분할 수 없다고 말할 수 있겠냐고 생각했다. 그리고 주자가 이理는 이理이며 마음은 마음이라고 분명하게 구분해 말한 경우가 많기 때문에 이 설에 근거해야 한다고 견해를 밝혔다.

같은 맥락에서 심위태극心爲太極의 설에 대해서는 아래와 같이 반박했다.

---

30) 이정모.『자동집』권3.「與崔肅仲」. "心卽理之說 鄙意不安 理之渾然不可分者心也之云 亦然 昔胡五峯論性云 凡人之生 粹然天地之心 道義全具 不可以善惡辨 不可以是非分 朱先生不取 則論性猶不可如此 況論心而直云理之不可分乎 朱子又曰 理自理 心自心 此語例甚多 後學可據處 似不外是矣"

31) 주희.『주자대전』권32.「답장경부」. "但性不可以善惡名 此一義熹終疑之 蓋善者無惡之名 夫其所以有好有惡者 特以好善而惡惡耳 初安有不善哉 然則名之以善 又何不可之有 今推有好有惡者爲性 而以好惡以理者爲善 則是性外有理而疑於二矣 知言於此雖嘗著語 然恐孟子之言本自渾然 不須更分裂破也 知言雖云爾 然亦曰粹然天地之心 道義完具 此不謂之善 何以名之哉 能勿喪此 則無所適不爲善矣 以此觀之 不可以善惡名 大似多却此一轉語 此愚之所以反覆致疑而不敢已也"

심위태극心爲太極 한 구절은 제가 아직 보지 못했습니다. 가령 성性은 태극太極과 같으며 마음은 음양陰陽과 같으니, 태극은 스스로 태극이고 음양은 스스로 음양이므로 성性과 마음도 그러하다고 해석한다면, 과연 그런 적이 있습니다. 대개 성性은 이理인데 지금 마음이 이理라고 말한다면, 마음이 성性이며 음양이 태극이 되는 것이 아니겠습니까? 장자張子가 "성性과 지각知覺을 합하여 마음이라는 명칭이 있다."고 했습니다. 이理와 기氣를 합하여 마음이라 하는데, 지금 마음을 이理라고 하며 허령지각虛靈知覺을 이理라고 부른다면, 성性과 이理를 합하여 마음이라는 명칭이 있다고 하는 것이니, 저는 그 차이에 대해 의혹이 더욱 불어났습니다. 오직 이理와 기氣를 겸한다는 훈석을 독실하게 믿는 것만 알아 스스로 어리석은 부류로 돌아가는 것을 달갑게 여깁니다.[32)]

이 편지는 계유년(1873)에 보낸 것이므로, 1872년 여름에 한주를 찾아뵙고 난 다음 해에 작성되었다. 이때까지도 이정모는 한주의 심즉리설心卽理說보다는 퇴계의 심합이기설心合理氣說을 확고하게 지지하고 있었다. 최정기는 서산西山 김흥락金興洛(1827~1899)에게 집지한 학자였으므로, 이정모의 이 견해에 긍정하는 입장이었다고 판단된다.

이정모는 이 견해에 근거와 논리를 갖추어 한주에게 편지를 올렸다.

심위태극心爲太極 한 구절은 특별히 소자邵子에게서 발명된 것이며, 『역학계몽易學啟蒙』에 분명하게 수록되어 있습니다. 소자邵子가 어찌 사람을 속였겠으며, 주자朱子가 어찌 함부로 기록했겠습니까? 하지

---

32) 이정모, 『자동집』 권3, 「與崔肅仲(癸酉)」. "心爲太極一句 鄙所未見 而若夫性猶太極 心猶陰陽 太極自是太極 陰陽自是陰陽 性與心亦然之訓 則亦嘗有之矣 蓋性卽理也 而今曰心卽理也 不是心卽性而陰陽卽太極乎 張子曰 合性與知覺 有心之名 蓋合理與氣爲心 而今喚做心卽理 又喚做虛靈知覺卽理也 則是合性與理 有心之名 鄙固滋惑於其間 而惟知篤信兼理氣之訓 甘心自歸於儱侗之科矣"

> 만 주자도 말씀하길 "성性은 태극과 같으며 마음은 음양과 같다. 태극은 스스로 태극이며, 음양은 스스로 음양이다. 마음과 성性도 역시 그러하다."라고 했으며, 다시 "이理는 스스로 이理이며 마음은 스스로 마음이다."라고 했습니다.
>
> 마음이 태극이 된다는 말은 삼가 생각하건데, 소자邵子의 이 구절이 본래 「선천도先天圖」의 뜻을 밝히려 했기 때문이라고 여겨집니다. 대개 온갖 조화와 사물이 마음속에서 일어나니, 의상儀象과 괘획卦畫이 태극으로부터 생겨나는 것과 같습니다. 그러므로 이 혼륜설渾淪說을 말씀했습니다. 만약 마음과 성性이 미묘하게 분별이 있는 점을 적확하게 알려 한다면, 반드시 주자의 말씀과 같아야 십분 정밀하게 됩니다. 따라서 소자邵子의 이 구절 아래에 다시 도위태극道爲太極이라는 한 구절을 이어서 위 구절의 다소 원만하지 못한 부분을 보충한 것입니다. 이와 같이 볼 수 있을지 모르겠습니다.33)

이 편지보다 앞에 한주에게 보낸 것이 계유년(1873)에 작성된 것이므로, 위의 내용도 그 무렵에 가지고 있었던 견해로 보인다. 최정기와 토론한 내용에 비해 근거와 논리가 훨씬 더 정밀해졌다. 이정모의 견해에 따른다면, 심위태극설心爲太極說은 소옹邵雍의 『황극경세서皇極經世書』에서 "마음이 태극이다."라고 말한 것에 근거하고 있지만, 「선천도先天圖」의 의미를 밝히려는 뜻에서 나온 것으로 혼륜渾淪의 측면에서 설명했다고 파악했다. 또 다른 근거로서 주자가 『역학계몽易學啟蒙』에서 이 구절을 이어 '도道가 태극이다.'는 말을 더 보충한 점을 보더라도 심위태극心爲太極이란 말이 온전한 표현일 수 없다고 판단했다.

---

33) 이정모, 『자동집』 권3, 「上寒洲先生」. "心爲太極一句 特發於邵子 昭揭於啓蒙 邵子豈欺人 而朱子豈謾錄哉 然朱子又云 性猶太極 心猶陰陽 太極自太極 陰陽自陰陽 心與性亦然 又云 理自理 心自心 心之爲太極 竊謂邵子此句 本爲發明先天圖之義 蓋萬化萬事之從心中起 猶儀象卦畫之自太極生 故下此混淪說 若欲的知心性之微有分別 則必如朱子口訣 方爲十分精覈 故於邵子此句下 又繼以道爲太極一句 所以補上句之未甚圓也 未知可如是看得否"

한주는 이 질문에 대해 다음과 같이 상세한 설명으로 답변해주었다.

'성性은 태극과 같으며 마음은 음양과 같다.'는 말은 임시적으로 빌려와 설명한 것입니다. 태극이 음양과 분리되지 않는 것으로써 성性이 마음에서 분리되지 않는 것을 증명했습니다. 하지만 태극은 본래 동정動靜과 간격이 없으며, 성性은 단지 정靜의 태극일 뿐입니다. 마음이 한 몸의 주재主宰가 되니, 음양의 기器를 주재의 실재로 해당시킬 수 없습니다. 그러므로 주선생朱先生이 오히려 "마음의 이理가 태극이며, 동정이 음양이다."라고 말씀했으니, 이와 같다면 적확하게 그 실재를 가리킨 것이 분명합니다. 어찌 도리道理가 마음이 아니라고 말하고 동정이 유독 마음이라고만 할 수 있겠습니까? 또 말씀하길 "태극은 성정性情의 오묘함이다."라고 했으니, 한번 움직이고 한번 고요할 적에 미발이발未發已發의 이理와 성정性情의 오묘함이 과연 마음이 아니겠으며, 태극을 과연 성性에만 치우쳐 소속시킬 수 있겠습니까?

대개 주자朱子가 초년에는 마음을 이발已發이라 하고 성性을 미발未發이라 했습니다. 이른바 미발未發은 항상 이발已發에 타고 있으며, 이발已發의 즈음에 늘 이것을 끼고서 스스로 따르니, 이것은 마음을 기氣라고 생각하여 성性이 마음을 타고 있다고 말한 것입니다. 근세에 호학湖學의 설이 비슷합니다. 중년에는 마음을 기氣의 영靈이라고 생각하고 성性을 마음의 이理라고 이해하여 지각知覺을 마음이라 말하고 지각이 성性에서 분리되지 않는다고 말했습니다. 이것은 기氣에 나아가 이理를 합한 것으로, (마음을) 기氣의 정상精爽으로 보았습니다. 근세에 낙학洛學의 설이 비슷합니다. 만년에는 마음을 성정性情의 총괄적 명칭이라 생각하여 오로지 주재로써 말했습니다. 그러므로 지금 『주자대전』과 『주자어류』를 보는 자가 급작스레 살펴보면 통하기 어려운 점이 있어 한 가지로 정해지지 않는 것이 있습니다.

심위태극心爲太極은 이理의 통회統會로써 말한 것이니, 태극이 동정을 함유하고 있는 진체眞體입니다. 도위태극道爲太極은 이理의 유행流行으로써 말했으니, 태극이 동정할 수 있는 묘용妙用입니다. 마음이 태극이라고 말하지 않는다면 혼연한 실재를 밝힐 수 없으며, 도道가 태

> 극이 된다고 말하지 않으면 찬연한 묘용을 드러낼 수 없습니다. 두 말이 모두 소자邵子에게서 나왔으니, 다른 것으로 보아서는 안 됩니다.[34]

한주는 이정모의 물음에 대한 답변에서, 우선 그가 근거로 제시한 '성性은 태극과 같으며 마음은 음양과 같다.'라는 주자의 말은 태극이 음양과 분리되지 않는 사실을 들어 성性이 마음에서 분리되지 않는 점을 증명하기 위해 빌려 쓴 말이라고 설명했다. 그러나 본래적인 측면에서 표현한다면, 태극은 동정과 간격이 없고 성性은 정靜의 태극일 뿐이라고 한다. 따라서 주자가 "마음의 이理가 태극이며, 동정이 음양이다.", "태극은 성정性情의 오묘함이다." 라고 설명한 말들이 마음의 실재적인 면모를 분명하게 드러내고 있는 언설이라고 제시했다.

그리고 마음에 대한 주자의 해석이 초년-중년-만년에 따라 바뀌어간 과정을 설명한 후, 자신이 견지하는 입장은 주자의 만년설에 해당하며 완정한 학설이라는 확신을 보였다. 이에 비해 초년설은 노론의 호학湖學과 유사하고 중년설은 낙학洛學과 비슷하다고 지적했다. 한주는 자신이 이와 같은 견해를 정립한 과정이 짧은 시간에 이루어진 것이 아니었으므로, 『주자대전』과 『주자어류』를 오랫동안 깊이 고찰하지 않은 채 갑작스레 이해하려고 하면 깨닫기 어려운 점이 있다고 조언했다. 또한 이정모가 논거로 제시한 소옹의 심위

34) 이진상. 『한주집』 권18. 「答李聖養」. "性猶太極 心猶陰陽 是借諭說 以太極之不離於陰陽 證性之不離於心 然太極本無間於動靜 而性只是靜底太極 心乃一身之主宰 而陰陽之器 當不得主宰之實 故朱先生旋謂心之理是太極 動靜是陰陽 如是則的指其實明矣 寧可曰道理不是心 而動靜獨爲心乎 又曰太極者 性情之妙 乃一動一靜 未發已發之理 性情之妙 果非心 而太極果可以偏屬性乎 蓋朱子初年 以心爲已發 性爲未發 所謂未發者 恒乘在已發上 已發之際 常挾此而自隨 此乃以心爲氣 而謂性乘心也 近世湖學之說似之 中年則以心爲氣之靈 以性爲心之理 以知覺謂心 而謂知覺不離於性 此乃卽氣而合理 只看作氣之精爽 近世洛學之說似之 晩年則以心爲性情之總名 而專以主宰者言之 故今見於大全語類者 驟觀則難通 猶有未定于一者也 心爲太極 以理之統會者言 太極涵動靜之眞體也 道爲太極 以理之流行者言 太極能動靜之妙用也 不言心爲太極則無以明渾然之實 不言道爲太極則無以著粲然之妙 兩語同出邵子 不可以差殊看也"

태극心爲太極이라는 말이 원만하지 못하여 주자가 도위태극道爲太極을 그 뒤에 보충했다는 설명은 실제로 두 구절 모두 소옹의 말이므로 잘못 이해한 것이라고 바로잡아 주었다.

허유는 이 문제에 대해 다음과 같이 설명했다.

> 심위태극心爲太極에 대해 그대의 논의는 소자邵子의 설이지 주자朱子의 말이 아니라고 합니다. 하지만 주자朱子가 이것을 인용하여『역학계몽』의 첫머리에 게시했으니, 이것이 주자朱子의 설과 어찌 다르겠습니까? 대개 심心자는 무엇보다 활간活看해서 보아야 할 것입니다. 만약 "마음이 태극이다."라고 말한다면, 마음은 천리天理가 사람에게 있는 온전한 본체이니, 오로지 모두 이理를 가리킨 것입니다. "동정과 음양이 마음이다."라고 말한다면, 마음은 음양과 같으니, 이것은 성性에 상대하여 기氣에 치우쳐 가리킨 것입니다. 그렇지만 오직 마음은 상대할 것이 없으므로, 성性과 상대시켜 말할 수 없습니다. 마음은 체體가 없어 성性으로 체體를 삼기 때문입니다. 성性은 기氣를 겸하지 않지만 마음은 기氣를 겸합니다. 그러므로 '영靈'이라 하고 '지각知覺'이라 말한 것은 모두 이理와 기氣를 합하고 있습니다. 이理로부터 본다면 영묘하고 지각하는 것을 성性이라고 말해도 옳으며, 기氣로부터 본다면 영묘하고 지각하는 것을 성性이 아니라고 해도 옳습니다. 이와 같이 활간活看한다면 한쪽에 치우쳐 주장하는 폐단이 없을 듯합니다.35)

허유는 심위태극心爲太極이 소옹의 말이기는 하지만 주자가『역학계몽』의 첫머리에 인용한 까닭은 자신의 견해와 부합되었기 때문일 것이라고 이

---

35) 허유.『후산집』권15.「與李聖養」. "頃對時 語及心爲太極 盛論以爲此邵子說 非朱子語也 然朱子引此 揭之於啓蒙之首 則此與朱說何異 大抵心字最活 如曰心爲太極 心者 天理在人之全體 皆單指理者也 如曰動靜陰陽是心 心猶陰陽 是對性而偏指氣也 然惟心無對 不可以對性言 蓋心無體 以性爲體故也 性不兼氣 而心卻兼氣 故曰靈曰知覺 皆理氣之合也 從理看則靈而知謂之是性亦得 從氣看則靈而知謂之不是性亦得 如此活看 則似無偏主"

해했다. 그리고 마음이라는 글자는 한 가지로 고착해서 보아서는 안 되며, 여러 측면에서 다양한 면모를 파악해야 한다고 설명했다. 마음을 활간活看하여 이해하면, 심위태극心爲太極은 천리天理의 온전한 본체로서의 마음을 말했으며, 심유음양心猶陰陽은 성性에 상대하여 기氣에 치우친 측면으로서의 마음을 표현했다고 해석할 수 있다고 했다.

하지만 논리상으로는 이와 같지만, 실제적으로 마음은 상대할 대상이 없기 때문에 성性과 서로 대비시킬 수 없다는 점에 주의했다. 그리고 마음은 그 자체로 본체를 가지지 않고 성性으로써 본체를 삼으며, 성性은 기氣와 겸하지 않지만 마음은 겸한다는 점을 거론했다. 따라서 이理의 관점에서 본다면 마음의 영묘하고 지각하는 것은 성性이라고 말할 수 있으며, 기氣의 측면에서 본다면 영묘하고 지각하는 것은 성性이라 말할 수 없다고 설명했다.

이러한 논변들을 통해 알 수 있듯이, 이정모는 한주에게 집지한 이후에도 한 동안 스승의 학설을 긍정하기 어려웠다. 곽종석은 그의 의구심에 대해 "이 몸은 누가 가지는가? 천군天君이 조화의 자루를 총괄하네. 청컨대 한 가닥의 골자를 세워보시게. 등뼈가 더욱 더 굳세어질 것이네."[36]라고 시를 통해 깨우쳐주기도 했다.

결국 이정모가 한주의 학설을 수용하게 된 결정적 계기는 곽종석이 한주에게 올린 『지의록贊疑錄』을 통해서이다. 한주는 곽종석이 이름붙인 『지의록』이 허유의 집에 있다고 들었는데, 허유에게 빌려 살펴보는 것이 좋겠다고 권했다.[37]

이정모는 이 책을 읽고 난 후, 허유에게 자신의 소감을 이같이 밝혔다.

---

36) 곽종석. 『면우집』 권2. 「聖養疑洲上心卽理之說妄呈一絶」. "此身誰所有 天君總化柄 請竪一條骨 脊梁去益硬"

37) 이진상. 『한주집』 권18. 「答李聖養」. "鳴遠所謂贊疑錄 聞在南黎家 倘賜視至則本末得失 何所逃於雅鑑耶"

"『지의록』 한 통을 교감하면서 베껴 쓰니, 이 분이 성리설에 관한 이해의 난숙함이 이러한 데에 이른 줄을 더욱 체험하게 되었습니다. 태극·음양·동정 등과 승수호발乘隨互發의 분변, 옥석빈주玉石蠙珠의 비유들은 모두 오묘하게 삼매三昧에 들어가는 지경을 묘사해낸 것으로, 일생의 정력을 드러내고 있습니다. 진실로 양공良工이 마음속으로 홀로 고심한 것을 깨달았습니다. 그러나 이전에 그대가 이 은혜를 베풀어 이 책을 살펴보게 하지 않았다면, 그의 설을 갑작스레 듣고서 해괴하게 여기는 일을 면하지 못했을 것입니다. 대체로 사람이 적확한 견해와 진실한 깨달음이 있어야 이와 같이 견해를 수립할 수 있습니다. 저와 같은 사람은 지금까지 자신을 속이는 데에 갇혀 있는 것을 면하지 못했으니, 이른바 유리병자선琉璃甁子禪에게 가까울 것입니다. 20년의 세월을 잘못 보냈으니, 어찌 흠칫 놀라며 혼자서 땀을 흘리지 않겠습니까?"[38]

이 말에 따른다면, 이 시점에서 그의 학문에 큰 전환이 일어났다는 것을 알 수 있다. 곽종석이 묘지명에서 그의 학문에 관해 서술하면서 "한주 이 선생의 문하에 올라 심心과 이理의 여러 설을 들었지만, 오랜 이후에야 환하게 풀렸다."[39]라고 언급한 이유는 이러한 의구심을 풀어가는 과정이 있었기 때문이다. 그리고 허유는 갑술년(1874)에 쓴 이 편지에 의거해, 이정모가 한주의 학술을 수용한 사실이 분명하게 확인된다고 제시했다.[40]

---

38) 이정모. 『자동집』 권2. 「上許南黎(甲戌)」. "齋居無事 因得校寫贅疑錄一通 益驗此丈之於性理之窟 爛熟至此 如論太極陰陽動靜等處及乘隨互發之辨 玉石蠙珠之喩 皆狀得妙入三昧 露出一生精力 眞覺良工心獨苦也 然向非吾文丈 幸此嘉惠 使得究觀其一通 則幾不免驟聞其說而駭之也 大凡人有的見實得 方能樹立乃爾 而如正模者 迄未免籠罩自欺 殆所謂琉璃甁子禪 謾弄過了二十年 豈不懍然自汗哉"

39) 이정모. 『자동집』 부록. 「墓誌銘(郭鍾錫 撰)」. "晩登寒洲李先生門 得心理諸說 久而後渙然曰吾一生 只弄得琉璃甁子禪矣"

40) 이정모. 『자동집』 부록. 「行狀(許愈 撰)」. "晩以寒洲之說反復辨難 始若參差 終底爛熳 觀於甲戌書 可據而知也"

4. 맺음말

이상으로 이정모의 생애와 학문성향을 개관하고, 그가 한주 학설을 수용하는 과정에 관해 살펴보았다. 앞에서 논의한 내용을 정리하면 아래와 같다.

이정모는 30년의 짧은 생애를 살았지만, 한주의 제자들 가운데 주문팔현洲門八賢의 한 사람으로 꼽히는 인물이다. 그는 공자 문하의 안회처럼 꽃은 피웠지만 끝내 열매를 맺지 못한 채 일찍 스승과 동문들의 곁을 떠난 사람이었다. 그래서 그의 문집은 중도에 그친 유고를 수습한 책일 수밖에 없으며, 그에 대한 연구도 완정된 학설이 아니라 지향한 곳이 어디였는가를 가늠해 보는 작업에 그칠 수밖에 없다. 이러한 한계로 인해, 그동안 이정모의 학문성향이나 한주학과의 관련성을 단독으로 다룬 연구가 이루어지지 못했다. 그러므로 이 글은 19세기 경상우도에서 활동한 이정모의 삶과 학문을 고찰하되 그가 한주학을 수용하는 과정에서 가진 의구심이 무엇이었으며, 그것은 어떠한 논변과 계기를 통해 해소될 수 있었는지를 고찰했다.

그는 15세 이후로 성인이 되는 것에 삶의 목표를 두었으며, '독실한 뜻으로 학문을 익혀 죽음에 이르러서도 뜻을 변치 않는다[篤志學問至死不變]'라는 8자를 써서 맹서했다고 한다. 또한 모든 언행과 행실에서 성인이 한 일을 따라 하며 성인이 하지 않은 일을 하지 않도록 힘써 노력했다.

22세 때 작성한 「수록」이라는 글은 『대학』을 공부해나가는 과정에서 마음에 깨달은 것을 적어놓은 기록으로 추정된다. 이것에 근거해 그가 지향한 학문 목표와 실천 방법을 개략적으로나마 파악할 수 있다. 「수록」은 세 가지 주제로 분류될 수 있다. 수신에 관한 글이 33조, 제가에 관한 내용이 14조, 치국에 관한 기록이 4조이다.

27세 때 한주 문하에 입문하기 전후로 성리설에 대해 적극적인 관심을 가지고 주위의 벗들과 토론했다. 문집에 실려 있는 편지들에 근거해 본다면,

논점은 크게 두 가지로 정리된다. 하나는 마음을 태극이라고 말할 수 있는가에 대한 문제이다. 다른 하나는 이것과 연관되어 명덕을 어떻게 규정할 것인가에 대한 논의이다. 두 가지 모두 19세기 학술사에서 중요하게 다루어졌던 논점이며, 특히 한주학파 성리설의 핵심이 뚜렷하게 드러나는 지점이다. 벗들과 토론하며 자신의 견해를 개진하기도 했으며, 한주에게 편지를 올려 상세히 질의하기도 했다. 결국 29세 때 곽종석의 『지의록』을 열람한 후에야 한주 학설의 진면목을 깨닫게 되어 의심이 풀렸다. 하지만 그 해 겨울에 계모 안씨의 상을 당해 상중에 있다가 병을 얻어 다음 해에 서른의 나이로 별세했다.

한계韓溪 이승희李承熙의 한주학 계승과 현실의 대응

정병석

한계韓溪 이승희李承熙의 한주학 계승과 현실의 대응

정 병 석

1. 머리말

한계韓溪 이승희李承熙(1847~1916)는 한말 영남학파의 대표적인 학자인 한주寒洲 이진상李震相(1818~1886)의 아들로 태어났다. 이승희가 사람들에게 보여주는 형상形象 혹은 인물상은 어떤 하나가 아닌 다양한 모습으로 나타난다. 우선은 '심즉리心卽理'를 주장하는 한주학파의 대표적인 성리학자로서, 국채보상운동을 이끌고 만주에 항일운동을 위한 독립기지를 건설한 독립지사로서, 또 유학의 종교화宗教化를 시도하는 공교孔教 운동가로서의 모습들이다.

이처럼 이승희가 다양한 인물상으로 그려지는 것은 무엇보다도 그가 견지하고 있는 철학적 관점, 즉 이진상의 '심즉리'라는 주리적主理的인 성리학적 사유가 그 바탕에 자리하고 있기 때문이다. 이런 이유에서 이승희의 철학을 이해하기 위해서 전제되어야 할 것은 이진상의 독창적인 '심즉리'설이 가지고 있는 철학적 의미에 대한 파악이다. 이승희의 철학적 관점을 이해하기 위해서는 '이진상의 '심즉리'의 철학적 관점을 어떻게 계승하고 해석하였는가' 라는 문제가 선결되어야 하기 때문이다. 이 문제는 크게 두 가지 관점에서 살펴보아야 할 것으로 보인다.

이승희에게 있어서 '심즉리'라는 문제는 현실적으로 그의 부친인 한주의 철학적인 관점을 다른 학자와 학파의 비판으로부터 방어하는 동시에 재비판하여야 하는 급박急迫한 기본적 책무責務로 주어져 있었다. 이런 책무를 적극적으로 수행한다는 점에서 그는 기본적으로 한주학파寒洲學派의 중요 일원이다. 이승희의 성리학은 이런 책무의 수행을 통한 해석에서 형성된 것이라고 할 수 있다. 두 번째로 중요한 사실은 한주학파의 핵심 명제인 주리적인 '심즉리'의 관점이 가지고 있는 현실 참여와 대응 문제이다. 뒤에서 다루겠지만, '심즉리설'은 심心의 주재성主宰性과 능동성을 강조하기 때문에 현실의 대응이란 점에서 매우 주체적, 적극적, 능동적, 개방적인 관점을 보여준다. 척사위정斥邪衛正 운동, 파리장서 사건 등에서 보여준 한주학파의 적극적인 현실 참여 정신은 바로 '심즉리'라는 관점의 발현이었다.[1)]

이진상의 시대에는 척사위정이 주어진 당면 과제였지만, 그의 제자들 시대에 이르러서는 제국주의의 식민지화로부터 국권國權을 수호하기 위해서는 척사위정을 넘어서는 보다 구체적이고 적극적인 현실적 대응 체계가 요청되었다. 한주학파가 시대의 변화에 따라 현실에 적극적으로 참여할 수 있었던 이론적 배경에는 당연히 이진상이 주장하는 '심즉리설'에 내재된 심心의 몸에 대한 직접적인 주재성으로부터 산출되는 즉각적인 현실 대응과 실천이라

1) 한주 이진상과 한주학파의 현실 참여 문제에 대한 연구로는 이윤갑. 2013.「한말 일제 초기 이승희의 민족운동」(『인문학연구』 제47권. 계명대학교), 이종우. 2004.「한주학파와 간재학파의 의리실천에 관한 논쟁」(『한국철학논집』 15권. 한국철학사연구회), 김도형. 2001.「한주학파의 형성과 현실인식」(『대동문화연구』 38집. 성균관대), 최영성. 2010.「한주 이진상의 철학사상과 그 현실적 구현-한주학파의 성격 규명과 관련하여-」(『한국학논집』 제40집. 계명대 한국학연구원) 등이 있다.

는 측면이 자리 잡고 있다. 즉 '심즉리'의 심은 리理이고 본심本心이기 때문에 그것을 지켜서 곧바로 실천하면 되기 때문에 적극적일 수 있다. 한주학파의 이른바 주문팔현洲門八賢 중에서도 현실의 적극적인 참여와 구체적인 대응을 가장 분명하게 표현한 학자가 바로 이승희이다. 우리는 이승희의 수시취중隨時取中[2]하는 현실적 대응을 그의 생평生平을 통하여 매우 분명하게 발견할 수 있을 것이다.

본 논문에서는 먼저 이승희 성리학의 형성을 이진상의 '심즉리설'에 대한 제유諸儒의 비판과 이에 대한 이승희의 해명과 재비판을 통해 논의하려 한다. 이어서 그의 적극적인 현실 참여와 대응을 가능하게 했던 이진상의 '심즉리설'이 가진 의리실천의 근거를 통해 분석하고, 이에 대한 이승희의 적극적인 해석에 대해 살펴보려고 한다. 아울러 이승희의 유학적 가치와 이론에 근거한 독립 운동, 공교회 운동과 사해동포四海同胞 사상 등에 대해 분석해 보려고 한다.

2. 한주의 '심즉리설心卽理說'에 대한 제유諸儒들의 비판과 이승희의 대응

이승희의 성리학은 한주 이진상의 '심즉리'와 '리발일도설理發一途說'에 대한 유림들의 비판에 대해 해명하거나 재비판하는 과정 속에서 점차 자신의 독창적인 해석을 부가하면서 형성된다. 이승희는 이진상의 사후 한주의 문집이 발간된 후에 생겨난 여러 비판에 대해 혼신의 힘을 다해 옹호한다. 이

2) "수시취중隨時取中"이라는 말은 『寒洲全書』 卷7. 「答沈穉文別紙」 1980(서울: 아세아문화사)에 보인다.

진상의 대표적인 관점인 주리 정신은 퇴계학파의 전통 속에서 이해될 수 있는 것이지만, 특히 심이 가지는 주재성, '심즉리', '리발일도설' 등은 그의 성리학적 특성을 분명하게 드러내 준다. 그는『리학종요理學綜要』에서 이기의 관계, 특히 리의 주재와 작용, 발發의 문제에 초점을 두고 자신의 관점을 전개하고 있다.

이진상은 일정한 사승師承 없이[3] 주자와 퇴계 이황을 조술祖述한 것으로 보인다. 그는 유학의 정통 혹은 도통道統을 공자와 주자를 거쳐 퇴계에 이르는 것으로 보고 있다. "주자는 공자 이래로 최고의 학자이며 퇴계는 주자 이후의 최고의 학자이다. 그 세 사람의 학설은 다르지 않고, 빈틈없이 일치한다."[4] 여기서 이진상은 퇴계가 주장하는 학설의 핵심이 주리主理에 있음을 말하고[5], 퇴계와의 학문적 연결성을 통해 자신이 유학의 정통임을 확인하려 한 것으로 보인다. 즉 천하의 근본은 리理에 있으며 옛 성인들이 말한 수많은 말들을 한 마디로 정리하면 '주리'에 있다고 주장한다.[6] 마찬가지로 학문의 근간 역시 리에 있기 때문에 이진상은 성현과 이단의 차이는 주리와 주기主氣의 차이에 의해 구분된다고 말한다.[7] 그는 주기론主氣論이 가지는 한계에 대해 말하고 있다.

> 이단異端의 설이 여러 가지로 다양하지만, 그것은 모두 기氣를 높게 보는 데서 비롯하여 그것은 끝내 모두 주기主氣의 설로 귀착된다. 그

---

3) 李震相.『寒州全書』卷7. 書.「答沈穉文」"僕學無師承, 粗有硏究之癖."

4) 『寒州全書』卷5. 書.「上崔海庵」"朱子是孔子後一人. 退陶是朱子後一人. 而其言之不異. 若合符節."

5) 『寒州全書』卷8. 書.「與尹士善」"退陶宗旨, 亦惟主理而已."

6) 『寒洲全書』卷14.「答宋康叟」"天下之大本, 惟在於理, 故古聖人千言萬語, 主理而已."

7) 『寒洲全書』卷16.「答李器汝」"從古聖賢之所以爲聖賢, 異端之所以爲異端, 特在乎主理主 氣之間而已."

> 들은 기의 활동과 변화에 대해서만 나름대로의 견해를 가지고 있으나 리理의 근본이나 핵심에는 이르지 못하고 있다.[8)]

이진상은 율곡학파를 중심으로 주장되었던 '심시기心是氣'는 "대본大本과 달도達道가 모두 기에 귀착되어, 리는 사물死物이 되어 버린다[9)]고 말한다. 이처럼 한주의 성리학은 '주리설'의 바탕 위에서 성립한다. 우주만물의 근본은 '주리'에 있다는 전제하에 이 관점을 심성心性에 적용하여 '심즉리'라는 관점을 도출해 낸다. 그는 리기의 역할을 주재主宰와 작용作用으로 규정하고, 리주기자론理主氣資論에 근거하여 궁극적으로는 리가 기를 타고 발하는 '리승기이발理乘氣而發'을 주장하는데,[10)] 여기에서 '리발일도설'이 나온다. 이런 이진상의 독창적인 관점들은 기본적으로 다른 학자들이 쉽게 동의하기 힘든 관점임은 분명한 것 같다. 한주학파의 주문팔현 중의 한 사람인 이정모李正模의 의문에 대한 이진상의 답신은 '심즉리'로 대표되는 자신의 성리학적인 관점을 고스란히 드러내고 있다.

> 유가에서 심心을 말할 경우, "심은 본래 주재하는 자이며 주재하는 것은 바로 리理이다. 리 이외에 심이 따로 있다는 것은 아니다" "심은 사람에게 깃들어 있는 천리天理의 전체이다" 또 말하기를 "심의 본체는 태극太極이다"라고 하는 이 모두는 심의 참모습에 관하여 한 말로, 내 학설의 근거가 되고 있는 것이다. 또 심은 성性과 정情을 통섭하여 말하는 것으로, 성이라는 것은 리가 아직 드러나지 않는 상태이며, 정이라는 것은 리가 이미 드러난 상태이다. 성과 정 이외에 별도로 심이 있는 것

8) 『寒州全書』 附錄 卷1. 「年譜」 "異端之說, 百塗千岐, 而其始皆由於認氣, 其終皆歸於主氣. 彼徒有見於彼氣之活動流轉. 而不達乎是理之根柢樞紐."

9) 『寒洲全書』 卷32. 「心卽理說」 "以心爲氣, 則大本達道皆歸於氣, 而理爲死物, 淪於空寂矣."

10) 『寒洲全書』 卷8. 書. 「與尹士善別紙」 "無論百千萬情, 其爲理乘氣而發則無異也."

> 은 아니다. …… 퇴계는 심에 관하여 리와 기를 함께 겸해서 심을 말하였으나, 한편으로는, 심이 아직 드러나지 않는 상태에서 기가 움직이지 않는다면 그것은 리가 있을 뿐이라고도 말하고 있다. 즉 심의 가장 근본이 된다고 하는 것은 오로지 리에 있다고 하는 것으로 될 것이다.[11]

이런 적극적인 답변에도 불구하고 이진상의 관점은 간재학파와 노사학파 뿐만 아니라 도산서원을 비롯해 정재학파 등에 의해 신랄하게 비판받았다. 간재학파와 노사학파가 '심시기心是氣'라는 율곡의 심설心說을 계승하고 있었다는 점에서, 그리고 퇴계의 '심합리기心合理氣'와 '리기호발설理氣互發說'을 계승하였던 퇴계 문인들에게도 그의 '심즉리설'과 '리발일도설'은 쉽게 받아들이기 어려웠다.

이진상이 적극적으로 자신의 학설을 펼친 데 이어 그의 제자들도 스승의 학설을 옹호하고 확산시키는 데 주력하였다. 여기에는 당연히 이승희도 포함되어 있었다. 이승희는 기본적으로 그의 부친이자 스승인 한주의 유문遺文을 정리하는 것이 자신에게 주어진 일차적 임무로 보았고 이진상이 평생토록 주장하는 핵심적 견해는 '주리' 두 글자에 있다고 보았다. 이런 한주의 사상을 드러내어 밝히는 것이 자신의 소임이지만 현실적으로 결코 쉽지 않은 일이라 오직 분발하여 정진할 뿐이라는 소회를 밝히고 있다.[12]

많은 학자들에 의해서 이진상의 관점이 비판당하는 상황에서 그것을 옹호하는 것이 쉽지 않음은 이승희가 쓴 후산后山 허유許愈의 「행장」에서도 보

---

11) 『寒州全書』卷18. 書.「答李聖養」. "若吾儒之所謂心, 則便曰, 心固是主宰底, 主宰底卽此理也, 不是理外別有箇心. 又曰, 心者天理在人之全體. 又曰, 心之本體是太極, 此皆以心之眞體言之. 而愚說之所本也, 且道心者性情之統名, 而性是未發之理, 情是已發之理. 性情之外, 果別有心乎. …… 退陶固嘗以兼理氣言心, 而旋謂心之未發, 氣不用事, 惟理而已, 則心之大本顧不在於理邪."

12) 『韓溪遺稿』五.「答曺彝卿」3쪽. "尊先公遺文, 應已整頓頭緖矣, 其平生正見, 在於主理二字, 果能闡發, 不落莫否, 此生一晤未可期, 臨風黯然, 惟冀奮發進業."

인다. "퇴계가 작고한 뒤 후유後儒들은 점차 퇴계의 참된 학문을 잃어 버렸다. …… 낮추거나 높이는 점에서는 비록 다르겠지만, 주자나 퇴계의 본뜻을 잃어버린 점에서는 같았다. 여기서 선고 한주선생은 이를 근심하여 분명한 설을 세워 큰 근본은 하나일 뿐이다. 심을 주재라고 하는 것은 심이 바로 리이기 때문이다. 유가의 학은 '주리'라고 하셨던 것이다. 다만 당시의 학자 가운데 이 설을 인정하는 이가 없었으며, 공만이 이 설을 깊이 신봉하여 돈독히 지켰다."[13]

이승희가 40세가 되던 해에 아버지이자 스승인 이진상이 세상을 떠났다. 1894년 이승희는 『한주문집』의 편찬을 시작하였다. 1896년 겨울부터 1897년에 걸쳐서 문집의 인쇄가 완성되어 도산서원에 한 질을 보냈다. 그런데 이진상의 '심즉리설'을 이단으로 몰아 1897년 도산서원에서 『한주문집』이 반송되었다. 그것은 그의 '심즉리설'을 육왕陸王의 '심즉리설'과 유사 내지는 동일한 것으로 간주하고, 이들 심학파心學派의 관점은 퇴계가 일찍이 이학異學이라고 비판하였던 이유에서 배척한 것이기 때문이다. 이런 상황 속에서 안동의 도산서원과 상주의 도남서원에서 이진상의 학설을 배척하는 통문이 각처에 발송되었다. 특히 이만인李晩寅은 이진상의 학설 중 그 자신의 입장에서 보기에 퇴계의 학설과 다르다고 생각되는 여러 조목을 논변하였다. 심지어 1902년 11월에 박해령朴海齡과 이중화李中華 등은 상주 도남서원에서 『한주문집』을 불태우기까지 하였다. 이승희는 이 소식을 듣고 소복素服으로 3일 동안 아버지의 사당에 곡을 하였을 정도로 비통해 하였다.[14]

이승희는 우선 「선록조변宣錄條辨」, 「도산통문조변陶山通文條辨」과 「도남통

13) 『韓溪遺稿』七. 行狀. 「后山許公行狀」 164쪽. "李子旣沒, 而後儒浸失其眞. ……譏貶尊奉, 其事雖殊, 其失朱李之旨則一也. 吾先子爲是之憂, 斷然立說曰, 大本一而已. 吾心之所以爲主宰者即理也, 吾儒之學主理也. 顧時賢莫之能可也, 公獨深信而篤守之."

14) 『韓溪遺稿』七. 二十八 「韓溪先生年譜」. 539쪽.

문조변道南通文條辨」 등을 통해 한주학설에 대한 비판에 적극 대응하였다. 그는 한주의 '심즉리설'을 육왕의 '심즉리설'과 유사 내지는 동일하다는 혐의에 대해 반박하고, '리발일도설'과 '심즉리설'을 변론하였으며, 이것은 멀리 정주程朱와 가까이로 퇴계와 이상정李象靖의 설을 계승한 것이라고 주장하였다.[15]

이진상의 '심즉리설'을 양명학으로 보는 혐의에 대해 이승희는 「도남통문조변」에서 한주가 '심즉리설'을 주장하게 된 이유는 왕양명王陽明이 심心을 기氣로 보는 관점을 비판하고 오히려 맹자와 정주程朱 및 퇴계의 주리主理의 의미를 밝히는데 핵심이 있음을 강조하고 있다.[16] 「선록조변」에서는 "심즉리 세 글자가 왕양명의 것과 같다고 하는 것은 문구이고, 주자와 퇴계에 근본하고 있다는 것은 의미이다."[17]라고 하였다. 즉 표면적인 글자만 동일하게 '심즉리'이지 근거하는 내용은 완전히 다르다는 것이다. 이진상의 '심즉리설'은 어디까지나 주자학과 퇴계학에 근거하고 있음을 주장한다. 문구의 동일함만으로 한주의 '심즉리설'을 양명학이라고 비판하는 것은 마치 주돈이周敦頤의 무극無極을 도가道家의 것으로 우기는 것과 같다고 반박한다.[18]

퇴계의 기본 관점은 '심합리기'이기 때문에 이진상의 '심즉리'에 대한 비판이 생기는 것은 당연하다. 이에 대해 이승희는 퇴계의 관점을 빌려와 반박하고 있다.

---

15) 이승희의 한주학 옹호에 대한 주요 논문으로는 홍원식. 2006. 「한주 이진상의 성리설과 그 계승」(『퇴계학과 한국문화』 38호. 경북대학교 퇴계연구소), 홍원식, 2010. 「19세기 '洛上'退溪學派와 '洛中'寒洲學派의 分立과 性理論爭- 韓溪 李承熙의 '條辨'을 중심으로」(『유교사상연구』 39집. 한국유교학회)과 김근호. 2011. 「寒洲學派의 心卽理說 批判에 대한 再批判的 論究 - 이승희·허유·곽종석·김황 등을 중심으로 -」(『유교사상연구』 43집. 한국유교학회) 등을 참조 바람.

16) 『韓溪遺稿』六. 「道南通文條辨」 204쪽. "今以心卽理, 爲亂眞賊道者, 未知曾見此說耶, 斥王氏認氣之謬, 明孟程朱李主理之旨者, 豈爲亂眞賊道耶."

17) 『韓溪遺稿』六. 「宣錄條辨」 186쪽. "心卽理三字之所同於陽明者, 其文也. 所本乎朱李夫子者, 其意也."

18) 『韓溪遺稿』六, 「宣錄條辨」 186쪽. "苟以文矣, 濂翁無極者, 乃得之於老子矣, 烏可可乎."

> (퇴계는) 심이 미발일 때는 기가 용사用事하지 않아서 오직 리일 따름이다. 그러면 어떻게 악이 있게 되는가? 발하는 곳에서 리가 기에 가려 비로소 악으로 흘렀기 때문이라고 하였다. 내가 보기에 심은 동정을 관통하고 체용을 겸하는 까닭에 미발의 본체를 말하면 기가 섞이지 않은 채 다만 리일 따름이며, 기의 용사와 연계된 후에 방자하게 멋대로 굴고 간사하고 무절제하게 되니, 이 또한 심이 아니라고 말할 수는 없는 까닭에 그 처음과 끝, 참됨과 거짓됨을 통 털어 말할 때는 리와 기가 합해져 있다고 말할 수 있지만, 심의 본체 또한 기가 합해져 있다고 말할 수는 없다.[19]

이승희는 퇴계 역시 미발 상태의 심은 기가 섞이지 않은 리이고, 기의 작용과 연계된 후에 리가 기에 가려 악으로 된다고 말한다. 그러므로 미발과 이발已發 모두를 통틀어 말하면 '심합리기'이지만, 주재력을 가진 미발 상태의 본체는 리로 보아야 한다는 입장이다. 즉 '심합리기'를 부정하거나, 미발의 심체에 기가 없다는 것이 아니라 기가 작용하지 않는 것이라고 말한다. 비록 '심합리기'라도 심의 본체는 리로 보아야 한다고 주장한다.

이진상이 주장한 '리발일도설'에 대한 다른 학자들의 비판 역시 상당하였다. 이진상이 말하는 '리발일도설'의 핵심은 아래와 같다.

> 성은 미발未發의 리이고, 정은 이발已發의 리이다. 성이 발하여 정으로 되니, 다만 하나의 리일 뿐이다. 비유하면, 주인이 출타하면 객인으로 되지만 한 사람 뿐임과 이는 같다. 참으로 성정의 실상을 구해 보면, 리발理發은 있지만, 기발氣發은 없는 것이다.[20]

---

19) 『韓溪遺稿』六. 「宣錄條辨」177쪽. "心之未發, 氣不用事, 惟理而已, 安有惡乎, 惟於發處, 理蔽於氣, 方趍於惡. 按心貫動靜該體用, 故言未發之本體, 則不雜氣而只指理, 繫是氣用事以後, 放僻邪侈, 不可謂非心, 故通擧其始終眞妄, 而謂之合理氣, 非謂心之本體, 亦可合氣說也."

20) 『寒洲全書』卷2. 『理學綜要』卷10. 「情」「四七原委說」"性是未發之理, 情是已發之理, 性發爲情, 只是一理. 比如主出爲客, 只是一人. 苟求性情之實相, 則有理發而無氣發."

이에 대해 이만인李晩寅은 다음과 같이 비판하고 있다.

> 이 말 또한 잘못이 없을 수 없으니, 정에 본디 리발의 리가 있는데 리발의 기 또한 없겠는가? 리발만 있고 기발은 없다고 말하는 것은 율곡이 기발만 있지 리발은 없다는 주장을 반대하려고 한 것이지만 굽은 것을 바로잡으려다 지나침을 면치 못한 것이다. 기가 과연 발하는 것이 없겠는가?[21)]

"리발만 있고 기발은 없다"는 말은 이진상의 견해이다. 이진상의 관점은 비록 율곡의 '기발일도설氣發一途說'을 바로 잡으려는 것에서 나온 것은 사실이지만 기발이 없다고 하는 점에 대해서는 수긍하기 어렵다는 비판이다. 이에 대한 이승희의 변론은 대체로 이진상의 관점이 기본적으로 선유先儒의 관점에 근거하고 있음을 분명하게 말하고 있다.

> 성은 미발의 리이고 정은 이발의 리라고 말한 것은 대산大山의 설이고, 성과 정이 하나의 리라고 말한 것은 퇴계의 설이다. 어느 설에 잘못이 있는지 알지 못하겠다. 미발에도 기가 없는 것은 아니나 성의 실상은 리이며, 이발에도 기가 없는 것은 아니나 정情의 실상은 리이다. 그러므로 퇴계 선생이 성과 정은 하나의 리이며, 또 리는 체용을 가지고 있다고 확실히 단정하여 말했던 것이다.[22)]

이승희는 다른 곳에서도 이진상의 '리발일도설'이 퇴계의 '리기호발론'에

---

21) 『韓溪遺稿』六. 「宣錄條辨」 179쪽. "(宣錄) 此語亦不能無病, 情固有已發之理, 而亦無已發之氣乎? 所謂有理發而無氣發者, 所以反栗說有氣發無理發者, 不免矯枉過直. 氣果無所發乎?"

22) 『韓溪遺稿』六. 「宣錄條辨」 179쪽. "性是未發之理, 情是已發之理, 大山說也, 性情一理, 退陶說也. 未知何說有病? 未發非無氣, 而性之實相則理也, 已發非無氣, 而情之實相則理也. 故退陶斷之日, 性情一理, 又日理有體用也."

어긋남을 비판하자 주자와 퇴계· 우복愚伏 정경세鄭經世, 성호星湖 이익李瀷, 대산 이상정, 입재立齋 정종노鄭宗魯 등의 관점을 빌려와 '리발일도론'을 정당화하고 있다.[23]

이외에 그는 다양한 방식의 비유를 통하여 '리발일도론'을 옹호한다. 이진상이 부모와 자녀의 비유 및 손님[客]의 비유를 가지고 말하였듯이, 이승희 역시 이를 통하여 '리발일도론'을 옹호하기도 한다. 예를 들면 "정情이라는 것은 성性이 발한 것이다. 성이 바로 리라면 그것이 발한 것은 또한 리일 뿐이다. 사람이 문을 나서면 손님이 되지만 그 손님이 되는 사람 역시 원래의 그 사람인 것과 같다."[24]고 하여 객客의 비유를 통해 "성은 미발의 리이고, 정은 이발의 리이다."라는 이진상의 관점을 적극적으로 옹호하고 있다.

3. 한주 '심즉리설'의 실천정신과 이승희의 적극적 해석

이진상의 '심즉리설'은 현실 세계를 바로 잡는데 필요한 주체성을 강조하는 주리론이라고 할 수 있다. 이 관점은 심의 도덕적 주체성과 실천의식을 강조하는 것으로, 이진상이 '심즉리'를 주장한 것은 심이 기를 떠나 따로 존재한다는 의미가 아니라, 리가 심을 주재한다는 것을 밝혀 궁극적으로 주기主氣의 폐단을 구제하려는 의도에서 나왔다.

> 리는 본래 주主이기 때문에 리를 주로 하여 말할 수 있는 것이다.

---

23) 홍원식. 「19세기 '洛上'退溪學派와 '洛中'寒洲學派의 分立과 性理論爭- 韓溪 李承熙의 '條辨'을 중심으로」 178쪽 참조.

24) 『韓溪遺稿』五. 「答李致三」 51쪽. "夫情者, 性之發也, 性即理也, 則其發也, 亦理而已. 如人出門爲客, 其爲客者, 乃其人也."

그러나 기는 본래 자資이니, 어찌 기를 주로 하여 말할 수 있겠는가. 기를 주로 말하면 곧 도를 어지럽히는 것이다.[25]

이진상은 리를 주체로 보고, 기는 그것을 돕는 자구資具[26], 자료[27] 혹은 도구[28]로 보고 있다. 그는 리기를 주자主資의 관계로 보아, 리의 동정만을 인정하고 기는 다만 리를 돕는 역할만 하는 것으로 본다. 강력한 주리론을 전개하는 이유는 '주기'의 폐단을 바로잡고 시대적 요구를 달성하기 위한 것임을 그는 분명하게 말한다. 그는 철저한 주리론으로 리의 위상을 한층 더 강화시켜 '심즉리'를 제창하여 주리설의 절정에 자리한다. 이것은 긴박하게 돌아가는 현실에 적극적으로 대응하려는 것을 말하는 것으로, 그의 철학은 의리의 실천을 강조하는데 있다. 그가 수많은 오해를 무릅쓰면서도 '심즉리설'을 주장했던 것은 주기의 폐단을 구제하기 위한 신념에 따라 당시의 현실을 구제할 지도 이념이 주리철학이라는 점을 확신시켜 준 것이라 하겠다.[29]

이진상은 '리주기자理主氣資'의 관점을 사람과 말에 비유하고 있다.

실은 사람이 출입의 주主이고 말은 출입의 자資이므로 다만 사람이 출입한다고 말할 수 있을 뿐이다. 리가 동정動靜의 주이고 기는 동정

---

25) 『寒洲全書』 卷8. 「答尹士善別紙」. "理本主也, 可以主理而言, 而氣本資也, 烏可主氣而言乎. 纔主氣便亂道."

26) 한주가 '리주기자理主氣資'에 대하여 리를 주본主本, 기를 자구資具로 보는 경우는 금장태. 1987. 「퇴계와 한주의 심心개념」(『퇴계학보』 54. 퇴계학연구원)이 있다.

27) 리를 주재主宰, 기를 자료라고 해석하는 견해로는 이형성. 2001. 『한주 이진상의 성리학 연구』(성균관대학교 박사학위 논문, 88쪽)이 있다.

28) 리를 주체, 기를 도구라고 보는 경우로는 이향준. 2004. 「人乘馬 은유의 형성과 변형」(『철학』 79. 한국철학회. 44쪽)이 있다.

29) 최영성, 「한주 이진상의 철학사상과 그 현실적 구현-한주학파의 성격 규명과 관련하여-」 267쪽과 276쪽 참조.

의 자이므로 단지 리의 동정이라고 말할 수 있을 뿐이다.[30]

이진상은 리가 기를 타고 출입하는 것을 사람이 말을 타고 출입하는 것으로 비유한다. 사람이 말을 타고 출입한다는 이 비유는 사실은 사람이 출입하는 것이지 말이 출입하는 것이 아니라는 의미이다. 이진상은 '리주기자'의 관점에 근거해서 '리발일도설'을 제기하고, 심은 '합리기合理氣'라는 것을 인정하면서도 본심本心은 '심즉리'라고 주장한다. 현상계의 심은 '합리기'이지만, 본심은 리이기 때문에 '심즉리'라는 것이다. 그의 '심즉리'는 본심으로 돌아가야 한다는 규범적, 당위적 측면을 매우 강조한 관점에서 나온 것이다.[31]

규범적, 당위적 측면을 강조하는 '심즉리'의 주리적 관점에 대해 이진상은 천하의 근본은 리에 있으며 옛 성현들이 전한 심법心法은 '주리'라고 말한다.[32] 이른바 심법은 '마음에 대한 이해의 원리'와 '마음 다스림의 원칙'을 다루는 것으로 인간의 '주체성 확립의 방법'을 뜻한다. 균형 잡힌 리기론은 다분히 객관적 지식 습득에 그치지만, 균형을 깬 '주리적' 편향의 리기론은 주체성과 연결된 '심법의 문제해결'과 직접적인 관련이 있는 것으로 보인다. 이런 추측의 근거는 선善과 직결된 개념이 바로 '리'라는 데에 있고, 심법과 연결된 수양은 곧 선의 실천에 목적을 둔 것이기 때문이다.[33] 이런 심법의 강한 실천적 성격을 지닌 주리적 표현이 바로 '심즉리'이다.

한주학파의 성격을 고스란히 드러내는 핵심적 명제인 '심즉리'는 즉 심은 바로 리이고 순선純善하기 때문에 그것을 있는 그대로 발현하면 올바른 실

---

30) 『寒洲全書』卷2.『理學綜要』卷1.「天道第一上」. "其實, 則人爲出入之主而馬爲出入之資, 只可言人之出入矣. 理爲動靜之主而氣爲動靜之資, 只可言理之動靜矣."

31) 이 문제에 대해서는 이종우,「한주학파와 간재학파의 의리실천에 관한 논쟁」233쪽 참조

32) 『寒洲全書』 권14.「答宋康叟」. "天下之大本, 惟在於理, 故古聖人千言萬語, 主理而已."卷16.「答李器汝. "主理二字, 自是千聖相傳之心法."

33) 윤사순. 2011.「한주 이진상의 성리학적 심즉리설」.『공자학』20호. 10쪽 참조.

천이 나타날 수 있다는 관점이다. 이런 점에서 한주학파의 의리의 실천 혹은 현실 참여 정신은 다른 학파에 비해서 훨씬 적극적이다.[34] 한주학파가 파리장서 사건을 주도하거나 애국운동을 활발하게 전개하는 것은 결코 우연이 아니다. 그것은 바로 의리의 실천이기 때문이다. 이런 한주학파의 의리의 실천이란 점을 가장 분명하게 표현한 사람이 바로 이승희이다.

이승희는 사람이 학문을 하는 이유는 사물의 이치를 밝혀서 일용日用의 준칙으로 삼는데 있다고 본다. 그러므로 단순한 독서는 무익無益하고 반드시 책 속에 들어있는 도리를 체득하여 그것을 다시 현실에 적용하여 올바르게 대처하는 것이 중요하다고 말한다. 그는 이런 것을 실학實學이라고 말한다.[35] 여기에서 이승희가 강조하는 실학의 개념은 의리를 현실에 직접 실천하는 의미로 사용한 것으로 보인다.

이승희는 현실의 문제를 도외시하는 학자들을 비판한다. "우리나라의 학자들은 늘 성명性命을 큰 소리로 말하지만 눈앞의 처리해야 할 사무事務에 대해서는 알지 못하니 성현의 위대한 학문의 법문과는 크게 다르다."[36] 또 "대체로 수 백 년 동안의 우리나라 학문은 현실적 사무에 손을 대지 않는 것을 고상한 것으로 여겼다."[37]는 말로 현실의 문제를 외면하는 학문 풍조를 비판한다. 이런 학문적 태도가 결국은 우리나라를 이수夷獸의 땅으로 만들어

---

34) 한주학파와 대비되는 간재학파는 '성사심제性師心弟'를 말한다. 이 관점은 성이 심의 근본인 '심본성心本性'이기 때문에 성이 심을 주재하고 가르쳐야 한다는 것이다. 즉 스승인 성이 선악을 모두 가지고 있는 심을 제재하여 선을 발현해야 하기 때문에 보다 신중한 실천을 필요로 한다고 말한다. 이 때문에 그들은 후진 양성에 힘을 쏟는 것이 의리의 실천 방법이라고 보았다.

35) 『韓溪遺稿』五. 「答宋繼祚」 14쪽. "人之爲學, 將以明事物之理, 爲日用之則也, 徒讀書亦無益, 必以身體得書中道理, 稍貼事物, 處之得宜然後, 乃是實學."

36) 『韓溪遺稿』五. 「答宋繼祚」 38쪽. "吾東學者, 往往高談性命, 而不知目前事務, 甚非吾聖賢大學法門."

37) 『韓溪遺稿』五. 「答宋繼祚」 39쪽. "大抵吾東數百年學問, 以不着事務爲高致."

버렸다고 한탄한다.[38)]

이승희는 주자의 관점을 빌려와 '심즉리'를 '심즉인心卽仁'으로 해석하고 있다. 이것은 '심즉리'의 관점을 현실적 실천이라는 측면으로 더욱 이동시켜 해석한 것으로 볼 수 있다.

> 이 말은 먼저 인仁과 심心의 명의名義를 구분해야만 한다. 주자가 인이라는 것은 천지가 물物을 낳는 마음이라고 하였는데 이 인이 바로 심이다. 또 심의 본체에 인 아닌 것이 없다고 하였는데 이 심은 본래 인이다. 인의 특성으로 말하면 인은 바로 심이다. 인이 주장하는 뜻으로 풀어보면 심은 본래 인이니 인과 심은 다만 하나일 뿐이다. 심이 안에 있다고 말하는 것은 인이 안에 있다는 것으로 또한 매 한 가지이다. 이른바 인을 벗어났다는 것은 심이 안에서 스스로 주인이 되지 못하고 다른 것을 쫓아 바깥에 있게 되면 스스로 본체의 인을 잃어버린 것으로 인과 나누어져 둘이 되어 버리게 됨을 말한 것이다.[39)]

위의 문장은 『논어』「리인里人」편에서 공자가 안회顔回를 평가하는 말인 "안회는 그 마음이 석 달 동안 인에서 떠나지 않는다回也, 其心三月不違仁"는 구절에 대한 이승희의 해석이다. 이승희는 우선 "仁者, 天地生物之心"이라는 주자의 말에 근거하여 인과 심을 '동질이명同質異名'의 관계로 설정하고 있다. 여기에서 말하는 '동질이명'의 관계는 '즉卽'이라는 말로 연결된다. 바로 '인즉심仁卽心'이다. 그런데 어떻게 인과 심이라는 다른 내용 혹은 다른 범주에 속

---

38) 『韓溪遺稿』五. 「答宋繼祚」 39쪽. "而因循姑息之患起, 使家國事務, 盡入於貪濁無耻之手, 而浸浸爲夷獸之域矣."

39) 『韓溪遺稿』五. 「答宋順翼」「別紙」. 42쪽. "此當先辨仁與心名義. 朱子曰, 仁者, 天地生物之心, 是仁即是心也. 又曰心之本體無不仁, 是心本仁也. 蓋將仁之體段言, 則仁即心也. 釋仁之旨義, 則心本仁也, 仁與心, 只是一也. 所謂心在內, 即仁在內也, 亦一事也. 所謂違仁者, 言心不能自主乎內, 逐物在外, 則自失其本體之仁, 始與仁爲二也."

하는 개념이 하나로 연결될 수 있는가?

인과 심이라는 다른 개념이 '즉'이라는 말로 연결될 수 있는 이유는 이 둘 사이에 공통되는 어떤 보편적 특성을 가지고 있기 때문이다, 여기에서 말하는 공통되는 보편적 특성이 바로 리理이다. 이 점에 대해서 주자 역시 "인仁이란 천지가 만물을 낳는 심心이요, 사람이 그것을 얻어서 심으로 삼은 것이다. 사람이 아직 이것을 얻지 못하여도 이 리는 천지 사이에 존재하지 않은 적이 없었다. 다만 사람이 이 심을 가지기만 하면 저절로 이 리를 갖추고 태어난다."[40]라고 하여 인과 심 사이의 연결성을 분명하게 확보해 주고 있다. 즉 리라는 보편적 공통성 혹은 공통의 원리가 인과 심을 연결시킨다는 말이다.

성리학자들은 '즉'이라는 말을 자주 사용한다. 이 말을 자주 사용하는 이유는 여러 가지가 있겠지만, 우리가 주목할 만한 것은 그들은 기본적으로 '실천'을 최종적 목적으로 설정하고 있다는 점이다. 단순한 이론의 인지나 습득이 아닌 '실천'이라는 최종적 목적을 신속하게 달성하기 위해서는 '즉'이라는 동일률(law of identity)의 적용이 가장 효과적이기 때문이다. 여기에서 한주학파의 '심즉리'가 성의 제재라는 또 다른 단계를 거치지 않고, 보다 신속하게 주체적인 실천 활동을 할 수 있는 근거에 대해 충분히 파악할 수 있을 것이다.

그러면 이승희가 '심즉리'를 '심즉인'으로 해석한 의미에 대해 정리해보도록 하자. 우선 이승희가 심을 인仁으로 해석한 것은 관념적 의미의 리를 실천적인 인으로 전환함에 의해서 실천의 용이성과 구체성을 더욱 분명하게 제시한 것으로 볼 수 있다. 심을 인으로 해석함으로써 '심즉리'의 구조 혹은 체계를 훨씬 더 활동적, 즉각적인 것으로 만들어 놓았다. 이것은 『논어』의

40) 『朱子語類』 95:98. "仁者, 天地生物之心, 而人物之所得以爲心. 人未得之, 此理亦未嘗不在天地之間. 只是人有是心, 便自具是理以生."

"인이 어디 멀리에 있는가? 내가 인하려 하면 이 인이 이른다."[41]는 구절을 통하여 충분히 설명 가능할 것으로 보인다. '인'이 어디 다른 곳에 있는 것이 아니라 내가 인을 실천하려는 순간에 인이 저절로 이르는 것처럼, '리'가 어디 멀리 다른 곳에 있는 것이 아니라 내가 리를 실천하려는 순간에 리는 저절로 이르러 활동한다는 말이다. 리의 실천이라는 최종적 목적을 신속하게 실현하기 위한 입장에서 '심즉리'를 '심즉인'으로 해석한 이승희의 관점은 어떤 주장보다도 적극적이고 설득력있는 표현으로 보인다.

4. 이승희의 공교孔敎 운동에 보이는 '주리적' 실천론

현실의 문제를 해결하려는 이승희의 관점에는 기본적으로 유가적 세계관과 도덕체계가 그 중심에 있다. 이런 점은 그가 참여한 모든 활동을 통해서도 확인할 수 있다. 그가 제시한 내정 개혁안이나, 주도적으로 참여한 국채보상운동의 경우에도 유학의 도덕체계가 기본적으로 근간을 형성하고 있다. 시대적 상황과 요청에 부응하여 그가 시도한 공교孔敎운동은 표면적으로 보면 매우 개방적이다. 그의 공교운동의 주장을 살펴보면, 유학을 통하여 시대적 급무를 해결하려는 개방적인 경향은 보여도 유학적 세계관과 도덕체계를 비판하거나 넘어서려는 어떤 진보적 해석도 찾기 어렵다. 그 보다는 오히려 전통적인 유학적 가치의 지속과 확장을 통해서 현실 문제를 해결하려는 경향을 보여준다. 이런 유가적 사유나 가치의 핵심은 여전히 한주 이진상의 주리론과 '심즉리설'에 있다.

한국과 중국에서 전개된 유학을 종교화하려는 공교운동의 기본적인 공

41) 『論語』「述而」 "仁遠乎哉? 我欲仁, 斯仁至矣."

통점은 외세에 대응하려는 위기의식에서 출현한 것으로 볼 수 있다. 그들이 유학을 종교화하려는 근본적인 의도는 새로운 시대에 적응하려는 유학의 비판적 극복이라는 점에서 찾을 수 있을 것이다. 공교운동의 기치를 가장 먼저 세운 사람은 중국의 강유위康有爲이다. 그는 서구가 근대국가로 발전시킨 정신적인 원동력을 기독교에 있는 것으로 판단하고, 중국 역시 부국강병하기 위해서는 유학을 기독교와 같이 종교화하는 것이 필요하다고 생각하였다. 강유위가 생각하였던 공교운동의 기본적 방향과 성격은 유교를 교주, 교의, 교회조직, 신앙체계 및 다수의 교도 등이 있는 기독교와 같은 형태의 제도적 종교로 만들려는 시도에 있다.

이에 비해 이승희의 공교 운동의 방향과 특색은 강유위와는 달리 유학에 내포된 보편적인 정신적 요소와 교화적敎化的 측면을 버리지 않고 그것에 근거하여 외연을 확장하는 방식으로 나타난다. 그가 주장하는 공교운동의 방향은 기본적으로 종교의 필요성은 인정하지만 그것이 기독교와 같은 것이어야 한다는 점에서는 회의적이다. 그는 서양의 문명에 대해서도 비판적이다. 그가 말하는 공교운동의 입장은 표면적으로 보기에는 매우 혼란스럽다. 그가 공교운동을 하려는 근본적 목표는 어디에 있는가? 우선 먼저 그가 생각하는 종교는 어떤 의미를 가지고 있는가에 대해 살펴보도록 하자. 이승희의 종교적 관점을 대략적으로 알 수 있는 문장은 「의진시사소擬陳時事疏」에 보인다. 여기에서 그가 제기한 4가지의 시무책 중 첫 번째가 바로 '인륜을 밝혀 종교를 세운다(明人倫以立宗敎)'는 말이다.

> 오호라, 가르침이 행해지지 않는데 장차 어떻게 나라를 바로 세우겠으며, 근본이 서지 않았는데 말단이 무엇을 이어받겠습니까? 맹자가 사설이 바른 것을 해치는 것에 대해 말할 때 다만 상도常道로 돌아가게 할 뿐이라고 하였습니다. 신의 그릇되고 망령됨으로도 역시 지금 우

리나라의 가장 급한 일은 큰 인륜을 밝히는 것보다 우선적인 것이 없고 종교를 세우는 것보다 중대한 것이 없다고 생각합니다.[42)]

지금 우리나라가 자립하지 못하는 것은 실은 교화의 근본을 잃어 버리고 옳고 그름을 나누는데 갈팡질팡 하였기 때문으로 그 마음을 스스로 세울 수 없는데 까지 이르렀습니다. 천지의 올바른 본성에 근원을 두고 사람의 큰 윤리를 세웠는데 그것은 부자유친·군신유의·부부유별·장유유서·붕우유신을 말함이고, 그 덕은 인·의·예·지·신을 말하고, …… 이것이 우리의 영원한 종교이다. 천지는 변하여도 이 교는 변할 수 없습니다.[43)]

위의 인용문을 종합하면 이승희가 종교를 세우는 일이 급선무라고 생각하는 이유는 바로 혼란한 현실을 구제하려는 문제와 관련이 있는 것으로 보인다. 또한 그가 말하는 종교의 함의 역시 다르다. 그가 말하는 종교는 다분히 세속적인 인륜과 교화적 체계의 성격을 가지고 있는 상도常道이다. 그는 종교의 정의를 "만세에도 변하지 않는 상도常道"[44)]라고 말한다. "만세에도 변하지 않는 상도"가 의미하는 것은 오륜五倫 등의 유가적 규범의 체계와 인의예지신의 유가적 덕목을 말하는 것으로 보인다.[45)] 이것을 그는 "교화의 근본"으로, "우리의 영원한 종교"로, "천지는 변하여도 변하지 않는 교"로 말한다. 즉 유가적 이념 자체를 하나의 종교로 보고 이것은 천지가 변하여도 변

42) 『韓溪遺稿』 一. 「擬陳時事疏」 185쪽. "嗚呼, 敎之不行, 將何以國, 本之不立, 末於何傳, 孟子論邪說之害正, 只曰反經而已, 臣愚謬妄, 亦以爲我韓今日急務, 莫先於明大倫, 莫大於立宗敎."

43) 『韓溪遺稿』 一. 「擬陳時事疏」 183쪽. "今我邦所以不能自立者實由自失敎化之本, 眩於邪正之分, 至於不能自立其心也. 原天地之正性, 立人生之大倫, 曰父子有親, 君臣有義, 夫婦有別, 長幼有序, 朋友有信, 其德曰仁義禮智信, 此吾萬世宗敎也, 天地可變而此敎不可易也."

44) 朱熹. 『四書集註』 "萬世不易之常道也."

45) 정병석. 2010. 「한계 이승희의 도덕적 종교관」 『유교사상연구』 제39집. 79쪽.

하지 않는 교教라고 말한다. 이처럼 그가 말하는 종교관은 철저히 오륜· 오덕 등 세속적인 유가적 인륜체계를 중심으로 구성되어 있고, 이를 통하여 국가를 자립시키고 현실을 구제하려고 한다.

이승희가 기독교와 서양문화를 평가하는 기준 역시 '주리론'과 '심즉리'이다. "또한 주리와 주기의 구분이 있는데 주리라는 것은 그 근본을 얻어서 그 차례가 순조롭기 때문에 기 또한 숨을 수가 없다. 주기라는 것은 그 말단을 쫓아서 그 차례가 거스르기 때문에 리는 드러날 수가 없다. 우리 성인의 이른바 격물치지라는 것은 바로 그 이치를 궁구하는 것이다. …… 지금 서양의 이른바 격물의 학에 보이는 것은 기일 뿐이다.[46] 이승희는 서양의 과학문명을 주기론으로, 유가의 학문을 주리론이라고 평가하고, 근본을 탐구하기 위해서는 주리적인 방법이 필요하다고 말한다. 만약 주기적인 방식에만 집착한다면 그것은 말단만을 추구하는 것으로, 이럴 경우 근본을 잃어버리게 된다고 말한다. 이것은 주리론을 강조하는 이승희의 입장을 분명하게 보여주고 있다. 서양문명을 주기론으로 보는 이승희의 관점은 기독교를 대하는 그의 태도에서도 동일하게 나타난다. 그의 기독교에 대한 관점은 영국인 윌리엄슨(Williamson, 韋廉臣)이 쓴 「상제비태극론上帝非太極論」을 비판한 「위군상제비태극론변韋君上帝非太極論辨」에서 잘 나타난다. 윌리엄슨이 종교적 성격의 상제上帝 개념은 유학에서 말하는 태극과 다르다고 하는 주장에 대해 이승희는 주재主宰하는 리 즉 태극이 바로 상제라는 주장을 제기하고 있다.

> 그의 주된 뜻은 대체로 이 리를 지각과 동정이 없으며 주재할 수도 없는 것으로 보고, 상제는 신령한 지혜와 기력을 가지고 있으며 의지와

---

46) 『韓溪遺橋』 六. 「泰西格物說辨」. 162~3쪽. "又有主理主氣之分, 主理者 , 得其本而其序順, 故氣亦莫之遁焉. 主氣者, 逐其末而其序逆, 故理却不能著焉. 吾聖人之所謂格物而致知者, 卽所以窮其理也. …… 今泰西所謂格物之學, 所見者氣已而."

> 지혜를 가지고 조작할 수도 있는 신묘한 존재로 보고 있어서 우리 유가가 말하는 태극이 어떤 것인지도 모르고 또한 상제에 대해서도 잘못 알고 있는 것으로 보인다. 지금 또 우리 유가의 뜻으로 말하면 천지만물이 본래 각기 다른 천지만물인 것은 어떤 연유로 말미암아 그런 것인가? 여기에는 반드시 그렇지 않을 수 없는 까닭이 있기 때문이다. 이른바 반드시 그렇지 않을 수 없는 까닭이 바로 리이다. 이것이 어찌 형기를 가진 것을 가리키겠는가?[47]

윌리엄슨은 리(태극)를 지각과 동정이 없으며 주재할 수도 없지만, 상제는 신령한 지혜와 기력氣力을 가지고 있으며 의지와 지혜를 가지고 조작할 수도 있는 것으로 보고 있다. 이에 비해 이승희는 리의 동정이나 조작은 현상세계 속에서 드러나는 것은 아니지만 분명히 그런 작용을 하고 있음을 말한다. 왜냐하면 "동動에는 반드시 먼저 동의 리가 있고 정靜에는 반드시 정의 리가 먼저 있는데 그것이 동정하는 것은 반드시 이 리로 말미암아 동정하는데 이것이 동정의 진체眞體가 아닌가?"[48]라고 하여 리의 보이지 않는 작용에 대해 말하고 있다. 이승희는 리발설과 리의 주재성에 근거하여 윌리엄슨이 태극을 지각과 동정이 없으며 주재할 수도 없다는 입장을 명확하게 비판한다.[49] 여기에서 이승희의 강조점은 리발설理發說과 심즉리를 통한 심의 주재성이라는 문제에 있다.[50] 이런 점에서 이승희는 초월적인 천, 상제나 태극을

---

47) 『寒溪遺橋』 6.「韋君廉臣英人上帝非太極論辨」. 205쪽. "其大意, 則槩以此理爲無知覺無動靜, 不能主宰之物, 而以上帝爲有靈慧有氣力, 能用意智造作之神, 所以於吾儒所謂太極, 不知爲何物, 而又疑其錯認上帝也. 今且以吾儒之意而言之, 天地萬物固是他天地萬物, 然是皆何由而然也, 其必有不得不然之故者, 卽此理也, 是豈有形氣可指耶."

48) 「韋君廉臣英人上帝非太極論辨」. 206쪽. "動也必先有動底理, 靜也必先有靜底理, 其爲動靜者必有此理而動靜焉, 此非動靜之眞體乎?"

49) 정병석.「한계 이승희의 도덕적 종교관」. 70~71쪽.

50) 『韓溪遺稿』 六.「宣錄條辨」. 185쪽. "退陶夫子申之曰, 心爲太極, 卽所謂人極也.…… 但心爲主宰, 各隨其則而應之. …… 不是心外別有箇理, 理外別有箇心, 此豈非所謂心卽理者耶."

내재화하여 인간에게 주재성을 부여하고 있다는 점이다. 이것이 바로 한주와 한계를 비롯한 한주학파의 핵심적 명제인 '심즉리'의 명제이다.

이승희가 주장하는 공교의 핵심적 내용은 유학의 본래 정신을 전혀 버리지 않고 그것을 공고하게 보존하면서 도덕적 교화를 통한 종교화를 시도한다. 유학을 종교화함에 있어 어떤 초월적인 신성을 부여하기 보다는 일상적 윤리를 하나의 신념 또는 신앙의 체계로 전환하려고 한다. 신성을 덕성으로 대신한다. 그는 공교의 핵심이 오덕五德에 있다고 말한다.

> 지는 지의 덕이고, 인은 인의 덕이고, 용은 의의 덕이고, 경은 예의 덕이고, 성은 신의 덕이다. 이 다섯 가지는 인성에 고유한 것으로 마음의 덕이며 천하의 모든 행위와 모든 선은 하나 같이 여기에서 말미암는 것으로 공자가 평생 동안 강조하고 마음을 쏟은 것이라고 할 수 있다. …… 지금 공자교를 세우려고 한다면 마땅히 우선 지·인·용·경·성의 오덕을 분명히 하여 제1과목으로 해야 할 것이다.[51)]

인간이 행해야 하는 모든 도덕적 행위는 지知·인仁·용勇·경敬·성誠의 다섯 가지에 근거해야 한다고 말한다. 유학의 많은 해석들 역시 이 오덕을 벗어나지 못하고, 심지어 서양의 종교에서 말하는 것들도 모두 이것과 다르지 않다고 말한다. 유교를 종교화했다고 해서 초월적 신성神聖을 강조하는 것이 아니라 인간 본성에 기인하는 도덕적 가치 또는 교화적 체계를 더욱 우위에 두고 있다.[52)] 즉 기독교의 교의教義가 신 중심으로 전개되었다고 한다면, 이승

---

51) 『韓溪遺稿』 六. 「孔教教科論」 134쪽. "夫知, 智之德也, 仁, 仁之德也, 勇, 義之德也, 敬, 禮之德也, 誠, 信之德也. 五者, 人性之固有而心之德也. 天下百行萬善, 皆由此出, 乃吾夫子平生心法也. …… 今欲爲孔子設教, 當首明此知仁敬勇誠五德, 爲第一科."

52) 김종석. 2004. 「한계 이승희의 공자교 운동과 유교개혁론 문제」 『철학논총』 제38집. 13쪽 참조.

희의 경우는 세속적인 인륜 체계들을 실천하는 것에 그 핵심이 있다.

구체적으로 공교운동을 하는 그의 참된 의도가 무엇에 있는가 하는 것은 「공교회강설孔教會講說」에서 어느 정도 보인다. 당시 많은 사람들이 공자의 교教가 무익하거나 심지어 해롭다는 비판에 대해 그는 반성해야 될 세 가지를 제시한다. 그것은 '허상虛想'·'혼동混同'과 '부회傅會' 등이다.

허상이란 공자를 입으로만 지성至聖과 대성大聖으로 말하고, 효와 충忠 및 육예의 통달입에 달고 있지만 "혹 실심實心으로 정밀하게 구하지 못하면 공자의 도는 구하면 구할수록 더욱 멀어져 끝내는 부질없는 생각이 될 뿐이고, 실천하지 못하면 이는 도를 간절히 바라는 것은 알고 있지만 실질적인 능력은 없는 것이다."[53] 생각만 할 것이 아니라, 중요한 것은 실심으로 실천하는 것에 있음을 말한다. '혼동'이라는 것은 공자· 예수와 부처를 모두 성인이라 '혼동'하여 그 차이를 구분하지 않는 것을 말한다. 이는 도를 높일 줄은 알지만 실견實見이 없는 것이다.[54] 실견으로 '혼동'을 없애야 한다는 것이다. '부회'라는 것은 시대가 변하여 공교가 사라질 것을 두려워하여 다른 종교가 주장하는 데로 따라가서, 다른 종교가 신교神教를 주장했다고 하면 공자도 신교를 주장했다고 하고, 천당과 지옥을 다른 종교에서 말하면 공자도 이미 말했다고 하는 식으로 견강부회하는 경우를 말한다. "지금 공자의 도를 보존하기 위해서 공자의 도를 먼저 왜곡해서야 되겠는가? 이것은 도를 지키는 것은 알지만 실덕實德이 없는 자이다."[55]

이승희는 여기에서 공자의 도가 자립自立하여야 진정한 공자의 도를 말

---

53) 『韓溪遺橋』六. 「孔道會講說」 363쪽. "或不能實心精求, 則孔子之道, 愈求而愈邈, 終亦虛想而已, 莫之能實踐焉, 是知慕道而無實力者也."

54) 『韓溪遺橋』六. 「孔道會講說」 363쪽. "而欲不辨黑白者, 是欲行而掩其目也, 是知尊道而無實見者也."

55) 『韓溪遺橋』六. 「孔道會講說」 364쪽. "今欲保孔道, 而先誣孔子之道可乎, 是知衛道而無實德者也."

할 수 있다고 말한다. 이른바 자립의 의미는 억지로 서양의 종교 개념을 끌어와 공교에 연결시키지 않는 것을 강조한 말이다. 다른 종교를 끌어 올 필요 없이 유학 자체만으로도 자족적自足的이라는 것이다. 그는 유교를 종교화함에 있어서 결코 초월적인 인격적 존재나 유일자로서의 신을 요청하지 않고 유학에 내포된 보편적인 도덕적 요소와 교화적 요소를 확장하여 그것을 유교종교화라는 측면에 그대로 적용하고 있다.[56)]

> 오직 실實을 찾아야 하며, 실을 찾으면 분변함이 밝아지고, 분변함이 밝아지면 믿음이 독실해 지고, 믿음이 독실해 지면 행동이 독실해 진다. 이것이 성誠의 도이고, 공자의 도는 성일뿐이다.[57)]

'실實'은 바로 '허상'·'혼동'·'부회'와 상대되는 말이다. 다른 종교에 의존하는 것이 아니라 공자가 가지고 있는 참된 의미를 찾아낸다면 저절로 믿음을 가지게 될 것이고, 믿음이 독실해 지면 그 실천은 더욱 돈독해 진다는 것이다. 여기에서 중요한 것은 독실한 믿음의 결과로 나온 독실한 실천에 대한 강조이다. 맥락상으로 보면 공교를 지칭하는 독실한 믿음은 독실한 실천이라는 목적을 위한 수단 혹은 방법에 해당하는 것으로 보인다. 그러면 그가 말하는 독실한 실천의 내용은 구체적으로 어떤 것들인가?

1909년 이승희는 밀산부密山府에서 한인 정착촌을 만들고 '한흥동韓興洞'이라는 이름을 붙였다. 이곳에 한흥학교를 설립, '민약民約'과 군사훈련 등을 통해 독립운동 기지를 건설하려 하였다.[58)] 그는 민족교육이 필요함을 역설

56) 정병석.「한계 이승희의 도덕적 종교관」. 74~75쪽 참조.

57) 『韓溪遺橋』六.「孔道會講說」. 364쪽. "只當求之實, 求之實則辨之明, 辨之明則信之篤, 信之篤則行之篤矣, 是誠之道也, 孔子之道, 誠而已."

58) 『韓溪遺稿』七.「年譜」. 550~551쪽.

하고 「동삼성시무사의東三省時務私議」59)를 지어 민족교육의 방향을 제시하여 독립군 양성의 기반을 닦았다. 1913년에 안동현安東縣으로 옮겨 이곳에서 교민들과 협의하여 동삼성한인공교회東三省韓人孔敎會를 창립하기로 결심하여 통문을 돌리고, 「동삼성한인공교회지취서東三省韓人孔敎會趣旨書」60)를 지었다. 이로부터 이승희는 망명활동의 중요 부분을 차지하는 공교운동에 직접 참여하게 된다. 그는 공자의 유교이념에 근거하여 동양의 새로운 정치이론과 세계상을 구상하였고 그것을 통해 조국의 독립을 성취하고자 노력하였다.61)

이승희는 공교를 우리나라의 역사와 정신을 보존하기 위한 하나의 방법으로 보았고, 공교운동을 통해 중국 동삼성 지역 이주 한인의 정착과 활동을 지원하려는 목적을 가지고 있었다. 그는 「동삼성한인공교회지취서」에서 중국 공교회의 지부를 조직하여 한인 이주민들을 교육한다면 중국 정착에 도움이 될 것으로 보았다. 그는 공교를 통한 교화는 민족의 생존 및 국가의 발전과 밀접한 관련을 맺고 있었던 것으로 보았다. 그의 공교회 운동은 이주 한인의 생존과 국가의 독립과 직결된 문제로 보아야 할 것이다.62)

그는 「만국대동의원사의萬國大同議院私議」63)라는 글을 집필하여 일종의 국제연맹을 구상하고 만국 공법公法의 제정을 주장하였다. 여기에서 이승희는 '종족주의'와 '국가주의'로 말미암아 종족과 국가가 나누어져 서로 싸우게 되므로 '종족주의'와 '국가주의' 대신에 장횡거張橫渠의 『서명西銘』에 근거한 '사해동포四海同胞' 사상을 천명한다. 여기에서 공교는 민족의 생존 및 국가의 발전

59) 『韓溪遺稿』 七. 488~491쪽.

60) 『韓溪遺稿』 七. 233~235쪽.

61) 권오영. 2010. 「韓溪 李承熙先生」. 『寒洲先生崇慕誌』. 한주 이진상선생 기념사업회. 374쪽 참조.

62) 김기승. 2007. 「한계 이승희의 독립운동과 대동사회 건설 구상-유교적 반전평화론에 기초한 독립운동 사례-」. 『한국민족운동사연구』 50호. 64쪽을 주로 참조하였음.

63) 『韓溪遺稿』 七. 「年譜」. 549~550쪽.

에서 한 걸음 더 나아가 인종과 지역 및 국가의 차별을 넘어서는 사해동포 사상의 구상을 실천하게 만드는 통로의 역할을 하였다. 이승희는 공리와 이해 때문에 전쟁의 혼란에 빠진 당시의 상황을 구제하여 대동평화의 세계를 건설하는 데 공교의 필요성은 절실한 것이라고 보았다.[64]

이승희는 '종족주의'와 '국가주의'에 대해 비판적이었다. 이것은 리보다 형기를 위주로 하는 관점으로 종족을 구별하고 국가를 구별하여 서로 죽이고 멸망시키려고 한다는 것이다. 그는 천하 혼란의 주원인을 '종족주의'와 '국가주의'에서 찾고 있다. 그는 이 문제를 공교를 통해 해결하려 한다. 즉 공리와 이해만을 추구하여 전쟁의 혼란에 빠진 당시의 상황을 인의仁義를 중심으로 하는 유학의 보편적인 도덕 윤리와 모든 사람과 만물이 나와 동포라는 '사해동포' 사상을 통하여 인종, 지역, 국가의 차별을 넘어서게 하여 대동평화의 세계를 건설하는 데에는 공교가 가장 적절한 것이라고 보았다.

이승희는 '종족주의'와 '국가주의'의 한계를 지적하고, 다른 나라와 다른 종족을 해치고 멸망시키는 것은 인의와 도덕을 부정하는 것이라고 보았다. 그는 '종족주의'와 '국가주의'를 넘어서는 '천하주의天下主義'를 제시하여 종족, 지역, 국가의 구별을 넘어서는 '천하위공天下爲公'의 대동사회를 건설하기 위한 노력을 하기도 하였다.[65] 이처럼 이승희는 한주학파의 주리적 실천론에 근거하여 유가적 가치를 시대와 현실에 적응할 수 있는 새로운 체계로 해석하였고, 그것을 현실에 적극적으로 실천하려 하였다.

---

64) 『韓溪遺稿』 五. 「與萬國改良會代表丁義和」 360쪽.

65) 『韓溪遺稿』 六. 「李南彬筆話」 369~398쪽. 「答李南彬」 444~449쪽.

5. 맺음말

위의 논의를 통하여 '심즉리'를 주장하고 변호하는 한주학파의 대표적인 성리학자로, 애국운동과 독립기지를 건설한 독립지사로서, 또 유학의 종교화를 시도한 공교 운동가로서의 이승희의 다양한 모습들을 발견할 수 있었다. 이런 다양한 모습을 만든 것은 바로 그가 견지하고 있는 철학적 관점, 즉 '심즉리'의 주리적 사유가 그 바탕에 있기 때문이다. 이것은 바로 다름 아닌 한주 이진상의 유산이고 발전적 계승이다. 이승희에게 있어서 '심즉리'라는 한주학파의 기본적 철학 명제는 다른 학자와 학파의 비판에 대응하고 재비판하여야 하는 기본적 책무로 주어져 있었다. 그는 이진상의 관점이 선유先儒의 관점에 근거하고 있음을 논증하는 방식으로 대응하였는데, 「선록조변」과 「도남통문조변」에서 조목조목 변론하여 한주의 학설을 적극적으로 옹호하였다.

한주학파가 파리장서 사건을 주도하거나 애국운동을 활발하게 전개하는 것은 결코 우연이 아니다. 이진상의 '심즉리설'은 심心의 주재성과 능동성을 강조하기 때문에 현실의 대응이란 점에서 매우 주체적, 적극적, 능동적, 개방적인 관점을 보여준다. 이런 한주학파의 의리의 실천이란 점을 가장 분명하게 표현하는 사람이 바로 이승희이다. 그는 단순한 독서는 무익하고 반드시 책 속에 들어있는 도리를 체득하여 그것을 다시 현실에 적용하여 올바르게 대처하는 것이 더욱 중요하다고 말한다. 그는 의리를 현실에 직접 실천하는 것을 실학實學이라고 말한다. 특히 이승희는 주자의 관점을 빌려와 '심즉리'를 '심즉인心卽仁'으로 해석하여 '심즉리'의 관점을 현실적 실천이라는 측면으로 더욱 이동시켜 해석하고 있다.

이승희의 유학 종교화 운동의 방향과 특색은 유학에 내포된 정신적 요소와 교화적 측면을 확장해서 적용하고 있다. 유학을 종교화함에 있어 어떤 초월적인 신성을 부여하기 보다는 일상적 윤리를 하나의 신념 또는 신앙의 체계로 전환하려고 한다. 신성神性을 덕성德性으로 대신한다. 특히 그는 공교운동을 통해 중국 동삼성 지역 이주 한인의 정착과 활동을 지원하려는 목적을 가지고 있었다. 그는 공교를 통한 교화는 민족의 생존 및 국가의 발전과 밀접한 관련이 있는 것으로 보았다. 따라서 그의 공교회 운동은 이주 한인의 생존과 국가의 독립과 직결된 것으로 보인다.

이승희는 여기에서 한 걸음 더 나아가 공교를 인종과 지역 및 국가의 차별을 넘어서는 사해동포 사상과 대동사회의 구상을 실천하게 만드는 통로로 해석하고 있다. 이처럼 그는 한주학파의 주리적 실천론에 근거하여 유가적 가치를 시대와 현실에 적응할 수 있는 새로운 체계로 만들고 해석하여 그것을 실천하는 데에 매우 적극적이었다.

회당晦堂 장석영張錫英의 철학과 한주학 계승

황 지 원

회당晦堂 장석영張錫英의 철학과 한주학 계승

황 지 원

1. 머리말

회당晦堂 장석영張錫英(1851~1926)은 크게 두 가지 점에서 주목할 수 있다. 하나는 조선말에서 일제강점기에 이르기까지 조선의 마지막 성리학자 가운데 한 사람으로서 스승인 한주寒洲 이진상李震相(1818~1886)의 '심즉리설心卽理說'을 계승하고 수호하는 데 힘을 쏟았다는 점이고, 다른 하나는 유림을 대표하는 독립운동가로서 우리 민족의 독립을 위해 헌신하였다는 점이다. 이 두 가지는 서로 다른 영역이면서 동시에 서로 긴밀하게 연결되어 있는 것이기도 하다. 왜냐하면 한 사람의 사회적 실천은 기본적으로 그의 사상적 신념과 가치, 그리고 세계관이 반영된 것이기 때문이다. 이 과정에서 장석영은 「호락변설湖洛辨說」, 「한중질서閒中疾書」, 「성사심제변性師心弟辨」 등 다수의 성리학 관련 저술을 남기고 있을 뿐만 아니라 「요좌기행遼左紀行」, 「흑산록黑山錄」 등 사회·정치사적으로 중요한 다수의 기록을 남겼으며, 「사례절요四禮節要」, 「의례집전儀禮集傳」, 「구례홀기九禮笏記」, 「사례태기四禮汰記」 등과 같은 예학 관련 저술도 남겼다.

이처럼 풍부하고 다양한 저술과 아울러 사상사적으로 이진상의 '심즉리설'과 '리발일도설'을 계승하고 수호하였을 뿐만 아니라 독립운동사에 있어서도 중요한 역할을 담당하였음에도 불구하고 장석영은 면우俛宇 곽종석郭鍾錫(1846~1919)이나 한계寒溪 이승희李承熙(1847~1916), 후산后山 허유許愈(1833~1904)등 같은 주문팔현洲門八賢에 속한 사람들에 비해 연구자들의 주목을 받지는 못하였다. 근래에 와서야 그에 대한 연구가 진행되어 지금까지 단독 연구 논문이 세 편 정도 있으나[1] 시문에 나타난 정서를 분석하거나 해외 망명을 위해 만주일대를 여행한 경험을 위주로 그의 세계관과 유교에 대한 인식을 이해하고자 하는 정도, 그리고 그동안 학계에 알려지지 않았던 장석영본 〈파리장서〉가 실려 있는 「흑산록」을 발굴하여 소개하는 정도에 그치고 있고, 많은 경우 성리설에 있어서는 주문팔현과 함께 간략하게 소개되거나,[2] 3·1운동이나 파리장서운동(1차 유림단의거), 그리고 2차 유림단의거 등 독립운동의 전개과정에서 함께 포함되어 언급되는 정도[3]에 머물러 있는 실정이다.

여기에서는 기존의 부분적 연구 성과들을 종합하고 심화시켜 '한주학의 계승과 발전'이라는 관점에서 장석영의 철학사상을 분석하고자 한다. 이를

---

1) 장석영에 대한 단독 연구논문으로는 이택동. 2009. 「晦堂 張錫英論」 『한국고전연구』 제19집. 한국고전연구학회. 그리고 서동일. 2014. 「1910년 전반기 장석영의 외부세계 경험과 유교인식」 『한국인물사연구』 제22집. 한국인물사연구회; 정우락. 2013. 「회당 장석영이 쓴 『흑산록』의 서술방식과 가치」 『영남학』 제23집. 경북대 영남문화연구원. 등 세 편이 있다.

2) 대표적으로 이형성. 2009. 「한주학파 성리학의 지역적 전개양상과 사상적 특성」 『국학연구』 제15집. 한국국학진흥원. 등이 있다.

3) 파리장서운동과 관련해서는 많은 논문들이 발표되었다. 그 가운데 지역적 연구와 관련해서는 대표적으로 권영배. 2012. 「성주지역의 3·1운동과 파리장서 운동」 『계명사학』 제23집. 계명사학회; 김희곤. 2013. 「성주지역의 독립운동과 성격」 『한국독립운동사연구』 제46집. 한국독립운동사연구소. 등이 있다.

통하여 그의 성리설과 현실에 대한 인식, 그리고 독립운동을 전개하는 과정에 나타난 신념과 내면적 고민 등을 하나의 고리로 연결할 수 있을 것이다. 논리 구조상 철학사상이 먼저 다루어지고 그것의 현실적 반영으로서 사회적 활동을 탐색하는 것이 당연하겠으나, 편의상 순서를 바꾸어 현실에 대한 인식과 사회적 실천을 먼저 다루고, 그러한 실천의식의 토대로서 철학사상을 탐색하는 것으로 진행하기로 한다.

2. 현실에 대한 인식과 독립운동

1) 시대적 상황과 현실인식

장석영은 1851년 10월 24일 현재의 칠곡군 기산면 각산리角山里에서 출생하였다. 그의 본관은 인동仁同이고, 자는 순화舜華, 호는 추관秋觀·회당晦堂이다. 조선중기 성리학의 대가인 여헌旅軒 장현광張顯光(1554~1637)의 후손으로 부친은 북청부사와 형조참판을 지낸 장시표張時杓(1819~1894)이며, 모친은 청주정씨淸州鄭氏이다. 부친이 외지에서 관직생활을 한 탓으로 10살, 3살 터울인 두 형들에게서 학문을 익혔으며, 집안의 영향으로 일찍부터 집안 선조인 장현광의 학문을 접하였는데, 문장이 뛰어나 주변의 칭송이 자자하였다. 15세에 스스로 깨우치는 바가 있어 「조명탄釣名歎」 한 편을 지어 헛된 이름을 드러내는 것을 경계하고 스스로를 수양하는 것으로 학문의 목표를 삼았다고 한다.

장석영의 삶에서 가장 중요한 전환점이 된 것은 28세가 되던 1878년 봄에 회연서원檜淵書院에 가서 향음주례鄕飮酒禮에 참여하였을 때, 여기서 이진상을 처음 만난 것이었다. 그는 이진상의 학문과 인품에 감복하였다. 그리하여 이 해 5월 이진상의 문하에 나아가 9년 동안 학문을 닦았으며, 동문인 곽종석, 허유, 이승희 등과 교유하며 천인天人과 리기理氣의 학설을 체득하고 변설하였다. 이후 이진상으로부터 수학한 태극太極·리기理氣·심성心性에 대한 주리적主理的 이해를 바탕으로 평생 동안 리학 중심의 현실인식과 세계관을 유지하였으며, 외부의 비판으로부터 스승의 리학을 존숭하며 옹호하는데 온 힘을 쏟았다.

30세가 되던 1880년 북청부사北靑府使로 부임하는 부친을 수행하였으며, 책방의 임무를 맡아 지역의 문풍을 진작시키고 「북정록北征錄」을 지어 산천과 풍속을 기록하였다. 구한말의 사회적 혼란으로 인해 피폐해진 풍속과 인륜을 바로잡기 위해 예학에 많은 관심을 기울여, 「예기차의禮記箚疑」와 「사례절요」를 편찬하였으며, 이진상이 사망한 후에는 이승희 등과 함께 「사례집요四禮輯要」를 여러 차례 교정하였다.

1905년 을사늑약이 체결되자 이승희, 곽종석 등과 함께 영남지역의 유생 삼백여 명을 규합하여 조약을 파기하고 을사오적을 처단할 것을 요구하는 「청참오적소請斬五賊疏」를 올리고 본격적인 항일운동을 시작하였다. 이후 1907년 대구에서 국채보상운동이 시작되어 전국으로 확산될 때에는 칠곡지회장으로 추천되기도 하였다. 국가의 주권회복을 위한 노력에도 불구하고 1910년 일제에 의해 국권이 완전히 침탈당하자 이미 국외로 망명하여 한인촌 건설과 해외독립운동을 이끌고 있던 이승희를 따라 만주로 망명할 것을 시도하기도 했으나 결국 포기하고 고향으로 돌아왔다.

장석영은 지식인으로서의 책임을 통감하고 자신의 방식에 따라 적극적인 항일투쟁에 참여하였는데, 직접적인 무력을 통한 독립보다는 도의와 명분을 앞세워 정당성을 확보하고, 이로써 일제를 설득하고 물러나게 하는 것이 중요하다고 생각하였다. 무장봉기는 불가피하게 많은 민중들의 희생이 뒤따를 수밖에 없기 때문이다. 대신 일시적인 혼란이 지나면 천하의 올바른

도에 따라 왜곡된 현실이 바로잡히게 될 것이니, 따라서 그 때까지 올바른 기준을 잃어버리지 않고 유지하는 것이 중요하며, 굳은 신념으로 도의를 지키는 것이 필요하다고 생각하였다. 그리하여 장석영은 1919년 3·1운동이 일어나자 공산恭山 송준필宋浚弼(1869~1943) 등과 협의하여 <통고도내문通告道內文>과 <저총독부서抵總督府書> 등을 작성하여 지역 민중들의 독립의식을 고취하고, 일제에 대항하여 한국독립의 정당성을 피력하였다. 또한 외교활동을 통해 국제여론을 확보하고자 곽종석 등 동문들과 협의하여 파리강화회의에 제출할 독립청원서를 작성하였다가 체포되어 투옥되기도 하였다. 그리고 1925년 제2차 유림단의거가 일어났을 때는 고령의 나이에도 불구하고 영남대표로 독립운동을 위한 자금모집에 적극 참여하는 등 1926년 세상을 떠날 때까지 끊임없는 저항운동을 진행하였다.

이러한 지속적인 항일운동의 근저에는 현실적인 어려움에도 불구하고 도의와 명분을 지키고자 하는 신념과 독립에 대한 낙관적인 믿음이 깔려 있다. 장석영은 을사늑약에 함께 항의하다가 주동자로 지목된 이승희가 투옥되자 "저녁 해가 비록 쇠락해지더라도 완전히 사라지지는 않으니, 내일 다시 밝은 하늘이 돌아올 것을 안다네."[4]라고 하여 어려운 현실에 대해 절망하거나 비관하지 않고 오히려 낙관적인 태도를 보인다. 비록 지금은 나라의 운명이 저녁노을처럼 쇠락해 있지만 어둠이 지나면 다음 날 여명으로 다시 밝은 날이 오듯이 우리의 국운國運도 다시 흥성해 질 것이라는 믿음은 바로 그 자신이 철저한 주리主理적 사상에 바탕을 두고 있기 때문에 가능했을 것이다.

장석영의 천도天道에 대한 믿음과 주리적 신념은 그의 저술 곳곳에서 나타나는데 특히 다음의 글에서 잘 나타나 있다.

---

4) 張錫英, 『晦堂先生文集』 卷1, 「次李啓道獄中除夜韻二絶」. "知有殘陽消不盡, 皓天他日也應還."

> 오호라! 중화의 문물이 바뀌어 오랑캐가 되고, 선왕先王의 영토가 나라의 원수들에게 귀속되고 말았으니 그 누군들 분개하고 근심하여 탄식하며 쉼 없이 통곡하지 않겠는가. 그러나 이와 같은 현실로 인해 우리의 학문을 폐하고 그만둔다면 이는 곧 사위의 어금니가 아프다고 해서 장모의 정강이에 뜸을 뜨는 일이 될 것이다. 국가의 환란은 서책의 죄가 아니다. 논밭을 두고 서로 다투고, 물을 끌어오려고 서로 다투는 꼴을 보았다고 해서 신농씨神農氏와 후직씨后稷氏에게 쫓아가 그 책임을 묻는다면 어찌 이치에 맞겠는가?[5]

이 글은 1905년 을사늑약에 항의하고, 그와 관련된 매국노들을 규탄하기 위해 상경하는 도중에 젊은 유생들에게 지어 준 것이다. 바야흐로 국가의 존망이 걸린 중차대한 상황에서 비분강개한 마음을 드러내면서도 다른 한편으로 리학의 도리를 믿고 마음의 부동심을 갖추어야 함을 당부하는 것이다. 즉 시사時事가 아무리 어렵고 급박하고 전개된다고 하더라도 더욱 학문에 힘써서 리학의 전통과 도를 묵수한다면 세상은 언젠가 다시 올바른 본래의 모습을 되찾을 수 있다는 믿음을 드러낸 것이다.

2) 공교운동의 비판적 수용

애국계몽운동은 대한제국 후반기에 무너져가는 나라를 지탱하기 위해 펼친 국권회복운동을 가리킨다. 이 운동의 궁극적 목표는 밖으로 외세 침략으로 무너져가는 국가를 지탱하여 자주독립을 성취하고, 안으로는 전근대적인 요소를 혁파하여 근대사회를 일구어내는 것이었다. 국채보상운동

5) 張錫英.『晦堂先生文集』卷17.「與學者乙巳疏行時」“嗚呼中華文物, 化爲夷狄, 先王土宇屬之仇敵, 夫孰不慨憂永歎, 繼之以慟哭哉. 但因此而廢却吾讀書, 則是殆女壻牙疼, 而却灸丈母脚踼也. 國家之亂, 非書之罪也. 見有爭田爭水, 而追咎神農后稷, 豈理也哉.”

도 이런 애국계몽운동 차원에서 이해할 수 있다. 국채보상운동은 1907년 1월 29일 대구광문사 문회 특별회에서 김광제金光濟(1866~1920)와 서상돈徐相燉(1851~1913)의 발의로 시작되었는데, '이천만 국민이 석 달 동안 담배를 끊어서 국가의 빚을 갚자'는 것이 핵심 내용이었다. 이 소식이 퍼져나가 3월쯤에는 전국 곳곳에 국채보상을 위한 모금 단체들이 조직되고, 기관이나 개인들의 의연금 모집이 줄을 이었으며, 신분이나 연령, 남녀의 구분 없이 펼쳐져 거족적인 애국운동으로 확산되었다. 성주에서는 이승희와 김창숙金昌淑(心山, 1879~1962)을 비롯한 유림의 주도로 3월 20일 국채보상의무회가 조직되었다.[6] 장석영은 칠곡지회장으로 추천되었으나 병으로 인해 직접적인 활동을 하지는 못하였다. 어쨌든 성주·칠곡 지역에서 한주학파의 문인들을 중심으로 활발한 활동이 전개되었다는 것은 이미 학파 내에서도 애국계몽에 대한 의식이 심화되어 있었음을 여실히 보여주는 것이라 하겠다.

이후 이승희를 비롯하여 박은식朴殷植(1859~1925)·장지연張志淵(1864~1921)·이병헌李炳憲(1870~1940) 등을 중심으로 한국의 유림들에게도 다양하게 전개되었던 공교운동孔教運動 역시 각각 내용상의 차이는 있지만 기본적인 관점에서 애국계몽운동의 일환이라고 할 수 있다. 애초에 공교운동은 중국에서 강유위康有爲(1858~1927)가 처음 주도하고, 이후 그의 제자인 진환장陳煥章이 확산시킨 것으로 유교의 혁신을 통하여 전근대적인 봉건사회를 개혁하고 대동사회大同社會의 이상을 실현하고자 하였다. 하지만 정주학程朱學을 존숭하는 정통 도학의 계승자를 자처한 장석영으로서는 공양학公羊學에 기반한 공교운동에 대해 비판적인 입장을 취할 수밖에 없었다. 그는 정주학을 배척하고자 하는 공교가 확산될 경우 유학의 참된 도가 왜곡되고, 세태

6) 김희곤. 2013.「성주지역의 독립운동과 성격」『한국독립운동사연구』 제46집. 한국독립운동사연구소. 227~228쪽 참조.

또한 오염될 것이라고 심각한 우려를 표한다.

> 돌아보건대 지금 공자와 맹자, 정자와 주자의 가르침이 깜깜하게 가려져 세상에 드러나지 못하고 있다. 그 사람(강유위)은 중국의 뛰어난 선비라고 하면서도 논하는 바가 이와 같으니, 이에 대해 한 번 더불어 논변하지 않을 수 없겠다. 공자를 위하여 의리를 발명하고 정주를 위하여 그 뜻을 신구伸救함으로써 온 세상 사람들로 하여금 공자와 맹자, 정자와 주자의 학문이 아직 우리 동방에 존재함을 알도록 하겠다.[7]

이처럼 장석영은 유학을 종교화하여 지식인들뿐만 아니라 일반 민중들을 위한 구체적인 실천이념으로 전환하고자 하는 공교운동의 문제의식에 대해서는 어느 정도 인정한다. 하지만 역시 가장 큰 문제가 되는 것은 정주의 학문, 즉 성리학을 부정하는 것이라고 보았다. 우주와 인간의 보편적 원리로서 리를 전제하고 이로부터 인간사회의 바람직한 이상을 실현하고자 하는 그의 사유체계에서 보았을 때, 이는 필연적인 귀결이라고 할 수 있다. 그러나 동문이자 가장 절친한 도우道友였던 이승희가 망명지에서 공교활동을 진행하는 것을 지켜보면서 처음보다는 좀더 전향적인 입장을 보인다.

이승희는 정통 도학자의 관점에서 개화사상을 비판하였으나 1908년 4월 블라디보스톡으로 망명한 후 의식을 전환하였고, 1909년 만주로 이동한 후에는 봉밀산 일대에 한흥동韓興洞이라는 마을을 개척하여 일종의 유교적 신앙 공동체를 형성함으로써 본격적인 유교개혁운동을 전개하였다. 이후 1913년에는 안동현(단동)으로 활동무대를 옮겨 동삼성한인공교회東三省韓人孔教會를 창립하고 북경공교회에 편지를 보내 지회로 승인해줄 것을 요청하

---

7) 張錫英.『晦堂先生文集』卷8.「與張舜韶志淵」. "顧今孔孟程朱之教, 晦盲於天下. 而其人以五洲一士, 所論如此, 此不可不一與之論辨. 爲孔子發明, 爲程朱伸救, 使天下之孔孟程朱之學, 尙在於吾東也."

는 등 적극적으로 공교운동에 참여하였다. 이는 유교 윤리를 통하여 전통문화의 정신을 계승·유지하면서 민족의 독립을 도모하고자 한 것이다. 그는 성리학을 비판하고 공교를 세운 것이 아니라 성리학과 공교가 서로 연장선상에 있는 것으로 보았으며, 이러한 유학의 보편적인 요소를 종교로 정립하여 근대에 대응하고자 하였다.[8)] 장석영 역시 처음의 배타적인 태도에서 벗어나 정주학이 지니는 긍정적인 부분에 동의한다면 공교를 수용할 수 있다는 쪽으로 논의를 정리하고, 더 나아가 주리의 학문을 바탕으로 공교를 확장한다면 더 큰 성과를 얻을 수 있을 것이라고 주장한다.

> 스스로 천 길이나 되는 육왕陸王의 혼탁함에서 벗어나 우리 자양紫陽의 주리학主理學에 종사하여 공교를 넓게 베푼다면, 수레를 만드는 법에 가까워질 것이니 연못가로 다닐 때는 바퀴를 얇게 하고, 산길로 다닐 때는 바퀴를 가지런히 하여 세상으로 하여금 그 밖은 둥글게 하고 그 안은 반듯하게 할 수 있을 것이다.[9)]

공교운동은 적어도 유학을 인습적으로 계승하는 것으로 그치지 않고, 본질적이고 보편적인 요소를 추출하여 그것을 중심으로 근대적 의식 체계를 재구성하고자 했다는 점에서 정통 도학을 계승한 사람들이 선택할 수 있는 선택적 개혁운동이라고 볼 수 있는데, 장석영의 경우에는 현실의 사공事功적 측면뿐만이 아니라 궁극적 이상으로서의 의리義理의 역할에 주목하면서 공교의 외연을 더욱 확장시키고자 한 것이다.

8) 김희곤. 2013.「성주지역의 독립운동과 성격」.『한국독립운동사연구』 제46집. 한국독립운동사연구소. 229~230쪽 참조.

9) 張錫英.『晦堂先生文集』卷5.「答李南彬」. “自脫於陸王千丈之渾, 從事我紫陽主理之學, 恢張孔教, 庶乎其一車之法, 澤而杼而山而侔, 使一世而圓其外而方其中矣.”

3) 파리장서운동

일반적으로 이진상의 학문을 계승한 한주학파에 속한 유림들은 정재定齋 유치명柳致明(1777~1861)의 제자들을 중심으로 활발한 의병운동을 일으켰던 안동지역의 정재학파와 달리 직접적인 무력을 행사하는 의병항쟁에 대해서는 상대적으로 소극적인 태도를 취하였다고 본다. 이들은 직접적인 무장봉기보다는 오히려 외교적인 전략을 활용한 국권회복에 더 큰 무게를 두었던 것이다. 그래서 일본제국주의의 침략에 대해 만국공법萬國公法을 내세워 자주권을 강조하고, 서양의 여러 나라에 대한 외교적인 활동을 통하여 국제적인 여론을 형성함으로써 독립을 실현하고자 하였다. 이는 정통성과 명분을 확보함으로써 순리에 따라 목적을 성사할 수 있다는 의식의 반영이라고 할 수 있으며, 주리적 세계관을 표방하는 것이었다. 그리하여 1896년 각국 공사관에 〈포고천하문布告天下文〉을 보내는 등의 방법으로 일제침략을 규탄하고 자주독립의 정당성을 확보하고자 하였다. 한주학파가 보여준 이러한 외교 중심의 독립운동 전략은 '파리장서운동巴里長書運動'(제1차 유림단 의거)을 주도하는 과정에서 잘 드러난다.

파리장서운동은 3·1운동을 전후하여 유림들이 나서서 파리에서 열리는 강화회의에 장문의 독립청원서를 보낸 일을 말한다. 제1차 세계대전이 종전되고 전후 처리를 위한 연합국들의 모임이 파리에서 열리게 되자 국내·외에서 독립운동을 펼치던 사람들은 이 파리강화회의에 주목했다. 때마침 민족자결주의의 원칙도 선언된 후였기 때문에 다수의 독립운동가들은 국제사회에 독립을 열망하는 우리 민족의 의사를 적극적으로 드러낼 필요가 있다고 판단했다. 이런 의도에서 준비된 거사가 바로 민족 대표들의 3·1 독립선언이었고, 전국 각지에서 온 국민이 참여한 만세운동이었다. 내용상으로는 민족 내부에서 독립의 열망을 표현한 것이지만 이것은 사실상 국제적으로 자주독립국임을 확인시키기 위한 것이었다. 그런데 문제는 <독립선언서>의 민족대표 명단에 전통적 지식인층이라고 할 수 있는 유림이 배제되었다는 사실이다. 전통적인 가치를 수호하고자 한다는 측면에서는 보수적으로 비치기는 하지만 그렇다고 해서 한국의 독립을 누구보다 염원했던 유림계에서는 이런 상황이 큰 충격으로 다가왔고, 다른 방식으로 독립에 대한 열망을 표현하기 위해 따로 파리강화회의에 독립청원서를 보내야 한다는 의견이 대두되었다.

파리장서운동의 배경은 두 가지로 설명할 수 있다. 하나는 위에서 언급한 것처럼 3·1운동 당시 <독립선언서>의 민족대표 명단에 유림층 대표가 배제되었다는 데 대한 반감의 작용이었다. 다른 하나는 비록 나중에 일본이 조작한 것으로 밝혀지긴 했지만 <독립불원서獨立不願書>에 유림대표로 친일파인 김윤식金允植(1835~1922)과 이용직李容稙(1852~1932) 등의 이름이 올라 있다는 소문에 대한 배신감이었다. 결국 전통 유림들은 종교인들과는 별도로 유림의 독립운동의 방안을 강구했고, 여기에 친일파에 대한 분노가 겹치면서 유림의 이름으로 <파리장서>를 작성하고 제출하기에 이르렀던 것이다.[10] 이 <파리장서>는 파리강화회의 의장을 비롯하여 각국 대사관과 공사관, 영사관 및 중국의 각 정계 요인들에게도 우송되었고, 아울러 해외 각 항구와 도시 등 동포가 사는 곳에도 배포하였다. 당시 파리장서의 인쇄부수는 한문본 3,000부와 영문본 2,000부였고, 국내의 모든 향교에도 한문본으로 우송되었다.[11]

지금까지 알려진 바에 따르면 처음 파리장서운동의 추진은 면우俛宇 곽종석郭鍾錫(1846~1919)을 중심으로 하는 영남유림 계열과 지산志山 김복한金

10) 권영배. 2012. 「성주지역의 3·1운동과 파리장서 운동」. 『계명사학』 제23집. 계명사학회. 279~280쪽 참조.

11) 김희곤. 2013. 「성주지역의 독립운동과 성격」. 『한국독립운동사연구』 제46집. 한국독립운동사연구소. 241쪽 참조.

福漢(1860~1924)을 중심으로 하는 기호유림 계열에서 각각 독자적으로 진행되었다. 이들은 서한과 서명을 따로 작성하였다가 나중에 서울에서 만나 영남유림이 작성한 서한을 공식적으로 사용하기로 합의하였다. 그리하여 영남유림 대표자 120명의 서명과 기호유림 대표자 17명의 서명을 하나로 통합하여 총 137명의 연명으로 〈파리장서〉 최종본을 작성하고, 이 청원서를 파리강화회의에 전달하기 위해 김창숙을 파견하였다.

그리고 영남유림본 〈파리장서〉의 작성경위에 대해서도 처음 곽종석이 파리강화회의에 보낼 서한 작성을 장석영과 김황金榥(1896~1978) 등에게 부탁한 후, 이 두 개의 초안본을 두고 검토한 결과 장석영의 서한은 내용이 자세하기는 하지만 외교문서로 사용하기에는 적절하지 않다는 판단에 따라 김황의 초안본을 수정하여 사용하기로 결정하였다는 것이 일반적인 정설이다.

그런데 최근에 발굴된 장석영의 「흑산록」에 따르면 장석영은 이보다 앞서 스스로가 이미 〈파리장서〉에 대한 기획을 한 것으로 되어 있다. 그는 이런 생각을 먼저 송준필에게 전하였는데, 송준필은 국내의 여론을 일으키는 것이 더욱 중요하다는 생각을 하고 있어서인지 적극적으로 호응하지는 않았다. 그래서 장석영은 다시 곽종석에게 편지를 보내 파리장서의 중요성을 언급하면서 적극 나설 것을 촉구하였다. 그러자 곽종석은 '죽는 것은 두렵지 않으나 헛되이 죽는 것이 두려울 뿐'이며, 파리에 투서하는 것은 나 역시 생각하고 있었다고 답신을 보낸다. 이렇게 의견을 조율한 후 장석영이 파리장서 초안을 작성하게 되었다. 글이 완성되자 장석영은 송준필에게 보이고, 또 곽종석에게도 보내어 가부를 물었는데, 곽종석은 "이 글이 너무 과격하여 사용하기에 합당하지 않다."[12]고 답변한다. 그리고 스스로 지은 것이라며 다른

12) 張錫英.『先文別集』(智).「黑山錄」.“俛書曰, 此文過激, 不合於用.”

글을 보내어 장석영에게 교정을 부탁하였다고 한다.[13] 이 전후맥락에 대해서는 좀더 세밀한 연구가 필요할 것으로 생각된다.

장석영이 작성한 〈파리장서〉에는 '황제를 겁박하고', '대신을 도살하였고', '황후를 시해하고' 등과 같은 과격한 표현과 함께 국내의 문제에 많은 분량을 할애하였다. 그러한 까닭에 곽종석은 문체가 부드러우면서도 문제의 핵심을 효과적으로 드러내야 하는 외교문서로서는 적절하지 않다고 판단한 것이다. 그러나 대신에 장석영의 〈파리장서〉에는 국내의 만세운동, 국제사회에서의 일본의 기만적 행위, 독립에 대한 강렬한 의지 등이 두루 나타나 있으며, 당시 우리나라가 처한 절박한 사정이 간결한 문체로 기술되어 있다. 이로써 우리는 민족의 현실에 대한 장석영의 비판적 인식을 분명하게 확인할 수 있다.

3. 한주학의 계승과 옹호

1) 리의 동정 문제

이진상이 정주학과 퇴계학을 계승하면서도 '심즉리心卽理'라는 도발적인 명제를 도출해낼 수 있었던 것은 그 나름대로의 독창적인 접근방법과 관점이 있었기 때문이다. 또한 그의 이러한 접근방법과 관점은 그의 성리설 전체를 관통하고 있다. 즉 전통적인 리기불상잡理氣不相雜의 이간離看(分開看)과 리기불상리理氣不相離의 합간合看(渾淪看)의 관점을 토대로 그 위에 수간豎看

13) 정우락. 2013.「회당 장석영이 쓴『흑산록』의 서술방식과 가치」『영남학』제23집. 경북대 영남문화연구원. 186~189쪽 참조.

과 횡간橫看, 그리고 도간倒看의 관점을 제시했으며, 또 순추順推와 역추逆推의 방법을 고안해냈다.14) 장석영 역시 스승인 이진상의 방법과 관점을 그대로 수용하여 다음과 같이 말한다.

> 대저 리기理氣를 논하는 사람들의 경우에 어떤 사람은 도간倒看을 하고 어떤 사람은 수간竪看을 하며, 또 어떤 사람은 역逆으로 추리하고 다른 사람은 순順으로 추리하는데, 각각 그 보는 방식이 서로 다르기 때문에 (리기의 관계에 대해) 말하는 바도 각기 다르게 된다. 대개 도간하고 역추逆推한다면 태극은 음양에 내재하는 것이고, 리기에는 선후가 없게 될 것이다. 여기에서 리는 어떤 작용도 없이 그저 기를 타고 있으며, 따라서 기가 아니면 발할 수가 없다. 동動은 태극의 것이 아니며, 정靜도 태극의 것이 아니어서 동정은 다만 기氣일 따름이다. (이와 달리) 순추順推하고 수간한다면 반드시 먼저 리가 있는 것이니, 리기는 분명 두 가지 사물이다. 리 또한 능히 스스로 발할 수 있으며, (리가) 발할 때는 기가 이것을 돕게 된다. 마치 사람이 출입할 때 말을 도구로 삼는 것과 같으니, 동정은 단지 태극의 체용일 뿐이요, 리가 동정하는 까닭에 기가 동정하는 것이다. 이것이 이른바 기는 리가 아니면 스스로 동정함이 없다고 하는 것이다.15)

도간이란 사물 상에 구체적으로 드러나는 것에서 보는 것을 말하고, 수간이란 천리의 본원에서 보는 것을 말한다. 사물 상에서 본다면 리는 동정할 수 없고 동정하는 것은 다만 기일 뿐이지만 본원에서부터 본다면 오히려 동

---

14) 홍원식. 2008.『한주 이진상의 생애와 사상』. 예문서원. 123쪽 참조.

15) 張錫英.『晦堂先生文集』卷4.「答都禮叔」. "蓋論理氣者, 看得或倒或竪, 推之或逆或順, 各因其所見之不同, 而其言亦各不同. 蓋倒看而逆推則太極在陰陽中, 而理氣無先後也. 理無作用, 乘在氣上, 而非氣則不能發也. 動不是太極, 靜不是太極, 而動靜者, 只是氣也. 順推而竪看, 則畢竟是先有理而理氣決是二物也. 理能自發, 而發時氣爲之資. 如人之出而馬爲之具也. 動靜只是極之體用, 而理動靜故氣動靜, 所謂氣者, 非理則無以自爲動靜也."

정하는 것은 기가 아니라 리일 뿐이라는 것이다. 즉 어떤 관점에서 보는가에 따라 기의 동정이 되기도 하고 리의 동정이 되기도 한다. 이것을 장석영은 다음과 같이 표현한다.

> 대개 동정動靜이라는 두 글자는 리를 위주로 말한 것이 있고, 또 기를 위주로 말한 것이 있다. 근본을 추극樞極하고 근원을 궁구하여 말한다면 동정은 다만 리이며, 기는 스스로 동정하지 못한다. 그러나 사물의 현재로써 말한다면 리는 동정으로 말할 수 없으니 동정은 다만 기이고, 리는 기를 타고 동정한 것에 지나지 않을 뿐이다. 이는 모두가 주자의 말이며, 어떨 때는 리동정理動靜이라 하고 또 어떨 때는 기동정氣動靜이라 하였으니, 위주로 하여 말한 바가 각기 타당한 것이 있다.16)

이처럼 리의 동정과 기의 동정이 모두 가능하지만 본원 상에서 리의 동정이 있기 때문에 사물 상에서 기의 동정이 있을 수 있다는 점에서 기본적으로는 수간이 전체를 파악하는 올바른 방법이라고 할 수 있으며, 모든 것은 리의 동정일 뿐이라는 것이 '리발일도설理發一途說'의 핵심 내용이다. 이에 대해서는 이미 이진상이 이렇게 언급하였다.

> 수간하면 리가 기에 앞서 있으며 리가 기의 주主가 되니, 정은 리의 체이고 동은 리의 용이다. 횡간하면 리와 기는 번갈아 앞뒤가 되고 손님과 주인이 되니, 어떤 때는 리가 동하여 기가 개입하고 또 어떤 때는 기가 동하여 리가 따른다. 도간하면 리와 기는 한 사물이어서 나눌 수 없으니, 발출할 때에도 기가 앞에 있고 리는 뒤에 있으며, 기가 주인이

---

16) 張錫英. 『晦堂先生文集』 卷4. 「與李啓道」 "盖動靜二字, 有主理言處, 亦有主氣言處. 極本窮源而言, 則動靜只是理, 而氣不能自動靜也. 以現在事物而言, 則理不可以動靜言, 而動靜只是氣, 理不過乘氣而動靜而已. 同是朱子之言, 而或曰理動靜, 或曰氣動靜, 所主而言者, 各有攸當."

되고 리는 손님이 되며, 동하는 것 역시 기이고 정하는 것 역시 기여서 리는 다만 빌어서 탈 수밖에 없는 죽은 사물이 되어버리고 만다.[17]

도간의 가장 큰 문제는 리가 죽은 사물이 되어 버리고 만다는 점이다. 장석영은 스승인 이진상의 성리설을 계승하여 리의 자발성自發性과 주재성主宰性을 강력하게 주장하였다. 그는 "리는 형체와 조짐이 없기 때문에 동動하더라도 그 움직임을 볼 수 없고, 정靜하더라도 그 고요함을 볼 수 없다. 그러나 천지로써 말하면 해회亥會의 마지막에 소멸하고 썩어 문드러져 생기가 모두 소진하더라도 리는 소멸되어 사라진 적이 없으니, 스스로가 회동회정會動會靜하여 마침내 양의兩儀를 생한다. (리가) 진실로 동정할 수 없다면 양의가 어떻게 생겨날 수 있겠는가?"[18]라고 하여 모든 만물의 궁극적이고 존재적인 측면에서 리의 선재성先在性과 지발성을 논리적으로 해명하였다. 또한 이것이야말로 주희朱熹 만년晩年의 정론定論이므로 마땅히 사물 상에서 역추逆推하여 활간活看한다면 통하게 될 것[19]이라고 강조하였다.

2) 심성의 관계 문제

심성의 관계 문제에 있어서도 장석영은 이진상의 '심즉리설心卽理說'을 철저하게 옹호하는데, 그는 태극(리)에 동정動靜이 있으므로 심에도 동정이 있

---

17) 李震相. 『寒洲先生文集』 卷33. 「太極圖箚義後說」. "竪看則理在氣先, 理爲氣主, 而靜則理之體, 動則理之用也. 橫看則理氣迭相先後, 迭相賓主,而或理動氣挾, 或氣動理隨. 倒看則理氣一物, 不可分開, 而發出之際, 氣在先理在後, 氣爲主理爲賓, 動亦氣靜亦氣, 而理爲借乘之死物矣."

18) 張錫英. 『晦堂先生文集』 卷5. 「答都藝淑」. "蓋理者無形無朕, 動而不見其動, 靜而不見其靜. 然以天地言之, 亥會之末, 消滅腐爛, 生氣都盡, 而此理則未嘗滅息, 便自會動會靜, 而遂生兩儀. 苟無動靜, 則兩儀何從而生乎?"

19) 張錫英. 『晦堂先生文集』 卷5. 「與李啓道」. "按朱子曰, 太極理也 動靜氣也. 太極猶人, 動靜猶馬. ……然此亦朱子最晩之論也. 恐亦當於物上, 逆推而活看以通之也."

음을 주장한다. 그리하여 "심은 본래부터 성性을 갖추고 있으니, 육신의 고깃덩어리를 말하는 것이 아니라 곧 허령불매하여 온갖 리를 구비하고 모든 일에 응하는 것이다. 어찌 심을 말하면서 유독 기氣만을 가리킬 수 있겠는가?"[20]라고 단언한다. 이처럼 장석영은 심을 기로 이해하는 것을 비판하며, 심의 리가 곧 태극이라는 것을 강조한다. 그는 간재艮齋 전우田愚(1841~1922)가 '성사심제설性師心弟說'을 주장하여 성性은 스승이 되고 심心은 제자가 되어 따른다고 함으로써 성의 주재성을 강조한 데 대하여 다음과 같이 비판한다.

> (성사심제설의) 핵심은 성은 리이고 심은 기라는 설이다. 무릇 성은 리이나 심은 리기를 겸한 것이며, 심의 본체는 리요 그 작용은 기이다. 그 본체를 가리켜 말할 때는 리理라고 하고, 그 작용을 가리켜 말할 때는 기氣라고 하며, 통틀어서 말할 때는 리기를 겸하였다고 하니, 이것은 그 가리키는 바가 각기 다른 것이다. 만약에 성을 리에 귀속시키고 심을 기라고 단언한다면 결국 심은 리에서 벗어난 사물이 되고 말 것이다. 심은 체가 없으나 성을 체로 삼으니 성이든 심이든 모두가 하나의 리이다. 그 순수하고 지극히 선하여 한 마음의 본체가 되는 것을 가리켜 성이라 하고, 그 신묘불측하여 한 몸의 주재가 되는 것을 가리켜 심이라고 하는 것이다. 주재하는 것은 리이며, 성을 벗어나 따로 주재하는 리가 있는 것이 아니니 가리켜 말하는 것이 또한 같지 않다. 이러한 까닭에 리와 기는 분개分開해서 말할 수 있지만 심과 성은 대대待對하여 말할 수 없다. 무릇 리와 기를 스승과 제자의 관계에 비유하여 말한다면 리는 스승이 되고 기는 제자가 되며, 부자관계로 비유한다면 리는 아비가 되고 기는 자식이 될 것이며, 군신관계로 비유한다면 리는 임금이 되고 기는 신하가 될 것이다. 이제 만약 성을 스승이라 하고 심을 제자라고 한다면 또한 성을 아비라 하고 심은 자식이라 하며, 성은

20) 張錫英.『晦堂先生文集』卷3.「上寒洲先生」"心固該載性, 然非一塊肉之謂, 卽虛靈不昧, 具衆理應萬事者也. 豈有言心而單指氣者乎?"

> 임금이라 하고 심은 신하라고 할 수 있을 것인가? 심이란 천군天君이다. 천군의 존귀함을 오히려 신하라고 하니, 장차 아비를 도리어 자식으로 삼고 스승을 도리어 제자로 삼을 것인가?[21)]

전우의 '성사심제설'은 기호학파의 '심즉기설心卽氣說'에 기초한 것으로 성性이 스승이 되어 심을 적극적으로 주재해야 함을 주장한 것이다. 이에 대한 장석영의 비판태도는 심의 본체가 곧 리임을 주장하는 이진상의 학설을 충실히 계승한 것이다. 심즉리의 관점에서는 심과 리를 따로 분리하여 하나는 스승이 되고 하나는 제자가 된다고 할 수가 없다. 왜냐하면 애초에 심과 리는 서로 분리될 수 없는 것이며, 또한 리기의 관계로 성과 심을 대대하는 것도 불가능한 것이기 때문이다. 오히려 장석영에 따르면 성이란 심의 순수한 본체를 지칭하는 것일 뿐이지 심과 다른 것이 아니다.

이런 관점의 연장선상에서 장석영은 흔히 호락논쟁이라 불리는 인성人性과 물성物性의 동이同異논쟁에 대해 인물성이 서로 다르다는 한원진韓元震(南唐, 1682~1751) 등의 호론湖論과 인물성이 같다고 주장하는 이간李柬(巍巖, 1677~1727) 등의 낙론洛論을 모두 부정한다. 장석영이 호락논쟁에 대해 "갑은 갑이 옳다고 하고 을은 을이 옳다고 하나 결국은 기를 주로 하는 잘못으로 함께 귀결되고 말았다."[22)]고 한 언급에서 뚜렷하게 확인할 수 있듯이 그는 호론이든 낙론이든 그 실책은 결국 주기主氣에 빠진 것이라는 이해를 표

---

21) 張錫英. 『晦堂先生文集』 卷22. 「性師心弟辨」. "未知其所指之如何也, 然要之是性理心氣之說也. 夫性理也, 心兼理氣也, 心之本體理也, 所作用者氣也. 或指其本體而曰理, 或指其作用而曰氣, 或統而謂之兼理, 所指者各不同也. 若乃以理管歸性, 以氣單言心, 則心只是理外之一物也. 心無體以性爲體, 性也心也一理也. 而指其純粹至善, 而爲一心之本體者曰性, 指其神妙不則, 而爲一身之主宰者曰心. 主宰者理也, 不是性外別有箇主宰之理, 而所指而言亦不同也. 是故理氣可以分開說, 心性不可對待言也. 夫理氣以師弟言則理爲師而氣爲弟, 父子言則理爲父而氣爲子, 君臣言則理爲君而氣爲臣. 今曰性師而心弟, 則亦可曰性爲父而心爲子, 性爲君而心爲臣乎? 心者天君也. 天君之尊而反謂之臣, 則其將以父而反行子職, 以師而反爲弟子乎?"

22) 張錫英. 『晦堂先生文集』 卷22. 「湖洛說辨」. "甲曰甲是, 乙曰乙是, 而畢竟同歸於主氣之失."

방하고 있다. 즉 애초에 논쟁의 기초부터 잘못되었다고 본 것이다.[23] 아울러 "근세기의 낙인들은 같음만을 보고, 같은 가운데 차이가 있음을 보지 못하였으며, 호인들은 다름만을 보고, 다름 가운데 같은 측면이 있음을 보지 못한 채 서로 다투기만 하였으니 진실로 쓸모없고 가소로운 일이다."[24]라고 하여 활간하지 못하고 자신들의 관점에만 사로잡혀 서로에 대한 이해가 부족했음을 꼬집고 있다.

장석영은 호락논쟁의 주요 내용을 여섯 가지 항목으로 구분하고 그에 대한 의견을 피력하고 있다. 1) 심이 기라고 보는 기본 전제 2) 인성과 물성의 동이문제 3) 아직 발하지 않았을 때에도 기질지성이 있는가 하는 문제 4) 『중용』의 '천명지위성天命之謂性'을 두 개로 나누어 천명은 본연지성으로, 성은 기질지성으로 간주할 수 있는가 하는 문제 4) 호연지기를 품수함에 있어 현명한 자와 어리석은 자의 편차가 있는가 하는 문제 6) 충막무짐冲漠無朕은 정靜에서만 가능한가 하는 문제가 바로 그것이다.[25]

장석영은 이 여섯 가지 항목에 대해 호론과 낙론의 장단점을 밝히고 있는데, 한 가지 흥미로운 사실은 부분적으로는 인물성의 다름을 주장한 호론의 입장을 지지하는 경향을 보이고 있다는 점이다. 그가 1898년 농산農山 장승택張升澤에게 보낸 서신에서는 "나는 인간과 동물이 천성을 보유하는 것은 동일하지만 타고난 성에 있어서는 저마다 차이가 있다고 여긴다."[26]고 하였

23) 이택동. 2009.「晦堂 張錫英論」.『한국고전연구』제19집. 한국고전연구학회. 34쪽 참조.

24) 張錫英.『晦堂先生文集』卷18.「閒中疾書」. "近世洛人, 見其同而不見其同中之異, 湖人見其異而不見其異中之同, 互相爭競, 眞是閒笑."

25) 張錫英.『晦堂先生文集』卷22.「湖洛說辨」. "其一曰, 心卽氣也. ……其一曰, 人物性同異也. ……其一曰, 未發時氣質性有無也. ……其一曰, 天命之謂性一句分作兩截, 天命作本然性, 性字作氣質性也. ……其一曰, 浩然之氣, 賢愚之所稟不同也. ……其一曰, 冲漠無朕, 只可於靜上言也."

26) 張錫英.『晦堂先生文集』卷3.「答張農山」. "愚謂人物之有天性則同, 而其爲性則各異也."

는데, 이는 보는 층위에 따라 인성과 물성이 같을 수도 있고 다를 수도 있다고 이해하는 입장이라 하겠다. 또 이승희에게 보낸 편지에서는 "인성과 물성이 다르다는 논의는 내 생각도 이와 같을 뿐만 아니라 사람과 사물에 성이 있음은 같으나 성을 형성한다면 다른 것이니, 이것이 『리학종요』의 올바른 정론이 아니겠는가?"[27]라고 하여 호론을 지지하는 듯한 언급을 하고 있다. 이것은 이진상이나 곽종석의 견해와는 분명히 다른 부분이다.[28] 추후 이에 대한 좀더 세밀한 논의가 필요할 것이라고 생각된다.

3) 칠정리발설

장석영은 사단과 칠정의 관계에 대하여 사단뿐만 아니라 칠정 역시 리발할 수 있다고 본다. 1883년 정성진鄭誠進이 '칠정 또한 리가 발한 것이라는 설'이 있는데 이에 대해 어떻게 생각하는지 묻자 장석영은 "혼륜으로 말할 때는 칠정은 사단을 내포하는 것이지만 분개해서 말한다면 칠정의 리일변은 이미 사단에 속하지만 기일변은 곧 칠정이다. (퇴계 선생께서도) '미발未發한 중中은 대본大本이 되고 칠정七情은 대용大用이 되며 사단四端은 그 가운데 있다.'고 하였고, 우리 선조인 여헌 선생께서도 '사단도 칠정과 별개로 저절로 단이 되는 것이 아니다.'라고 하였으니, 이처럼 여러 선생들께서 거듭 반복하여 갖춘 것이 바로 정론이 아니겠는가?"[29]라고 대답하였다. 그리고 다른 곳에서도 이

27) 張錫英. 『晦堂先生文集』 卷4. 「與李啓道」. "性異之論, ……非但愚見如此, 人物之有性則同, 而爲性則異, 非綜要之定論耶?"

28) 장석영은 「湖洛論辨」에서 인물성동이론에 대한 이진상의 견해를 듣지 못하였음을 한탄하고 있는데, 한주학파내의 다른 동문들과의 입장 차이도 이로 인해 생긴 것으로 생각된다. 적어도 호락논쟁에 대해서는 장석영이 자신의 독립적인 사유에 충실했음을 짐작할 수 있다.

29) 張錫英. 『晦堂先生文集』 卷3. 「上寒洲先生」. "渾淪說時七情包四端, 分開說時七情之理一邊, 屬之四端而氣一邊乃是七情也. ……未發之中爲大本, 七情爲大用, 四端在其中. ……吾先祖文康公曰, 四端亦非外七情而別自爲端者也. 夫如子所言則此數說者俱, 非定論耶?"

와 유사한 말을 하고 있다.

> 내가 보기에는 칠정을 혼륜설로 말하는 사람도 있고, 분개설로 말하는 사람도 있다. 혼륜설은 리발과 기발을 겸하는데 비해 분개설은 칠정을 다만 기발이라고 하였다. 정자가 말한 칠정은 혼륜한 것이니 리기의 발을 겸하여 말한 것이다. …… 이에 근거한다면 칠정에 리발과 기발이 있음이 대단히 분명한데, 세상에서 사단과 칠정을 논하는 사람들은 다만 '칠정기발설'만을 들고 『중용』의 사정四情 및 「호학론好學論」의 칠정도 함께 기발일도氣發一途로 돌리니 이것은 잘못된 것이다.[30]

이처럼 장석영은 『예기禮記』 「예운禮運」편에서 나오는 칠정은 기발氣發에 해당하는 것이지만 『중용』에서 말한 '희노애락'의 정情과 정자程子 「호학론」의 정은 모두 리발에 해당한다고 보았다. 본래 칠정은 리기를 겸한 것이므로 리발과 기발이 모두 가능하다는 것인데, 그는 칠정의 중절中節과 부중절不中節 중에서 중절한 정은 이미 사단과 다르지 않다고 하고, 또 사단의 부중절은 이미 사단이 아니라고 한다. 그는 방산舫山 허훈許薰(1836~1907)과의 논쟁에서 "측은지심과 사양지심이 비록 리발이기는 하지만 부당하게 발한 것이라면 그것은 기에 의해 구속되었기 때문이니, 중절하지 못하면 그것은 이미 사단이 아니다. 사단이라면 중절하지 않음이 없으며, 중절하지 않은 것은 곧 기이다."[31]라고 하였다. 아울러 혼륜과 분개의 간법을 칠정에 적용하여 혼륜해서 보면 칠정은 사단을 포함하고 있으며, 분개해서 보면 칠정의 리일변은 사

---

30) 張錫英. 『晦堂先生文集』 卷21. 「論語記錄」. "愚謂七情有渾淪說者, 有分開說者. 渾淪說則兼理發氣發也, 分開說則七情只是氣發也. 程子所言七情乃就渾淪處而兼言其理氣之發也. …… 據此則七情之有理發氣發, 大煞分明, 世之論四七者, 只擧七情氣發之說, 并將中庸四情及好學論七情, 管歸氣發一塗誤也."

31) 張錫英. 『晦堂先生文集』 卷3. 「上寒洲先生」. "其惻隱辭讓雖理發, 而發於不當卽理之拘於氣也. 才說不中節則不是四端, 才說四端則復不是不中節也, 不中節卽氣也."

단에 속하고, 기일변은 칠정에 해당한다고 하였으며, 이를 칠정도 리발이 가능하다는 논거로 삼았다. 그리고 자신의 주장을 증명하기 위해 선유들의 문헌에서 다양한 사례를 들고 있다.

> 칠정에 또한 리발이 있다고 한 것은 선유들의 쓸데없는 헛소리가 아니며, 곧 자사子思 이후 서로 전해 온 종지宗旨인 것이다. 내가 시험 삼아 나열해 보려고 한다. 『중용』에 '희노애락이 아직 발하지 않은 것을 일컬어 중이라고 한다.'고 하였으니, 대개 희노애락은 칠정의 조목이며, '미발하여 대본이 되고, 발하여 달도가 된다.'고 하였으므로 대본과 달도는 단지 리를 가리켜 말한 것일 뿐이고 기가 점거하지 못함은 분명하니, 이는 자사가 말한 리발의 칠정이다. 주자가 이것을 해석하여 말하기를 '발하여 중절한 것은 그 가운데 있는 리가 밖으로 발현한 것이다.'라고 하였으니 이는 주자가 말한 리발의 칠정이다. 정자는 '그 중中이 동하여 칠정이 나타났다.'고 하였으니, 중은 곧 성性이며 성은 곧 리理이다. 이는 정자가 리발의 칠정을 말한 것이다. 오직 『예기』「예운」편의 '음식·남녀·사망·빈고에 따른다.'고 한 것만은 주로 기발의 칠정을 말한 것이고, 주자는 사단과 대립하여 말하게 된 까닭에 다만 칠정은 기의 발이라고 하였다. 이는 분개를 주로 한 주장이다. 퇴계 선생께서 분개를 주로 하여 <심통성정도心統性情圖>를 만들었으므로 '기발리승'의 논이 있게 되었으나 먼저 중도中圖에서는 기와 섞이지 않은 칠정을 가려내어 『중용』의 중절한 정과 『맹자』의 사단의 정으로써 말하였고, 또 고봉의 '달도達道는 기발이 아니다.'라는 주장에 대해 '통투쇄락通透灑落 하여 홀로 밝게 보았다.'고 허락하였으니, 이는 퇴계가 리발의 칠정을 말한 것이다. 나의 선조이신 여헌 선생께서도 '합해서 말하면 사단과 칠정은 모두 리발이다.'라 하고, 또 '칠정 이외에 따로 사단이 없다.'고 하였으니, 이는 선조(여헌)의 리발의 칠정이다. 대산(이상정)은 '칠정도 성에서 발하니 리의 발이 있다.'고 하였고, 또 '달도는 진실로 기의 발이라 할 수 없다.'고 하였으니 이는 대산이 리발의 칠정을 말한 것이다. 우리나라의 리기설은 불행히도 서로 같지 못한 한탄이 있어서 각

> 각 위주로 하는 것이 있으므로 이것을 주로 한 사람은 저것을 공격하고, 저것을 주로 한 사람은 이것을 공격하여 이제 삼백 년 동안이나 확정되지 못한 안으로 남아 있다. 그러나 혼륜해서 말할 때 칠정이 리기를 겸하고 있다는 대전제는 모두가 한가지이다. 그러므로 율곡의 설은 주자나 퇴계와 다르게 오히려 칠정과 사단을 모두 종합해서 말하기만 하고, 오로지 혼륜설로만 본 것이다.32)

칠정이라 하더라도 사사로운 욕망이 아니라 의리義理에 감응하면 기 가운데 내재된 리가 이에 연유하여 곧바로 발현되어 나오니, 이것이 이른바 리발로서의 칠정임을 말하는 것이다. 이처럼 장석영은 이진상의 심즉리에 이은 칠정리발설을 더욱 체계화하였고, 다른 학파의 비판에 적극적으로 대응함으로써 사상적 정당성을 확보하고자 노력하였으며, 다양한 문헌의 사례를 들어 설득력을 높이고 있다.

---

32) 張錫英. 『晦堂先生文集』 卷3. 「答許舫山」. "竊謂七情亦有理發, 非先輩之賸語, 卽子思以後相傳之宗旨也. 愚請試而陳之. 『中庸』曰, 喜怒哀樂之未發謂之中, 蓋喜怒哀樂是七情之目, 而未發而爲太本, 發而爲達道, 則太本達道只指理言, 而氣不可占據明矣, 此子思之言理發七情也. 朱子釋此曰, 發而中節, 卽此在中之理發見於外此, 朱子之言理發七情也. 程子曰, 其中動而七情出焉, 蓋中卽性也, 性卽理也, 此程子之言理發七情也. 惟禮運篇中從飮食男女死亡貧苦, 主言氣發七情, 而朱子於此對四端而爲言, 故特言七情氣之發, 此主分開說也. 退陶因以達圖, 主分開而有氣發理乘之論, 然先於中圖拈出不雜氣底七情, 而以中庸中節之情, 孟子四端之情言之, 又於高峯達道非氣發之論, 亟許其通透灑落而獨覩昭曠, 此退陶之言理發七情也. 先祖說曰, 合而言之四端七情皆是理發, 又曰, 七情之外非別有四端, 此先祖之言理發七情也. 大山曰, 七情亦發於性而有理之發, 又曰, 達道固不可謂是氣之發, 此大山之言理發七情也. 吾東理氣之說, 不幸有參差不齊之歎, 而各有攸主, 主此者攻彼, 主彼者攻此, 今爲三百年未定之案. 然混淪說時, 七情之發兼理氣云者, 此是大題之普同也. 故以栗說之異於朱退, 而猶曰七情四端之總會, 而專主混淪之說."

4. 맺음말

잘 알려져 있는 것처럼 이진상 사후 그의 '리발일도설'과 '심즉리설'은 안팎으로 다양한 비판에 직면하였다. '기발일도설'과 '심즉기'를 전제로 한 기호학파들, 특히 전우를 비롯한 간재학파의 집중적인 비판을 받았으며, 같은 퇴계학파 내에서도 안동을 중심으로 '심합리기心合理氣'적 사고가 강한 정재학파로부터 강력한 비판을 받아 문집이 불태워지기까지 하였다. 한주학의 직전제자들은 이런 어려운 상황 속에서도 이진상의 학설에 대한 확고한 믿음을 견지하였다. 그들은 스승의 성리학적 연구방법론을 활용하여 성리설을 구축하고, 이렇게 구축된 성리설을 통해 스승의 학설을 적극적으로 옹호하고 변론하였다. 또한 당시의 시폐를 구제하여 약화된 공권력을 강화시키고 나아가 현실생활 속에서 올바른 도리를 정립하고자 하였다. 아울러 일제의 침략이 본격화되면서 사회적으로는 지속적인 항일운동을 펼쳐 나라의 독립을 도모하였다.

한주학파의 사상적 특성은 리를 매우 중시한 것이지만 이것이 공허한 이론에 머물지 않고 현실세계에 적용할 수 있는 '중화적中和的' 학문을 지향하였다고 볼 수 있다. 이처럼 중화적 학문을 지향할 때, 인간의 존재근거로서의 본성보다는 현실세계에 적극적인 태도를 보일 수 있는 심이 중시될 수밖에 없다. 그러므로 한주학파에서 심의 주재성을 중시한 것은 원칙(理)에 의한 공도公道로써 사사로운 인간의 욕망이나 생각(私慾·私意)을 극복하여 참된 주체성 확립과 도덕사회의 완성을 추구하고자 한 것이다.[33] 이렇게 본다면 한주학의 후예들이 적극적으로 항일운동에 참여한 것 역시 철학 사상과

33) 이형성. 2009.「한주학파 성리학의 지역적 전개양상과 사상적 특성」『국학연구』제15집. 한국국학진흥원. 151쪽 참조.

의 연결구조에서 이해할 수 있다.

장석영은 주리적 세계관과 신념을 바탕으로 독립에 대한 낙관적인 태도를 가지고 있었다. 현실의 혼란과 부패를 척결하고 개혁하여 천리의 보편성에 부합하는 내부적 조건을 갖추면 공도公道가 실현되어 자연히 일제를 몰아내고 자주 독립이 이루어질 수 있을 것으로 확신하였다. 특히 만국공법萬國公法을 내세워 국제적인 여론을 얻는 것이 매우 중요하다고 생각했다. 대신에 직접적인 무력투쟁은 무고한 백성들의 희생이 반드시 뒤따르게 되므로 경계해야 한다고 보았다. 이런 입장은 파리장서운동을 주동한 혐으로 체포되어 검사의 심문 과정에서 <파리장서>와 <통고도내문通告道內文>, 그리고 <저총독부서抵總督府書>를 작성하여 조선의 독립을 기도한 사실에 대해 인정하면서 '사람들을 선동하고 국법을 위반해도 되는가?'라는 검사의 말에 "나 스스로 우리나라의 일을 했는데, 귀국의 법을 위반했는지 어떤지는 내가 알 바가 아니오."[34]라고 대답했다.

3·1운동이 전국적으로 있어났을 때, 장석영은 여기에 직접 참여하지는 않았으나 민중들의 독립에의 열망은 정당한 것임을 표방하였다. 1919년 4월 2일 장날을 맞이하여 성주 읍내에서 대규모 만세 운동이 전개되었을 때, 성주경찰서에서 군민들의 만세운동을 제시시켜 줄 것을 요청하자 장석영은 "내가 일찍이 (만세를) 부르라고 한 적도 없고, 또 일찍이 (만세를 부르는 것을) 찬성한 적도 없다. 그러므로 오늘 만세를 부르는 것은 곧 하늘의 뜻이지 사람의 힘이 아니다."[35]라며 거절하였다. 또 "내가 비록 일찍이 찬성을 한 적은 없으나 내 마음 또한 저 만세를 부르는 사람들과 다르지 않다."[36]라고 말

---

34) 張錫英.『先文別集』(智).「黑山錄」"吾自爲吾國之事, 而貴國法之違反與否, 吾所不知也."

35) 張錫英.『先文別集』(智).「黑山錄」"吾未嘗呼之, 又未嘗贊成. 然今日萬歲之呼, 乃天意, 非人力也."

36) 張錫英,『先文別集』(智),「黑山錄」"吾雖未嘗贊成, 然吾心則與彼呼萬歲者, 無以異也."

하기도 하였다. 하지만 경찰서에서 돌아가는 길에 군중들이 장석영에게 만세를 불러달라고 요청하자 장석영은 "날이 저물었으니 내가 집으로 돌아가지 않을 수 없고, 그리고 날이 저물었는데도 해산하지 않으면 다른 변괴가 생길까 두려우니 그대들도 즉시 해산하는 것이 좋겠소."[37]라며 타일렀다. 이처럼 장석영은 사람들의 만세운동에 대해 이해하고는 있었지만 그 스스로 적극적으로 참여하지는 않았는데, 일본 경찰이 사람들을 위험에 빠뜨릴 것이기 때문이었다. 그의 우려대로 성주 장날의 만세운동도 결국 일제경찰의 무력에 의해 진압되었고, 그날 총에 맞아 사망한 사람만 6명이고 중상자가 10여명에 이르렀다. 이 소식을 들은 장석영은 이들의 희생에 대해 스스로 매우 자책하는 모습을 보인다.

이처럼 힘겹고 어려운 투쟁에도 불구하고 국운 회복이 어려워지자 장석영의 부동심도 흔들리기 시작한다. 그는 "독서를 하너라도 누가 우리나라를 구한 방도를 알려줄 수 있으랴."(讀書誰敎濟靑邱)라고 한탄하기도 하고, 특히 만사挽詞를 통해 먼저 죽지 못하고 현실의 무도함을 겪을 수밖에 없는 자신의 처지를 슬퍼하는 모습을 보인다. 가령 "우리도 이날로 없어지니 탄식한들 다시 무엇을 할 수 있으리오. 인간 세상 어떠한 세상이 되려나, 뒤에 죽음을 견뎌야 하는 슬픔이 참으로 크구나.",[38] "쇠모한 몸 어찌 나중에 죽는 비감을 견딜 수 있으리오.",[39] "지금 세상에 벌어지는 일들이 이와 같으니, 나중에 죽는 슬픔을 어찌 견딜 수 있으리오."[40]라는 표현에서 잘 나타나 있는 것처

37) 張錫英, 『先文別集』(智), 「黑山錄」, "日已暮矣, 吾不得不歸, 而日暮不散, 恐生他變, 君等可卽解散也."

38) 張錫英, 『晦堂先生文集』 卷2, 「挽李廣初中業」, "斯文日以喪, 歎息復何爲. 人間何世界, 後死諒堪悲."

39) 張錫英, 『晦堂先生文集』 卷1, 「挽尹忠汝冑夏」, "衰暮那堪後死悲."

40) 張錫英, 『晦堂先生文集』 卷2, 「挽李應賢鉉汶」, "世事今如此, 那堪後死悲."

럼 장석영은 '후사비後死悲'의 회한을 여러 곳에서 나타내는데, 죽음과 관련된 만사라는 글의 특성상 차라리 지금 죽은 사람은 다행스러운 것이며, 오히려 살아남아 망국의 유민이 되는 것이 더 큰 슬픔이라는 인식을 보여주는 등 인간적 면모를 가감 없이 드러내기도 한다.

홍와弘窩 이두훈李斗勳의 철학과 한주학 계승

김 기 주

홍와弘窩 이두훈李斗勳의 철학과 한주학 계승

김 기 주

1. 한주학의 흐름을 이해하기 위해

홍와弘窩 이두훈李斗勳(1856~1918)은 '주문팔현洲門八賢'의 한 사람이다.[1] 이들은 이진상의 100여 명 문인들 가운데, 당시 성주를 중심으로 영남의 서남 지역에서 한주학파의 중심인물로 활동하며 지역의 학풍을 이끌었던 인물들이다.

이러한 사실에서 보자면 이두훈을 비롯한 '주문팔현'은 이진상의 한주학뿐만 아니라, 한주학파의 활동과 전개에서 주요한 맥을 형성하고 있는 인물들이다. 그런 까닭에 한주학의 전승과 한주학파의 활동을 이해하기 위해서는 주목하지 않을 수 없는 인물들이기도 하다. 그럼에도 불구하고 지금까지

1) 주문팔현은 이두훈 외에 后山 許愈(1833~1904)·膠宇 尹胄夏(1837~1908)·勿川 金鎭祜(1845~1908)·俛宇 郭鍾錫(1846~1919)·紫東 李正模(1846~1875)·大溪 李承熙(1847~1916)·晦堂 張錫英(1851~1929) 등으로 구성되어 있다.

한주학파에 대한 연구는 이진상을 중심으로 몇몇 인물들에 국한되어 진행되었을 뿐, 그 폭을 확대하지 못한 것이 사실이다. 이두훈과 관련된 연구만 하더라도 지금까지 겨우 한편의 연구논문이 발표되었을 뿐이다.[2)]

이렇듯 지금까지 크게 주목받지 못한 이두훈이지만, '주문팔현' 가운데 하나인 그의 성리학에 대한 연구는 최소한 다음과 같은 3가지 측면에서 그 필요성을 확인할 수 있다. 무엇보다 먼저 한주학의 전승 양상을 이해하기 위해서 이두훈의 성리학에 대한 연구는 필요하다. 한주학은 조선성리학의 끝자락에 위치하며 마지막으로 불꽃처럼 타올랐던 하나의 흐름이다. 그러면서도 그 체계가 표방한 '심즉리설'이나 '리발일도설' 등의 시각은 이미 당시 다른 계열의 성리학자와 일정한 차별성을 보여주었다. 이와 같은 차별적인 이진상의 시각이 그의 문인들, 특히 그 가운데서도 주도적인 역할을 수행했던 '주문팔현'에게 어떻게 전승되고 있는지를 확인하는 일은 한주학의 내용뿐만 아니라 그 전승 양상을 이해하는 주요한 토대가 될 것이다.

뿐만 아니라, 이두훈에 대한 연구는 한주학의 전승에 대한 이해에 그치지 않고, 한주학파의 전개와 활동을 이해하는 데 반드시 필요한 부분이기도 하다. 이진상 사후 그 문인들의 활동은 한주학파의 전개와 밀접하게 관련된 것이어서, 이두훈에 대한 연구는 한주학파의 활동에 대한 이해에도 간과할 수 없는 가치를 가진다. 그리고 이것은 다른 한편으로 낙동강 중류지역의 성리학이 조선이 끝나가는 시점에서 어떤 모습으로 전개되며 마무리 되는지를 이해하는 것과도 밀접하게 겹쳐진다고 판단된다.

---

2) 현재까지 이두훈에 대한 연구는 2008년 이세동이 발표한 논문「홍와 이두훈의 삶과 학문」(『퇴계학과 한국문화』제43호. 경북대학교 퇴계학연구소.)이 유일하지만, 2009년 이형성의「한주학파 성리학의 지역적 전개양상과 사상적 특징」도 일부 내용에서 이두훈의 성리설을 다루고 있다. 이들 연구에서 대체로 이두훈의 성리학은 철저하게 이진상의 한주학을 계승한 것으로, 이두훈은 한주학에 대한 비판에 대해 변호하는 데 힘쓴 인물로 그려지고 있다.

그리고 마지막으로 이두훈은 19세기 중엽에 태어나 20세기 초반을 살았던 유학자이다. 따라서 그가 어떤 삶을 살았고, 무엇을 지향했으며, 어떤 내용의 학문을 했는지 이해하는 것은, 격변기를 맞은 20세기 초반 성리학 전개의 끝자락을 이해하는 데 중요한 토대를 제공한다고 생각된다. 망국의 암울한 상황 속에서 새로운 시대를 향해 나아가는 유학자의 모습과 함께 그 시대를 바라보는 유학자의 시선, 곧 20세기를 맞는 유학자의 시선은 오늘을 살아가는 우리에게도 일정한 시사점을 제공한다고 생각된다.

이처럼 이두훈의 성리학에 대한 연구는 한주학의 전승과 한주학파의 활동, 그리고 20세기 초반 성리학자들의 현실대응에 대한 세밀한 퍼즐 맞추기에 중요한 토대가 된다는 점에서 연구의 의의를 확인할 수 있다. 이와 같은 몇 가지 측면에서 보자면, 지금까지 그에 대한 연구가 진행되지 못한 것은 그의 학문적 좌표가 주목받을 만한 가치가 없었기 때문이 아니라, 미처 그에게까지 연구의 관심을 확대할 여력이 없었기 때문이라고 말하는 것이 옳을 것이다.

이제 '주문팔현'의 한 사람인 이두훈의 성리학이 어떤 특징을 보여주고 있는지 물음을 던질 때가 되었다고 생각된다. 아래에서 우리는 두 가지 방향, 곧 그의 주요 활동을 통해 그가 어떤 학문적 지향을 보여주고 있는지를 확인해 보고, 이어서 그의 문집에서 드러나는 성리학적 특징을 찾아보고자 한다. 그리고 이렇게 확인된 그의 학문적 지향과 성리학적 특징을 토대로 그의 성리학이 가진 의의를 재구성해 봄으로써, 이두훈을 통한 한주학의 전승과 한주학파의 전개에 대한 이해, 그리고 조선의 성리학자들은 20세기를 어떤 모습으로 맞이했는지 그려가 보자.

2. 주요활동을 통해서 본 학문적 지향

이 장에서 우리 논의의 목표는 우선 이두훈의 삶과 활동에 대한 이해를 통해 그의 삶이 무엇을 지향했는지, 그의 삶은 어디로 향하고 있었는지를 확인하는 데 있다. 그의 여러 활동은 분명 그의 삶이 어디로, 또 무엇을 향하고 있었는지를 우리에게 보여줄 것이기 때문이다. 그런데 불과 1세기 전을 살다 간 인물이지만, 그의 삶에 대한 기록은 그다지 상세하지 않다. 그의 「연보」는 따로 정리되어 있지 않으며, 그의 삶에 대한 기록은 주로 「가장家狀」과 「행장行狀」에서 단편적으로 확인할 수 있을 뿐이다. 이 조각난 정보들을 다시 모아 그 귀를 맞춰 정리해 보면, 그의 삶은 대체로 다음과 같은 모습으로 재구성된다.

1세(1856년, 병진) 3월 18일 칠곡 상지촌上枝村 외가에서 태어남

4, 5세(1860~1861년, 경신-신유) 성재惺齋 김희진金希鎭을 선생으로 모심

12세(1867년, 정묘) 백일장에서 1등으로 선발됨. 고령현감 이수겸李秀謙이 특별히 칭찬함

17세(1872년, 임신) 계당溪堂 유주목柳疇睦(1813~1872)을 선생으로 모심

20세(1875년, 을해) 이진상의 문하에 입문

25세(1880년, 경진) 봄 과거에 응시하였지만, 모친상을 당해 답안만 제출하고 귀가함

27세(1882년, 임오) 부친상을 당함

29세(1884년, 갑신) 경진년에 치른 식년시에 합격하여 복시에 응시할 기회가 주어졌지만 응시하지 않음

31세(1886년, 병술) 스승 이진상이 사망하자 심상心喪을 입음. 향로동에 작은 집을 짓고 거주함

36세(1892년, 임진) 고령현청의 북쪽 봉동鳳東에 집을 지어 이사

39세(1894년, 갑오) 경남 거창에 거주하며 『한주집』 초간본 교감 간행에 참여함

40세(1895년, 을미) 내산으로 돌아옴

41세(1896년, 병신) 을미사변을 성토하고, 단발령 철회를 주장하는 상소를 올렸지만 수령을 거부당함

42세(1897년, 정유) 내산서당을 건립하여 후학을 양성

47세(1902년, 임인) 이진상의 심설이 이단으로 규정되자 성균관으로 파견되어 변론함

52세(1907년, 정미) 국채보상운동을 전개하여 고령군단연상채회高靈郡斷煙償債會 도회장을 맡아 그해 12월까지 의연금을 모금. 이후 『고령지高靈誌』와 『동화세기東華世紀』 10권, 『신안세고新安世稿』 등을 집필함

55세(1910년, 경술) 이승희를 이어 망명을 추진하지만 이루어지지 않음

59세(1914년, 갑인) 봉천의 이승희를 방문 후 돌아와 문인 황학래黃鶴來를 파견해 농지를 구입함

61세(1916년, 병진) 봄에 이승희가 사망하자 봉천으로 가서 문상한 후 망명을 단념함

63세(1918년, 무오) 3월 20일 내산에서 사망, 4월 23일 문수산 아래 장사지냄

위의 내용은 주로 「가장」의 내용을 토대로 1856년 3월 출생에서부터 1918년 3월 죽음에 이르기까지, 이두훈의 삶을 정리해 본 것이다. 그런데 우리는 이렇게 정리된 연보에서 그의 삶이 최소한 3단계로 나누어 볼 수 있고, 그것을 통해 그의 삶이 무엇을 향하였는지를 확인할 수 있게 된다. 첫 번째 단계는 출생에서 20세에 이진상의 문하로 입문하기 전까지이고, 두 번째 단계는 20세에 이진상의 문하로 입문한 이후부터 한일합방이 이루어지기까지의 시기이며, 세 번째 단계는 한일합방 이후부터 그의 사망까지의 시기를 가

리킨다. 이제 각각의 시기가 그의 삶에서 어떤 의미를 가지는지, 또 그의 전체 삶은 무엇을 지향하였는지 살펴보자.

먼저 첫 번째 단계는 출생으로부터 20세에 이진상의 문하로 들어가기 이전까지이다. 이 시기에서는 무엇보다 그의 삶이 시작된 가정환경과 함께 그의 부친이 그에게 건 기대가 주목된다. 그의 9대조인 이문룡李文龍이 한강寒岡 정구鄭逑(1543~1620)의 문인으로 학문에 일정한 성취를 보여주었고,[3] 이것이 그 가학家學의 연원이었다면, 그 뒤에 그것을 충실하게 이은 인물이 등장하지 못한 것으로 보인다. 이러한 상황에서 4,5세의 어린 이두훈은 부친을 비롯한 주변 사람들이 기대를 가질 만큼 총명함을 보여주었다.[4]

특히 부친의 적극적인 지원은 학문의 토대를 쌓는 훌륭한 밑거름이 되었을 것이라 짐작되는데, 이즈음 성재惺齋 김희진金希鎭을 독선생으로 초빙하여 배우도록 하였고,[5] 17세에는 계당溪堂 유주목柳疇睦(1813~1872)의 문하에 입문하여 학문을 하도록 독려하였다.[6] 그 전인 12세에는 고령의 백일장에서 1등으로 선발되자, 고령현감 이수겸李秀謙이 특별히 칭찬하였다는 일화 역시 전해진다.[7] 이처럼 어린 시절부터 이두훈은 부친의 지원과 집안의 기대와 함께 고령지역에서 두각을 나타냈던 것으로 보인다.

하지만 이 시기 그가 분명한 학문적 방향을 결정하고 있었던 것으로 보이지는 않는다. 그가 스승으로 모셨던 유주목은 유성룡의 9세손으로 당시 상

---

3) 李斗勳.『弘窩先生文集』「附錄 家狀」 476쪽. "諱文龍從寒岡先生, 學守崇禎義理."

4) 李斗勳.『弘窩先生文集』「附錄 家狀」 476~477쪽. "四五歲衣服飮食必後長者, 拜跪進退端而有儀氣."

5) 李斗勳.『弘窩先生文集』「附錄 家狀」 477쪽. "惺齋金公希鎭, 有文學行義, 大人公招延于家, 使之受業."

6) 李斗勳.『弘窩先生文集』「附錄 家狀」 478쪽. "壬申以親命贄拜柳溪堂先生, 柳先生愛其年少志學, 優加奬許而門庭."

7) 李斗勳.『弘窩先生文集』「附錄 家狀」 478쪽. "此兒才調出倫, 相貌堂堂, 他日功名, 未可量也."

주지역에서 돋보이는 학자였지만, 이두훈에 대한 그의 영향 역시 크지 않았을 것이라 짐작된다. 17세의 이두훈이 문하에 입문한 그해에 그는 사망했기 때문이다. 정리해 보자면, 정구로 이어지는 가학은 집안에서 충분히 계승되지 못한 상태였고, 김희진이나 유주목으로 이어지는 학통 역시 학문적 정체성을 가질 만큼 깊지 못하였던 것으로 이해된다. 그의 학문적 지향이 본격적으로 드러나게 된 것은 20세에 이진상의 문하로 입문한 이후라고 보는 것이 적절할 것이다.

둘째 단계는 20세에 이진상의 문하로 입문한 이후부터 55세에 한일합방이 이루어지기 전까지로, 그의 청장년기 전체가 해당된다. 그의 63년 생애에서 이진상과의 만남과 그 학문의 계승은 그의 인생 방향을 결정한 주요한 계기가 되었다고 판단된다. 이러한 사실은 그의 청장년기 활동에서 충분히 확인된다. 특히 이 시기는 이진상이 사망하기 이전인 31세까지의 수학기와 그 이후 한주학을 계승하고 지켜내기 위해 분투하는 시기로 구분되며, 그의 학문적 특징과 그 지향이 충분히 드러나고 있다.

20세에 문하에 들어간 이래 31세에 이진상이 사망하기까지의 12년은 이두훈의 학문이 정립된 시기라고 생각된다. 그리고 이렇게 정립된 학문을 통해 30대에는 동문들과 함께 『한주문집』의 출간에 참여하였다면, 40대에는 어지러운 정치적 상황 속에서, 한주학의 심설이 이단으로 비판받으며, 『한주문집』이 불살라지는 상황까지 벌어지자, 성균관으로 올라가 적극적으로 변론하며, 한주학을 지켜내기 위해 노력하였다. 그리고 이후에는 또 서당을 세워 후학을 양성하는 데 힘썼다. 결국 그의 삶에서 가장 힘을 쏟았던 부분은 한주학에 있으며, 그것의 계승과 전승이 일생의 과제였다고 말할 수 있을 것이다.

셋째 단계는 1910년 55세부터 1918년 63세까지의 시기이다. 한일합방이 이루어지자 이승희를 이어 망명을 추진한 것에서 망국과 함께 이미 노년에 접어든 그가 어떻게 삶을 마무리할 것인지에 대한 고민을 읽을 수 있다.[8] 처음 망명을 추진한 1910년은 이승희가 중국 길림성에 한흥동韓興洞이라는 한인 정착촌을 개척하고 있던 시기였다. 이어서 봉천으로 이승희를 찾아가 만났던 1914년은 이승희가 중국 공교회孔教會로부터 동삼성東三省 한인공교회韓人孔教會 지회의 승인을 받은 때였다. 이러한 관련성에서 보자면 그의 망명계획은 이승희의 활동과 무관하지 않으며, 결국 독립운동의 토대가 될 한인촌의 건설, 그리고 그 이념적 기초가 되는 공자교운동과 깊이 관련되어 있었을 것이라 짐작된다.

특히 이두훈의 '대형大衡'이라는 자字는 이진상이, '홍와弘窩'라는 호號는 이승희가 지은 사실에서도,[9] 이진상 부자와 이두훈의 삶이 밀접하게 연결되어 있었다는 것을 확인할 수 있는데, 그런 이승희를 뒤따라 망명을 시도하는 모습에서는 당시 한주학파 내부에서 이승희의 영향력을 재확인하게 된다. 하지만 이렇게 밀접하게 관계를 맺고 영향력을 행사하던 이승희가 사망하고, 결국 망명을 포기하는 모습에서는 당대를 살아가야 했던 유학자의 절망과 한계가 읽혀지기도 한다.

이와 같은 이두훈의 전체 삶과 그 흐름에서 보자면, 그 삶의 방향이나 내용을 결정한 것으로 이진상과의 만남을 주목하지 않을 수 없다. 그의 문하로 입문한 이래 그 삶은 하나의 방향을 가지게 되었고, 그 내용은 결정되었다. 이진상 사후에 『한주집』의 출간에 적극적으로 참여하였고, 또 한주학이 이단으로 치부되며 문집이 불살라지는 상황에서, 스승의 학설을 지키기 위해 동

8) 이승희는 1908년 부산 동래로부터 블라디보스톡으로 들어가며 망명 생활을 시작하였다. 그 이듬해인 1909년에 密山府로 옮겨 한인 정착촌인 '韓興洞'을 개척하고, 한흥학교를 설립하여 독립운동의 근거지를 건설하였다. 1913년에는 다시 安東縣으로 옮겨 '東三省韓人孔教會'를 설립하여 활동하였다.

9) 李斗勳, 『弘窩先生文集』 「附錄 行狀」, 492쪽. "君字大衡其師寒洲先生所命也, 號弘窩其友韓溪李君承熙所命也."

분서주하는 그의 모습에서 이진상과 한주학이 그의 인생에 얼마나 큰 영향력을 행사했는지를 확인하게 된다. 이와 같은 내용에서 보자면 그의 「묘지명」에서 다음과 같은 평가는 매우 적절하다고 생각된다.

> 상주의 변고를 당하여 아픔을 참고 침묵하며 그들을 상대하지 않았다. 그러나 더욱 정밀하게 강론하고 더욱 명백하게 변석하면서 후일을 기다렸다. 그 고심혈성이 신명을 감동시킬 만 하였으니 사문에 끼친 공이 참으로 크다. 그러므로 논의에서 드러낸 것이 한결같이 스승에게 근거하여, 말씀마다 스승의 견해이며 글자마다 스승의 견해이니, 사람들이 정자 문하의 윤화정에 비겼고, 동문의 제현들이 모두 옷깃을 여미고 받들어 따랐다.[10]

여기서 말하는 '상주의 변고'는 1902년 11월 상주에서 이진상의 『한주집』이 불살라진 것을 가리킨다. 전체적으로 보자면 그의 학문적 삶은 스승 이진상을 만나는 것에서 모든 것이 결정되었다고 해도 과언이 아니라고 생각된다. 그의 학문적 특징뿐만 아니라, 이후 모든 학문적 활동과 지향 역시 그의 스승 혹은 한주학과 연결되어 있었다. 이런 까닭에 "스승에게 근거하여, 말씀마다 스승의 견해이며 글자마다 스승의 견해이니, 사람들이 정자 문하의 윤화정에 비겼다"라고 말하였던 것이다.

10) 李斗勳. 『弘窩先生文集』「墓誌銘」 504쪽. "及遭商山之變, 雖隱忍含默, 不與之較. 而講之愈精, 辨之愈明, 以俟百世. 其若心血誠足以感動神明, 而有功於師門大矣. 故其著於論議者, 一是依倣佗樣子言, 言是師說, 字字是師說, 人擬之以程門之和靖, 而同門諸賢皆斂衽推服焉."

3. 문집에서 확인되는 성리학적 특징

앞에서 우리는 이두훈의 생애와 그 활동을 통해 그의 삶이 무엇을 지향하였는지를 확인해 보았다. 그의 삶에서 가장 주요한 관건이 되었던 사건은 그 무엇도 아닌, 20세의 나이에 이진상의 문하로 입문한 것이었다. 그리고 이후 '한주학'은 그 평생의 과업이 되었다는 점을 앞의 논의를 통해 확인할 수 있었다. 이것을 토대로 이제 이 장에서는 그의 삶이 보여주고 있는 그와 같은 지향이 그의 학문 속에는 또 어떤 모습으로 드러나고 있는지를 확인해 보자. 이것은 그가 이진상의 문하에 입문한 이래 한주학이 그 평생의 과업이 되었다면, 그의 한주학에 대한 이해는 어떤 모습이고 그의 성리학은 또 한주학과 얼마나 닮아 있는지를 확인하는 것이기도 하다.

그런데 그의 성리학이 한주학을 계승했고, 또 양자가 얼마나 닮아 있는지를 확인하기 위해서, 우리의 논의는 먼저 이진상의 한주학이 도대체 어떤 모습이고 어떤 특징을 가지고 있는지를 살펴보는 것에서 시작되어야 할 것 같다. 그렇게 해야만 한주학의 특징과 내용을 기준으로 그와 같은 특징이 이두훈에게서 발견되는지를 확인할 수 있고, 그의 성리학이 한주학을 어떤 모습으로 계승하고 있는 것인지 판단할 수 있을 것이기 때문이다. 따라서 우리의 논의를 본격적으로 진행하기에 앞서, 먼저 이진상의 한주학이 보여주고 있는 특징부터 간단하게 정리해 보자.

한주학의 성리학적 특징을 단적으로 확정하기는 어렵겠지만, 일반적으로 긍정되듯 그 특징을 '리발일도설理發一途說'과 '심즉리설心卽理說'로 요약한다면 실제로부터 그리 벗어나지는 않는다고 판단된다.[11] 이 '리발일도설'과 '심

11) 한주학의 특징으로 이 두 가지 요소 외에 흔히 '七情理發說'을 꼽지만, '칠정리발설'의 의미는 이미 '리발일도설' 속에 함축되어져 있다는 점에서 양자는 같은 의미를 가진 다른 명칭일 뿐

즉리설'은 직접적인 '리발'의 긍정을 통해 리의 주재성을 확정함으로써 도덕의 필연성을 확보하려는 철학적 문제의식에 뿌리를 두고 있다. 그리고 그와 같은 문제의식이 진정한 주희의 뜻과 일치한다는 점에 대한 확신을 가지고 있었고, 또 이와 같은 확신으로부터 율곡학파의 '기발리승일도설'로 대표되는 주기적인 학문에 대한 강한 비판적 태도를 자연스레 보여준다.[12]

또한 '리발'에 대한 긍정은 기발에 대한 강한 부정과도 깊이 관련되어 있다. '리발'은 리가 죽은 것일 수 없다는, 그리고 리理가 기氣를 주재하지 못해서는 안 된다는 문제의식의 표현이자 요청이다. 그리고 '기발'에 대한 부정은 기란 스스로 발할 수 있는 것이 아니라는 생각에서 출발한다. 기란 수동적이고, 명령을 내리는 것이 아니라, 명령을 받는 것이기 때문이다. 이러한 측면에서 보자면 리의 주재성을 확정함으로써 도덕의 필연성을 확보하려는 문제의식을 기반으로 '한주학', 곧 '리발일도설'과 '심즉리설'을 골간으로 하는 성리학적 체계가 완성되었다고 이해할 수 있다.

이와 같은 한주학의 문제의식과 특징에서 보자면, 이두훈의 성리학에서 이진상이 보여주고 있는 성리학적 특징, 곧 '심즉리'나 '리발일도' 혹은 이러한 시각이 토대로 삼고 있는 문제의식은 그의 성리학적 좌표를 확인할 수 있는 중요한 기준점이 되는 셈이다. 그리고 이러한 특징을 이두훈이 얼마나 보여주고 있는지 여부는 그가 한주학을 얼마나 잘 계승하고 있는지를 확인할 수 있는 시금석이 된다고 생각된다. 보다 구체적으로 그 기준들을 정리해 본다면 다음과 같다.

이라고 말할 수도 있다.

12) 김기주. 2015.「한주 이진상의 리기설- 리발일도설을 중심으로」.『한국학논집』 제60집. 23~24쪽 참조.

① '리발'을 긍정하고 그것을 통해 리의 주재성을 확정하려는 문제의식을 가졌는지 여부
② '리발'을 긍정하는 시각이 주희의 뜻과 일치한다는 생각에 대한 확신 여부
③ 율곡학파의 '기발리승일도설'로 대표되는 주기적인 학문에 대한 비판적 태도 여부
④ '기발'의 부정과 함께 '리발일도설'의 긍정 여부
⑤ '심즉리설'의 계승 여부

물론 이 다섯 가지 기준점은 논리적 연관성에서 보자면 독립해 있기보다는 서로 밀접하게 연결되어 있어서, 어느 하나의 입장을 긍정할 경우 자연스럽게 다른 입장 역시 수용하게 될 가능성이 크다. 그러므로 반드시 이 다섯 가지 기준점 모두에서 상호 연관성이 깊이 있게 확인되어야만 그가 한주학을 계승하였다고 말할 수 있는 것은 아니라고 생각된다. 이 가운데 일부 일치하는 시각만으로도 그의 한주학 계승 사실을 어느 정도는 확인할 수 있는 것이다.

다만 이두훈의 경우 성리학과 관련된 전문적인 저술을 남기지 않았고, 그런 까닭에 그의 성리학적 특징은 문집의 여러 글, 특히 편지글에서 확인되는 단편적인 내용에서 그 전모를 유추해 볼 수밖에 없는 상황이다. 그리고 현재 그의 문집에서 성리학과 관련된 그의 시각을 확인할 수 있는 언급 역시 매우 제한적이어서, 전체 13권으로 구성된 그의 문집에 수록되어 있는 193편의 편지글 가운데 겨우 10여 편의 편지에서 단편적으로 '리기론理氣論'과 '심성론心性論'에 관한 그의 관점을 읽어낼 수 있을 뿐이다.

이제 이 10여 편의 편지글을 중심으로 성리학과 관련한 이두훈의 주장들을 앞의 다섯 가지 기준에 따라 하나씩 살펴보자. 먼저 ① '리발'을 긍정하고 그것을 통해 리의 주재성을 확정하려는 문제의식을 가졌는지 여부부터

살펴보면, 1878년을 전후해 장석영에게 답한 편지의 내용을 주목할 수 있다. 이 편지에서 이두훈은 다음과 같이 말한다.

> 리기에 관한 형의 뜻은 리는 발할 수 없고, 발하는 것은 기라는 생각입니다. 그래서 리발 두 글자에 대해 마침내 의문을 가지게 된 것입니다. 리발은 진정 보기 어렵지만, 기가 발하는 곳을 보면, 결국 먼저 리발이 있습니다. 현실의 상황에서 말한다면 각기 다른 것이 있는데, 의리에 근원해서 발한 것을 리발이라 말하고, 형기에 따라 발한 것을 기발이라 말합니다. 퇴계의 호발론이 뛰어나게 옳은 것입니다. 사단이 리발이라는 것은 선한 한 쪽에서 말한 것이고, 칠정이 기발이라는 것은 선악이 겸하고 있는 것에서 말한 것입니다. 그 양자에 비록 기가 없는 것도 아니고, 리가 없는 것도 아니지만, 그 가운데 주재자는 역시 늘 리입니다. 어떻게 기발의 상황이라고 주기라는 말을 할 수 있겠습니까?[13]

장석영 역시 '주문팔현' 가운데 한 사람이다. '형의 뜻'이라는 말에서 드러나듯, 장석영은 이두훈보다 다섯 살 연상으로, 이들 '주문팔현' 여덟 사형제 가운데 이두훈 다음으로 나이가 어렸다. 하지만 이진상의 문하로 들어온 것은 이두훈이 3년 먼저였고, 장석영은 28세의 늦은 나이에 입문하였다.[14] 이두훈이 장석영에게 모두 4편의 편지를 보냈는데, 나머지 3편은 발송한 해가 표시되어 있지만, 유독 이 편지는 언제 보낸 것인지에 대한 기록이 없다. 이

---

13) 李斗勳.『弘窩先生文集』「答張舜華」. 437~438쪽. "理氣云云兄意, 以爲理不能發, 而發之者乃氣. 故其於理發二字, 終有所致疑也. 蓋理發固難見, 而就氣發處看, 則畢竟是先有理發. 以地頭言則, 又各不同, 原於義理上發者曰理發, 從於形氣上發者曰氣發. 退陶互發之論良以是也. 四端理發者, 就善一邊言者也, 七情氣發者兼善惡言者也. 其間雖曰非無氣非無理, 而就中主宰者亦常是理也. 豈可以氣發地頭而曰主氣云乎."

14) '주문팔현'이 이진상의 문하로 입문하는 순서는 허유가 가장 빠른 1870년 봄, 그해 겨울에 곽종석이, 1872년에 이정모, 1875년에 이두훈, 1876년에 윤주하, 1878년에 장석영과 김진호의 순으로 진행되었다.

처럼 편지를 보낸 시기는 확실하지 않지만, 무인년(1878)과 기묘년(1879)에 발송한 편지 사이에 편집되어 있는 것으로 보자면, 편지를 쓴 시기는 1878년으로 추측된다.

1878년은 이두훈이 이진상의 문하에 입문한지 4년째가 되던 해이지만, 장석영의 경우는 그 문하에 입문한 해이기도 하다. 그런데 만약 장석영이 입문한 이후라면, 곧바로 스승인 이진상에게 질문하고 답을 얻을 수 있었을 텐데, 굳이 이두훈과 의견을 나누었다는 점에서 보자면 이 편지를 주고받았을 때 장석영은 아직 정식으로 이진상의 문하에 입문한 것이 아니었다고 짐작된다. 아직 이진상의 문하에 들어오지 않았던 장석영이 '리는 발할 수 없고, 발하는 것은 기'라는 율곡학파의 기본적인 시각에 근거해서 한주학의 주요 특징 가운데 하나인 리발에 대해 의문을 제기하자, 이두훈이 한주학의 근원적인 시각에 토대를 두고 설명하고 있는 것으로 이해된다. 그리고 이 시기 이두훈은 이미 '리발'을 깊이 긍정하는 시각과 함께, '리발'이 결국 리가 주재자임을 확정하는 방식임을 분명하게 이해하고 있었던 것이다.

그런데 이두훈은 이렇게 장석영에게 답을 보낸 후, 다시 그 답한 내용을 스승인 이진상에게 편지를 보내 설명하며 자신의 회신 내용에 잘못된 내용은 없는지 자문을 구하고 있다. 그 내용은 다음과 같다.

> 얼마 전 장석영의 편지를 받았는데, 리는 발하는 것이 없고, 발하는 것은 모두 기라고 여겼습니다. 그래서 퇴계의 호발론을 의심하게 되고, 율곡의 발하는 것은 기라는 설은 바꿀 수가 없다고 말하였습니다. 제가 망령되고 조급하게 주자는 주재하는 것으로 발하는 것은 리이고, 주재되는 것으로 발하는 것은 기라고 하였는데, 이것이 어떻게 발하는 것은 리이고, 발하게 되도록 하는 것은 기라는 뜻이 아니겠습니까? 율곡의 설명 또한 이와 같은 의미에서 꿰뚫어 본 것이지만, 그래도 편안하지 않은 것은 리선기후의 순서를 잃어버린 까닭입니다. 또한 리가 발

> 할 때 기가 따르는 것을 주리라 하고, 기가 발할 때 리가 타는 것을 주기라고 하는데, 저 역시 주기라는 두 글자가 잘못되었음을 말하였습니다. 현실의 상황에서는 비록 기발이 있지만, 그 가운데서 주재하는 것은 또한 늘 리입니다. 어떻게 기가 발하는 상황이라고 주기라는 말을 할 수 있겠습니까? 오고간 편지 내용은 대략 이와 같은데, 잘못된 곳을 지적해 주시길 엎드려 구합니다.[15]

앞에서 장석영에게 보낸 편지와 마찬가지로, 여기서도 이두훈은 기에 대한 리의 주재라는 측면에서 리발을 긍정하고 있는 뜻을 분명하게 표현하고 있다. 아울러 여기에서 한주학의 근본적인 출발점이라 할 수 있는 리발에 대해 긍정하는 관점이 계승되고 있다는 사실을 확인할 수 있다.

다음으로 ② '리발'을 긍정하는 시각이 주희의 뜻과 일치한다는 생각은 다음과 같은 내용에서 간접적으로 확인할 수 있다.

> 만약 '심이라는 것은 기의 정상精爽이다'라는 한 구절을 주기主氣의 증거로 삼는다면, 굳이 내가 말을 하지 않더라고 그 문제점은 저절로 드러납니다. 주자가 만약 심을 기로 여겨 기를 정상이라 여겼다면, 어떻게 심은 정상한 기라고 말하지 않고, 기의 정상이라고 말했을 뿐이겠습니까? 기의 정상이라고 말하는 것은 정상하도록 하는 것이 리라는 것입니다. 리가 아니라면 기가 어떻게 스스로 정상할 수 있겠습니까? 지금 정상으로 기를 삼는다면, 순일한 리에 대해 우리는 아마 기를 높이는데 급급하다가, 도리어 기의 밝지 않음을 볼 것입니다. 그리고 심은 성에 비해 작은 자취가 있는 것은 단지 심성의 상황이 조금 다른 것

15) 李斗勳.『弘窩先生文集』「上寒洲先生」. 269쪽. "日前得張舜華書, 以爲理無發而發者皆氣也. 故滐惑於退陶互發之論, 而以栗谷發之者氣一說謂移易不得, 小子妄卞曰, 朱子曰所主以發者理也, 所資以發者氣也, 此豈非發者理也, 而發之者氣也之義耶. 栗谷說亦或可以此義通看, 而所未安者失理先氣後之序矣. 又以理發氣隨者謂主理, 氣發理乘者謂主氣, 小子亦言其主氣二字之誤. 蓋地頭則雖有氣發, 就中主宰者亦常是理也. 豈可以氣發地頭而曰生(主)氣乎. 往復大略如此, 伏乞幸指示其差誤處."

으로, 성은 발함이 없지만 심은 발함이 있으니, 작은 자취가 있다고 어떻게 이것이 심이 주기라는 증거가 될 수 있다고 말하겠습니까?[16]

'기의 정상'이라는 주자의 표현에 대한 이두훈의 이해나 설명이 적절한가라고 묻는다면, 쉽게 고개를 끄덕이기는 어려울 것 같다. 충분하지도 않고, 초점이 정확하게 맞춰져 있다고도 생각되지 않기 때문이다. 다만 우리의 논의와 관련해서 보자면, 무엇보다 '정상하도록 하는 것이 리'라는 생각, 그리고 자취나 흔적이 있다고 해서 심이 기라는 증거가 되는 것이 아니라는 생각은 이두훈 스스로에게 있어서 흔들리지 않는 주자의 뜻이라는 점이다. 결국 자신의 생각이 주희의 뜻과 일치한다는 믿음과 확신을 우리는 이 구절에서 간접적으로 확인할 수 있다. 그리고 이것은 내용이나 이해의 깊이와 무관하게 이두훈이 취하고 있었던 태도였다는 점에서 한주학과의 연관성을 확인할 수 있는 부분이라고 생각된다.

이어서 ③ 율곡학파의 '기발리승일도설'로 대표되는 주기적인 학문에 대한 비판적 태도를 보여주고 있는지의 여부는 앞의 주12) 인용문에서도 일정 부분 드러나고 있지만, 다음과 같은 이두훈의 말에서도 그 단서를 확인할 수 있다.

근세의 학자들은 주기론을 지나치게 중시하여 본체가 리기를 겸하여 있고, 미발시에도 기질지성이 있다는 설까지 있게 되었습니다. 아마 기로써 리를 대응시켜 주리론자들이 리를 높이는 것을 결단코 배척하

16) 李斗勳. 『弘窩先生文集』「答金振玉」. 504~505쪽. "若以心者氣之精爽一句, 爲主氣之證, 則是不待吾說, 而其病自著. 朱子果以心爲氣, 而以氣爲精爽, 則何不曰心者精爽之氣, 而乃曰氣之精爽也. 曰氣之精爽, 則精爽底是理也. 非理而氣何能自精爽乎. 今乃以精爽, 當氣而對純一之理, 則吾恐其汲汲於尊氣, 而反涉看氣之不明矣. 且心比性微有迹只以心性之地頭稍異性無發而心有發, 故曰微有迹何可以是爲心主氣之證乎."

> 려 함일 것입니다. 제가 듣기에는 하늘에 있는 리도 성이라고 할 수 있고, 사람에게 있는 성도 역시 함께 리라고 할 수 있으며, 리는 기에서 분리될 수 없습니다. 애초에 하늘과 사람이 다르지 않으니, 하늘의 리에는 기질이 섞이지 않았는데 사람만 유독 기질을 성으로 삼는다는 말입니까?17)

여기에서 드러나고 있는 이두훈의 주기론에 대한 이해나 비판이 합리적이거나 적절한 것인지에 대해서 문제를 제기할 수 있을 것이다. 하지만 이러한 사실들을 제쳐둘 때, 앞의 내용에서 간접적으로 확인되는 것 가운데 하나는 그의 주기론에 대한 비판적인 태도나 시각이다. 주기론에서 기질지성을 인간의 현실적인 성이라고 보는 시각에 대한 비판이지만, 확장해서 보자면 주기론에 대한 비판적 시각을 함축하고 있는 것으로 이해될 수 있는 것이다. 온전하지는 않지만, 주기론에 대해 결코 긍정적이지 않은 그의 시각이나 태도를 읽어내기에는 충분하다고 생각된다.

반면에 한주학과의 관련성을 확인할 수 있는 네 번째 기준인 ④ '기발'의 부정과 함께 '리발일도설'의 긍정 여부는 이두훈의 문장으로부터 직접 확인하기는 어렵다. 앞의 주11)에서 인용한 "현실의 상황에서는 비록 기발이 있지만, 그 가운데서 주재하는 것은 또한 늘 리입니다."라는 말에서 '리발일도'의 의미를 간접적으로 읽을 수도 있을 것이다. 하지만 리발을 긍정하면서, 주기론에 대해 비판적이라면, 직접 언급하지 않는다고 하더라도 충분히 '리발일도설'이 전제되어 있다고 말할 수 있을 것이다. 특히 다섯 번째 기준이기도 한 ⑤ '심즉리설'에 대한 긍정은 '리발일도설'에 대한 긍정과 불가분의 관계

---

17) 李斗勳.『弘窩先生文集』「答金振玉 壬寅」"近世學者主氣太重, 至有本體兼理氣, 未發時亦有氣質性之說. 蓋其必欲以氣對理, 而深惡主理者之尊理也. 竊嘗聞之在天之理亦可以謂之性, 在人之性亦可以互言理, 理不離氣. 初無天人之別, 則天之理不雜氣質, 而人獨以氣質爲性耶."

를 가진다고 판단된다. 이두훈은 '심즉리설'과 관련해서 다음과 같이 말한다.

> 사람의 한 몸에서 심이 보존되지 않는다면 주인 되는 것이 없는 것이니, 그래서 괴로움과 어지러움 그리고 마르고 막혀 통하지 않는 것이 이럴 때에 심해진다. 심이라는 한 글자는 주재하는 것이고, 주재자는 곧 리이니, '심즉리'의 깊은 뜻은 여기에 있다.[18)]

'심즉리'를 언급하고 있는 단편적인 내용이지만, 이두훈이 '심즉리설'을 수용하고 있다는 사실만큼은 분명하게 확인할 수 있는 부분이다. 이두훈이 말하는 '주인 되는 것'이란 곧 행위의 '주체'를 가리킨다. 그리고 '심즉리'란 그 주체가 다른 것이 아닌, 리라는 사실에 대한 긍정임을 분명하게 이해하고 있는 것이다. 그리고 이렇게 '심즉리'가 긍정될 때, 굳이 언급하지 않더라도 '리발일도설'은 이미 그 안에 전제되어 긍정된다고 판단된다.

이처럼 한주학과의 관련성이나 계승여부를 검증할 수 있는 다섯 가지 기준 혹은 특징 모두를 우리는 이두훈의 문장에서 직간접적으로 확인할 수 있다. 그는 '리발'을 긍정하고 그것을 통해 기에 대한 리의 주재성을 확정하려는 문제의식을 분명하게 보여주었고, 동시에 이러한 그의 시각이 주희의 뜻과 일치한다고 확신하고 있었다. 그리고 주기적인 학문에 대해서도 비판적인 태도를 보여주었으며, 이진상의 '심즉리'설이 무엇을 지향하고 있는지에 대한 이해와 함께 그 시각을 잘 보여주고 있었다. 이러한 사실에서 보자면, 앞에서 우리가 예상했던 것처럼 이두훈의 성리학은 이진상의 한주학이 가지고 있는 기본적인 특징을 충실하게 계승하고 있다고 말할 수 있을 것이다.

---

18) 李斗勳.『弘窩先生文集』「上寒洲先生」. 268~269쪽. "人之一身, 心不存則無所主, 故煩亂燥鬱至此之甚. 心之一字, 果是主宰底物, 而主宰者是理也. 心卽理之妙, 果在此歟."

4. 홍와 성리학의 의의와 가치

지금까지 우리는 이두훈의 생애와 함께 그의 삶이 무엇을 지향하였는지를 찾아보는 것에서 시작해, 그의 삶이 보여준 지향이 그의 학문 속에서는 또 어떤 모습으로 자리 잡고 있는지를 그의 한주학에 대한 이해를 중심으로 살펴보았다. 전체적으로 보자면 이진상을 만난 것이 그 삶의 방향을 결정하였다면, 한주학은 그의 평생 과업이었고, 그의 성리학적 특징 역시 한주학의 기본적인 특징을 잘 보여주고 있었다. 이진상과 그의 학문인 한주학은 이두훈의 삶뿐만 아니라, 학문의 전체 내용을 결정할 만큼 깊은 영향을 주었다고 말할 수 있을 것이다.

이제 앞의 논의를 토대로 이두훈의 삶이 보여준 여러 활동과 성리학적 특징이 어떤 의의와 가치를 가지는지 살펴보면, 다음과 같은 몇 가지 측면에 주목할 수 있다고 생각된다. 첫째는 앞에서 충분히 확인한 것처럼, 이두훈이 보여주고 있는 성리학적 특징으로부터 한주학의 문제의식과 함께 그 내용이 충실하게 계승되고 있는 모습이 확인된다는 점이다. 이진상을 만난 이후, 이두훈의 삶은 늘 한주학 혹은 한주학파라는 키워드와 깊이 관련되어 있었다. 그런 측면에서 보자면 그의 성리학적 시각에 한주학의 기본적인 특징이 고스란히 확인되는 것은 결코 의외의 결과라고 할 수는 없을 것이다. 비록 동문이나 제자들과 주고받은 편지글에서 그 내용을 단편적으로 찾아볼 수 있을 뿐이지만, 그럼에도 불구하고 이두훈은 한주학의 문제의식을 공유하며, 그 기본적인 지향과 내용 그리고 특징을 모두 갖추고 있다는 점에서 그가 얼마나 충실하게 한주학을 계승하고 그 시각을 견지하고 있는지를 확인하게 된다.

특히 한주학은 '리발'을 긍정하고 그것을 통해 리의 주재성을 확정하려는 문제의식을 가지고 있었고, 또 '리발'을 긍정하는 시각이 주희의 뜻과 일치한다는 생각에 대해 확신하고 있었다. 이런 까닭에 율곡학파의 '기발리승일도설'로 대표되는 주기적인 학문에 대해서는 비판적 태도를 가질 수밖에 없었다. 그리고 이러한 그의 문제의식과 지향은 이론적인 측면에서 '기발'의 부정하는 '리발일도설'을 낳았고, 그것은 곧바로 '심즉리설'로 연결되었다. 그런데 앞에서 살펴봤듯 이와 같은 한주학이 보여주고 있는 특징 대부분이 이두훈의 성리학에서 확인된다는 점에서 이두훈의 성리학은 한주학의 충실한 계승이라 부를 수 있을 것이다. 한주학은 최소한 주문팔현 가운데 가장 나이가 어렸던 이두훈에 이르기까지 그 골간과 특징을 유지하며 계승되었던 것이다.

둘째는 이두훈의 활동으로부터 최소한 그에게 이르기까지 한주학파의 일관된 활동 역시 확인할 수 있다는 점이다. 1886년 이진상이 사망한 후, 1894년(고종 31) 동학농민운동이 일어났을 때, 이두훈은 39세로 거창에 거주하며 여러 동문들과 함께 『한주집』 초간본 교감 간행에 참여하여, 그 이듬해인 1895년(고종 32) 거창의 정천井泉에서 49권 25책으로 간행하였다. 이렇게 『한주집』이 간행된 그 해에 명성황후가 시해되는 을미사변이 일어났고, 이어서 단발령이 내려졌다. 이러한 급변하는 정국의 소용돌이 속에서 이두훈은 그 이듬해인 1896년, 동문인 곽종석, 이승희, 윤주하 등과 함께 상경하여 을미사변을 성토하고 단발령의 철회를 요구하는 상소를 올리려 했지만, 수령이 거부되었다. 결국 여러 나라의 공관에 일본을 규탄하는 포고문을 돌리고 귀향할 수밖에 없었지만, 이러한 일련의 활동에서 동문들이 함께 하는 모습을 발견하게 된다.

이것은 1902년 한주학을 이단으로 규정한 통문이 충주 하강단소荷江壇所의 이름으로 성균관과 전국의 유림에 발송되었을 때도 마찬가지였다. 이때 이진상의 문인들은 실상을 파악하고 대응책을 마련하기 위해 이두훈을 성균관으로 파견하였는데, 성균관으로 올라간 이두훈은 『한주집』의 내용이 이단으로 규정될 수 없다는 점에 대해 변론하고, 다시 통문을 발송한 충주의 하강단소로 찾아 갔다. 하지만 '하강서원'이 1871년에 훼철된 이래, 당시까지 단소가 세워지거나 서원이 복설되지는 않고 있었다. 단소는 5년이 지난 뒤인 1907년에야 겨우 설치되었고, 서원은 1974에야 비로소 복원되었던 것이다. 이와 같은 여러 사실로부터 하강단소의 이름으로 발송된 통문이 결국 조작된 것이었다는 사실을 밝힐 수 있었다. 하지만 그 뒤에도 하강단소 통문을 주도했던 박해령은 이중화, 유만식 등과 함께 도산서원과 상주의 도남서원道南書院에서 통문을 발송하면서 한주의 문집이 불태워지기도 하였다.

그런데 이처럼 문집이 간행 된 후 제기되는 일련의 비판에 대해 이진상의 문인들이 함께 대응하고, 공론을 조성하기 애쓰는 모습이 확인된다. 그리고 이점으로부터 최소한 이두훈에 이르기까지는 한주학파가 내적으로는 학문적 연결고리를 공유하고, 외적으로는 튼튼한 결속력을 보여주며 유지되었다는 사실 역시 확인할 수 있다. 어쩌면 외적인 여러 험난한 조건들이 이들을 더욱 두텁게 결합하고 스승의 학문을 통해 뭉치도록 만들었을 것이라 짐작되기도 한다.

이처럼 이두훈의 철학과 한주학의 계승 그리고 그와 관련된 한주학파의 활동 등에서 사실상 우리는 어떤 예상 밖의 변수를 발견할 수 없다. 예상했던 대로 그의 삶은 한주학이나 한주학파와 밀접하게 관련되어 있었던 것이다. 그런데 문제는 앞에서 살펴본 것처럼, 이두훈이 한주학의 주요 내용을 이해하고 또 그것을 잘 계승하고 있다는 특징을 분명하게 보여주고 있지만, 그럼에도 불구하고 그가 한주학과 직접 관련되지 않은『고령지高靈誌』와『동화세기東華世紀』와 같은 형태의 저술에 몰두하거나 치중하고 있는 모습 역시 겹쳐서 이해할 필요가 있다고 생각된다. 성리학적인 요소와 비성리학적 요소가 하나로 연결되어 있었던 것이다.

그것은 사회적 실천에서도 마찬가지였다. 42세였던 1897년부터 고향에 내산서당을 짓고 후학을 양성하면서, 집안에서는 종계를 구성하여 결속을 다지는 모습이나, 지역사회에서 향약을 만들어 시행하고, 종산재와 도연재에서 유계儒契를 결성하여 고령 유림의 구심점을 형성하기 위해 노력하는 모습은 여전히 전통적인 성리학자의 모습으로 이해된다. 하지만 여기에 더해서 1907년에는 대구의 국채보상운동에 영향을 받아 고령군단연상채회高靈郡斷煙償債會를 조직하여 도회장을 맡아 활동하고,[19] 1909년에는 고령의 지방자치를 도모하기 위해 동서양의 제도를 연구하고 참고하여 민의회를 설립하는 데서 보다 개방적인 모습을 발견하게 된다.[20] 그는 한편으로 성리학 혹은 한주학의 골간을 잘 계승하고, 또 그것에 힘을 쏟았지만, 또 다른 한편에서는 이미 새로운 변화된 세상을 준비하고 있는 것으로 이해되는 것이다.

이와 같이 색깔을 달리하는 다른 모습의 이두훈을 우리는 어떻게 하나로 통합하여 이해할 수 있을까? 당연히 그의 모습은 20세기 초 망국의 흐름 속에서 성리학자 이두훈의 처신과 급변하는 현실에 대한 대응이라는 두 가지 측면에서 이해할 수 있을 것이다. 그런데 그가 보여주고 있는 상반된 것처럼 보이는 모습까지도 한주학과의 관련성 속에서 해명할 수 있는 가능성은 없는지 되물어 볼 필요가 있다고 생각된다. 그러한 해명이 가능할 때 보다 모순되거나 이중적이지 않은 그의 좌표와 함께, 다양한 그의 모습이 어떤 의미를 가지는지를 해명할 수 있을 것이기 때문이다.

이 문제에 접근하기 위해서는 먼저 당시의 유학자들은 일반적으로 어떤 태도를 취하거나 보여주었는지부터 살펴볼 필요가 있을 것 같다. 그와 같은 태도와의 비교에서 이두훈이 어떤 좌표나 위치에 있는지를 확인할 수 있을

19) 심상훈. 2015. 「한국국학진흥원 소장 자료를 통해 본 국채보상운동의 전개양상과 성격」 『동아인문학』 제33집. 357~363쪽 참조.

20) 이형성. 2009. 「한주학파 성리학의 지역적 전개양상과 사상적 특징」 『국학연구』 제15집. 116쪽 참조.

것이기 때문이다. 무엇보다 각각의 시기를 간단하게 획일적으로 구분할 수는 없겠지만, 근대시기 성리학은 대체로 위정척사를 대표로 하는 자기방어의 형식에서 시작하여, 서양 문화에 대한 수용을 긍정하며 유학의 변형을 시도하는 단계를 지나, 마침내 성리학이나 유학에 대한 믿음을 잃어가며, 비판과 부정을 통한 해체와 재정립의 과정을 거치면서 그 시대의 고민과 문제를 해결하려 시도하였다.[21] 위정척사를 중심으로 하는 자기방어의 형식은 주로 19세기 중반을 전후하여 하나의 흐름으로 자리 잡았던 것이라면, 19세기 후반, 보다 구체적으로 1880년 이후에는 급변하는 현실상황과 함께 일정부분 성리학적 세계관이 흔들리거나 와해되며 자기 변형과 새로운 모색이 진행되었다.

이러한 흐름에서 보자면 이두훈의 좌표는 자기방어의 척사위정 단계를 넘어서 일정부분 서양 문화에 대한 수용을 긍정하는 단계에 접어든 것으로 이해할 수 있을 것이다. 이두훈에게서 우리는 스승의 학문인 한주학을 지켜내기 위한 노력을 확인할 수는 있지만, 화서학파와 같은 위정척사를 향한 뚜렷한 지향을 발견하기는 어렵다. 그리고 적극적으로 유학의 변형을 시도하지는 않고 있지만, 그의 관심은 이미 성리학을 넘어서거나, 그것에 제한받지 않고 폭넓게 전개되고 있었던 것이다.

흔들리며 변해가는 세상 속에서 어디로 가야 할지 분명한 방향을 제시하지는 못하지만, 그래도 성리학만을 고집하는 것이 아니라, 다양한 모습의 새로운 시도가 이루어지고 있다는 측면에서, 그로부터 20세기 초반 성리학자의 한 모습을 발견하게 된다. 물론 보다 적극적인 행보는 다음 세대에게 주어진 몫이었다. 『고대희랍철학고변』을 쓴 이인재나 공자교운동을 전개한 이병헌 같은 인물들이 뒤를 이어 나와 서양철학을 연구하고 유교의 개혁을 시

21) 박정심. 2007. 「근대 유학인식의 변화에 대한 연구」 『동양고전연구』 제26집. 39쪽 참조.

도할 수 있었던 것도 앞서서 그 길을 닦은 이두훈과 같은 이가 있었기 때문에 가능했다고 말할 수 있을 것이다.[22]

그런데 이두훈의 이러한 모습조차 넓은 의미에서 보자면, 한주학의 특징이나 한주학파의 지향점을 충실하게 계승한 것이었다. 사실상 처음부터 한주학파는 척사의 입장에 서 있기는 했지만 화서학파처럼 적극적이지 않았다. 문제를 해결하는 방식도 의병운동이 아닌 상소나 각국 공관에 서한을 보내는 등의 만국공법에 호소하는 방법을 택하였다.[23] 그리고 이진상의 저술 가운데 하나인 『묘충록』에서 드러나듯, 명분과 수구 보다는 개혁을 통한 변화를 지향하였다. 이러한 측면들을 종합해서 보자면, 이두훈은 한주학의 비교적 개방적인 면모와 특징을 잘 보여주고 있고, 이러한 의미에서 그는 진정 충실한 한주학의 계승자라 부를 수 있을 것이다.

이처럼 이두훈의 삶과 그의 성리학에서 좁게는 한주학이나 한주학파의 흐름을, 넓게는 20세기 초반 성리학자들이 자신의 위치와 좌표를 설정하기 위한 노력을 읽을 수 있다. 성리학과 관련된 전문적인 저술보다는, 또 다른 내용이나 형태의 저술에 치중했고, 이것은 20세기 초반 성리학자와 조선의 성리학이 어떤 모습으로 전개되어 가는지를 보여준다고 생각된다. 그럼에도 불구하고 여기에 더해 한 가지 간과할 수 없는 사실은, 그가 성리학에 대한 관심만큼이나 예학에 대한 관심 역시 깊었다는 점이다. 스승 이진상이나 문인들과 주고받은 편지 가운데는 예학과 관련된 문목이 상당수를 차지하고 있는 점은 주목할 부분이다.[24] 변해가는 세상 속에서도 쉽게 손을 놓지 못하는 것 가운데 하나가 바로 몸에 베인 '예禮'의 문제였다고 이해된다.

---

22) 이세동. 2008. 「홍와 이두훈의 삶과 학문」. 『퇴계학과 한국문화』 제43호. 244쪽.

23) 홍원식. 1999. 「한주학파의 공자교 운동」(『한국학논집』 제26집. 계명대학교 한국학연구원) 29~32쪽 참조.

24) 『홍와집』의 편지 가운데 질문에 별지로 답한 서간이 13편이고, 그 가운데 11편이 예학과 관

5. 새로운 시대를 향해

이제 마지막으로 앞에서 진행한 논의를 정리하며 우리의 이야기를 마무리해 보자. 우리의 논의는 '주문팔현'의 한 사람인 이두훈의 성리학이 어떤 특징을 보여주고 있는가라는 하나의 물음에서 시작되었다. 그런데 그의 성리학이 가진 특징은 그 스승인 이진상의 한주학과의 관련성 속에서 파악되는 만큼, 이 물음은 결국 그가 한주학을 어떻게 계승하고 있는지를 되묻는 것이기도 하다. 이 글은 바로 이 물음에 대한 나름의 회답이다.

이 답을 찾기 위해 앞에서 우리는 먼저 이두훈의 삶과 그 활동을 통해 그가 어떤 지향을 보여주었고, 그의 삶은 무엇을 향해 나아간 것인지를 확인해 보았다. 그것을 이어서는 그가 주고받은 서한을 통해 그 성리학적 특징을 이해해 보았다. 그리고 이렇게 확인된 그의 학문적 지향과 성리학적 특징을 토대로 이두훈을 중심으로 한 한주학의 전승과 한주학파의 전개뿐만 아니라, 그가 20세기를 어떤 모습으로 맞았는지를 재구성해 보았다. 결국 이두훈이라는 프리즘을 통해 우리는 한주학의 계승과 한주학파의 전개과정 그리고 조선의 끝자락에서 성리학자들이 어떤 길을 걸어갔는지를 제한적이지만 그려볼 수 있었던 셈이다.

그의 삶에서 확인되는 주요활동은 사실상 이진상, 한주학, 한주학파라는 세 가지 키워드와 깊이 관련되어 있었다. 63년이라는 길지 않은 삶에서 그 방향을 결정한 하나의 사건을 꼽으라면, 그것은 분명 이진상과의 만남이라고 말할 수 있다. 이후 그 삶의 모든 곡절이 이진상이나 한주학 그리고 한주학파와 관련되어 있기 때문이다. 이진상 생전에 이미 그는 한주학의 골간을 나름대로 이해한 상태였고, 그것을 토대로 스승의 사후에 『한주집』의 발간과

련된 내용이라는 점을 보더라도 이두훈의 예학에 관한 관심의 깊이를 알 수 있다.

그것이 발간된 후의 여러 비판과 분란에 대해 적극적으로 대응할 수 있었다. 그가 한주학을 지켜내기 위해 동분서주한 노력은 특히 돋보인다. 그에게서 한주학과 한주학파는 늘 삶의 중심이었던 것이다.

이렇듯 그는 분명 한주학의 계승에 충실했고 또 그것이 삶의 지향점이기도 했지만, 그렇다고 해서 그가 스승의 학설만을 고집하는 수구적인 성리학자는 아니었다. 국채보상운동에 참여하며 고령군단연상채회를 조직하여 이끌었고, '민의회'를 구성하여 지방자치를 모색하는 모습에서 확인되듯, 그는 경우에 따라 실험적이라고 할 수 있을 만큼 개방적인 모습을 보여주었다. 그리고 국권을 상실한 뒤에는 실현되지는 못하였지만, 망명을 통해 새로운 방향의 활동을 모색하기도 하였다. 하지만 그의 이러한 태도나 모습조차도 사실은 한주학 혹은 한주학파의 정신을 구현한 것이기도 하였다. 한주학 자체가 성리학의 새로운 틀을 모색하는 과정에서 나온 것이라는 점을 간과할 수 없는 것이다.

과거의 역사에 대해 가정법적 접근은 무의미한 것이지만, 만약 그의 망명이 실현되어 이승희와 함께 만주지역에 한흥동을 세워 운영하고, 공자교운동 등을 활발하게 전개할 수 있었다면, 우리의 독립운동사는 또 다른 모습으로 전개되었을 것이라 생각해 본다.

참고문헌 Reference

총론 _ 홍원식

金昌淑,『心山遺稿』

朴殷植.『朴殷植全集』

宋秉稷 編. 1900.『尊華錄』.

李承熙.『韓溪遺稿』

李震相.『寒洲文集』

許佂·郭漢一 編. 1903.『大東正路』.

홍원식. 2008.『한주 이진상의 생애와 사상』. 예문서원.

______. 2016.『동도관의 변화로 본 한국 근대철학』. 예문서원.

______ 외. 2018.『조선말의 '낙중학'. 한주 이진상의 삶과 사상』. 계명대학교출판부.

면우俛宇 곽종석郭鍾錫의 철학과 한주학의 비판적 계승 _ 추제협

곽종석.『俛宇先生文集』.

이진상. 『寒洲先生文集』.

______. 『寒洲全書』.

금장태. 2000. 「면우 곽종석의 리기론과 심설」. 『퇴계학파와 리철학의 전개』. 서울: 서울대 출판부.

김종진. 2015. 「면우 곽종석의 「理訣」연구」. 『한문학보』 32집. 우리한문학회.

김형찬. 1992. 「면우 곽종석의 사단칠정론」. 민족과 사상연구회편. 『사단칠정론』. 파주: 서광사.

이상필. 2010. 「면우 곽종석의 남명학 계승 양상」. 『면우 곽종석의 학문과 사상』. 진주: 술이.

이상하. 2010. 「면우 곽종석의 성리설」. 『면우 곽종석의 학문과 사상』. 진주: 술이.

이종우. 2013. 『19세기 퇴계학의 좌우파 논쟁』. 서울: 역사공간.

한형조. 2008. 「인물성동이론의 논점과 해법」. 『조선 유학의 거장들』. 파주: 문학동네.

홍원식. 2010. 「면우 곽종석의 성리설-한주 성리설의 계승을 중심으로」. 『면우 곽종석의 학문과 사상』. 진주: 술이.

후산后山 허유許愈의 학문이력과 한주학 계승 _ 권오영

권오영. 2003. 「19세기 강우학자들의 학문 동향」. 『조선후기 유림의 사상과 활동』. 돌베개.

______. 2005. 「정와 김대진의 학술과 사상」. 『기증유물도록(의성김씨편)』 4. 서울역사박물관.

______. 2006. 「寒洲 理學의 전통과 사상사적 의의」. 『한주 이진상 연구』. 경북대학교

퇴계연구소 편. 역락.
______. 2012.『근대이행기의 유림』. 돌베개.
______. 2012.「19세기 영남 학계와 곽종석의 이학」.『근대이행기의 유림』. 돌베개.
______. 2012.「19세기 강우 학계와 김진호의 학문활동」.『근대이행기의 유림』. 돌베개.
許捲洙. 1999.「后山文集 解題」.『后山集』. 后山書堂.
______. 2007.「后山 許愈의 生涯와 學問에 대한 研究」.『후산 허유의 학문과 사상』. 술이.

『膠宇文集』(尹胄夏).
『端磎文集』(金麟燮).
『大溪文集』(李承熙).
『晚求文集』(李種杞).
『俛宇文集』(郭鍾錫).
『勿川文集』(金鎭祜).
『紫東文集』(李正模).
『定齋文集』(柳致明).
『寒洲文集』(李震相).
『晦堂文集』(張錫英).
『后山文集』(許愈).

한계韓溪 이승희李承熙의 한주학 계승과 현실의 대응 _ 정병석

李震相. 1980. 寒洲全書. 韓國學文獻硏究所編. 亞細亞文化史.

______. 寒洲先生文集.

금장태. 1987. 「퇴계와 한주의 심心개념」(『퇴계학보』 54. 25~34).

김근호. 2011. 「寒洲學派의 心卽理說 批判에 대한 再批判的 論究- 이승희·허유·곽종석·김황 등을 중심으로 -」. 『유교사상연구』 43집. 137~163.

김도형. 2001. 「한주학파의 형성과 현실인식」. 『대동문화연구』 38집. 355~387.

김종석. 2004. 「한계 이승희의 공자교 운동과 유교개혁론 문제」. 『철학논총』 제38집. 3~21.

윤사순. 2011. 「한주 이진상의 성리학적 심즉리설」. 『공자학』 20호. 5~36.

이윤갑. 2013. 「한말 일제 초기 이승희의 민족운동」. 『인문학연구』 47권. 83~106

이종우. 2004. 「한주학파와 간재학파의 의리실천에 관한 논쟁」. 『한국철학논집』 15권. 230~248.

이형성. 2001. 『한주 이진상의 성리학 연구』. 성균관대학교 박사학위 논문.

정병석. 2010. 「한계 이승희의 도덕적 종교관」. 『유교사상연구』 제39집. 61~88.

최영성. 2010. 「한주 이진상의 철학사상과 그 현실적 구현-한주학파의 성격 규명과 관련하여-」. 『한국학논집』 제40집. 259~296.

홍원식. 2006. 「한주 이진상의 성리설과 그 계승」. 『퇴계학과 한국문화』 38호. 191~210.

______. 2010. 「19세기 '洛上' 退溪學派와 '洛中' 寒洲學派의 分立과 性理論爭- 韓溪 李承熙의 '條辨'을 중심으로」. 『유교사상연구』 39집. 171~189.

자동紫東 이정모李正模의 학문성향과 한주 학설 수용 _ 전병철

1. 원전자료

郭鍾錫.『俛宇集』.

李震相.『寒洲集』.

朴致馥.『晩醒集』.

李正模.『紫東集』.

程顥·程頤.『河南程氏遺書』.

朱熹.『大學章句』.

朱熹.『朱子大全』.

許愈.『后山集』.

2. 연구논저

안은수. 2002.『程頤』. 성균관대학교출판부.

이유선. 2012.「紫東 李正模 한시 연구」. 경성대학교 한문교육전공 교육학석사학위 논문.

교우膠宇 윤주하尹冑夏의 한주학 계승 _ 이세동

『周易』.

『中庸』.

『抱朴子』.

『張載集』. 1978. 中華書局.

『二程集』. 1981. 中華書局.

『朱子語類』. 1986. 中華書局.

李滉. 『退溪集』. 한국고전번역원 DB.

李震相. 『寒洲集』. 한국고전번역원 DB.

______. 『理學綜要』(『寒洲全書』 2). 아세아문화사. 1980.

郭鍾錫. 『俛宇集』. 한국고전번역원 DB.

尹冑夏. 『膠宇集』. 한국역대문집총서 1226~8(경인문화사) / 남명학고문헌시스템 DB.

李承熙. 『韓溪遺稿』. 한국사데이터베이스 DB.

黃玹. 『梅泉野錄』. 한국사데이터베이스 DB.

河謙鎭. 『晦峯遺書』. 남명학고문헌시스템 DB.

『國朝榜目』. 1984. 太學社 영인본.

『坡平尹氏大同譜』. 2011. 파평윤씨대종회.

정원재. 2006. 『이이 율곡전서』(『철학사상』 별책 제7권 제4호). 서울대학교 철학사상연구소.

이세동. 2016. 『한주 이진상과 그의 제자들』. 역락출판사.

劉明鍾. 1991. 「尹冑夏의 「反究錄」과 理氣說」. 『석당논총』 17집.

李宗雨. 2009. 「19세기 嶺南學派의 人物性同異論爭 批判」. 『儒教思想研究』 36집.

이형성. 2009. 「한주학파 성리학의 지역적 전개양상과 사상적 특성」. 『국학연구』 15집.

권오영. 2011. 「膠宇 尹冑夏의 학문연원과 사상경향」. 『남명학연구』 32집.

물천勿川 김진호金鎭祜의 성리학과 한주학 계승 _ 박인호
- 허유·곽종석과의 토론을 중심으로-

金鎭祜. 1989.『勿川集』. 아세아문화사.

金麟燮. 1993.『端磎先生文集』. 경인문화사.

郭鍾錫. 1983.『俛宇集』. 아세아문화사.

金　榥. 1998.『重齋先生文集附錄』. 중재선생기념사업회.

朴致馥.『晩醒集』. 경상대 문천각 소장본.

李象靖. 2001.『大山集』. 한국문집총간.

李震相. 1980.『寒洲全書』. 아세아문화사.

朱　熹. 1985.『朱子大全』. 臺灣中華書局.

許　愈. 2004.『后山集』. 한국문집총간.

許　薰. 2004.『舫山集』. 한국문집총간.

권오영. 2006.「19세기 강우학계와 김진호의 학문활동」.『남명학연구』21. 경상대 남명학연구소.

김낙진. 2009.「지각설을 중심으로 본 한주 이진상의 성리학」.『동양고전연구』36. 동양고전학회.

정경주. 2006.「성재 허전의 학문사상과 그 학술사적 위상」.『남명학연구』31. 경상대 남명학연구소.

이상하. 2006.「물천 김진호의 학문성향과 성리학」.『남명학연구』21. 경상대 남명학연구소.

최석기. 2009.「면우 곽종석의 명덕설 논쟁」.『남명학연구』27. 남명학연구소.

허권수·정진상. 1997.「양반문화의 변천과 현대의 양상-法勿里 商山金氏 家門의 경우」.『경남문화연구』19권. 경상대학교 경남문화연구소.

허권수. 2007.「함안의 학문적 전통과 만성 박치복의 역할」.『남명학연구』23. 경상대 남명학연구소.
홍원식. 2008.『한주 이진상의 생애와 사상』. 예문서원.

회당晦堂 장석영張錫英의 철학과 한주학 계승 _ 황지원

李震相.『寒洲先生文集』.
張錫英.『晦堂先生文集』.
______.『先文別集』.
권영배. 2012.「성주지역의 3·1운동과 파리장서 운동」.『계명사학』제23집. 계명사학회. 267~303.
김희곤. 2013.「성주지역의 독립운동과 성격」.『한국독립운동사연구』제46집. 한국독립운동사연구소. 219~256.
서동일. 2014.「1910년 전반기 장석영의 외부세계 경험과 유교인식」.『한국인물사연구』제22집. 한국인물사연구회. 343~381.
유명종. 1985.『조선후기 성리학』. 이문출판사.
이택동. 2009.「晦堂 張錫英論」.『한국고전연구』제19집. 한국고전연구학회. 31~56.
이형성. 2009.「한주학파 성리학의 지역적 전개양상과 사상적 특성」.『국학연구』제15집. 한국국학진흥원. 91~155.
정우락. 2013.「회당 장석영이 쓴『흑산록』의 서술방식과 가치」.『영남학』제23집. 경북대 영남문화연구원. 167~208.
홍원식. 2008.『한주 이진상의 생애와 사상』. 예문서원.

홍와弘窩 이두훈李斗勳의 철학과 한주학 계승 _ 김기주

李斗勳. 1994.『弘窩先生文集1. 2』(한국역대문집총서 1112~1113). 경인문화사.

김기주. 2015.「한주 이진상의 리기설 - '리발일도설'을 중심으로」.『한국학논집』제60집. 계명대학교 한국학연구원. 7~33.

박정심. 2007.「근대 유학인식의 변화에 대한 연구」.『동양고전연구』제26집. 37~74.

심상훈. 2015.「한국국학진흥원 소장 자료를 통해 본 국채보상운동의 전개양상과 성격」,『동아인문학』제33집. 341~371.

이세동. 2008.「홍와 이두훈의 삶과 학문」.『퇴계학과 한국문화』제43호. 경북대학교 퇴계학연구소. 235~267.

이형성. 2009.「한주학파 성리학의 지역적 전개양상과 사상적 특징」.『국학연구』제15집. 한국국학진흥원. 91~155.

홍원식. 1999.「한주학파의 공자교 운동」.『한국학논집』제26집. 계명대학교 한국학연구원. 29~43.

【 저자 소개 】

홍원식 E-mail : wsg683@kmu.ac.kr

고려대학교 철학과를 졸업하고 같은 대학에서 「주자학의 거경궁리설 연구」로 철학박사 학위를 받았으며, 현재 계명대학교 철학윤리학과 교수로 재직하고 있다. 동양철학 전반에 걸쳐 관심을 가지고 있으며, 『한주 이진상의 생애와 사상』, 『동도관의 변화로 본 한국 근대철학』, 『조선시대 가문의 탄생』등 30여 권의 저 · 역서(공저 포함)와 80여 편의 논문을 발표하였다.

권오영 E-mail : hakyung@aks.ac.kr

영남대학교 국사학과를 졸업하고, 한국학중앙연구원 한국학대학원에서 문학박사학위를 취득하였다. 현재 한국학중앙연구원 한국학대학원 인문학부 한국사학전공 교수로 재직하고 있다. 조선시대 사상사 분야에 깊은 관심을 가지고 연구하고 있으며, 저서로는 『최한기의 학문과 사상연구』, 『조선 후기 유림의 사상과 활동』, 『조선 성리학의 의미와 양상』, 『근대이행기의 유림』, 『조선 성리학의 형성과 심화』 등이 있다.

김낙진 E-mail : njkim@cue.ac.kr

고려대학교 철학과를 졸업하고 동 대학원에서 철학박사학위를 받았다. 현재 진주교육대학교 교수로 재직 중이다. 주 연구 분야는 조선성리학이다. 저서로는 『의리의 윤리와 한국의 유교문화』가 있고, 역서로는 『원전으로 읽는 여헌학–여헌선역집』(공역)이 있으며, 주요 논문으로는 「丁時翰의 산중일기와 구도자의 삶」, 「荷潭 金時讓의 실제성 중시의 사상」 등 다수가 있다.

추제협 E-mail : jhchoo@kmu.ac.kr

계명대 국어국문학과를 졸업하고 같은 대학원 철학과에서 철학박사학위를 받았다. 경북대 대학원 국어국문학과에서 석사과정을 수료했다. 현재 계명대 철학윤리학과 조교수로 재직하고 있다. 저서로는 『남명학과 현대사회』(공저), 『약포 정탁』(공저), 『한국철학을 다시 만나다』(공저), 『한강 정구의 삶과 사상』(공저) 등이 있고, 논문으로는 「이익의 사단칠정설과 성호학파의 사상적 분기」, 「이익의 격물설에 나타난 윤휴와 이만부의 사상적 영향」, 「조선중기 한강학파의 전개에서 본 대구지역 성리학의 특징 –곽재겸, 서사원, 손처눌을 중심으로」 등이 있다.

이세동 E-mail : leesd@knu.ac.kr

경북대학교 중어중문학과를 졸업하고, 서울대학교 대학원에서 『朱子 周易本義 硏究』로 문학 박사 학위를 취득하였다. 포항공대 교양학부에서 전임강사로 강의하였으며, 현재 경북대학교 중어중문학과 교수로 재직하고 있다. 전공은 중국경학中國經學이지만 한국의 경학과 유학 등으로 연구의 지평을 넓혀가고 있다. 중국의 경학을 전체적으로 조망한 「中國經學試論」 등의 논문과 『대학 · 중용』 등의 역서 및 『사서삼경 이야기』, 『충효당 높은 마루 – 안동 서애 류성룡 종가』, 『독서종자 높은 뜻 – 성주 응와 이원조 종가』, 『한주 이진상과 그의 제자들』 등의 저서가 있다.

전병철 E-mail : wooze@gnu.ac.kr

계명대학교 국어국문학과를 졸업하고 경상대학교 한문학과에서 박사학위를 받았다. 현재 경상대학교 한문학과 부교수로 재직하고 있다. 주요 논저로 『남명의 심학』, 『중국 경학가 사전』(공저), 『송원시대 학맥과 학자들』(공저), 「대산 이상정 성리설의 회통적 성격」(박사학위논문), 「『논어』 '요산요수'장에 관한 조선시대 학자들의 해석과 내재적 수양론」 등이 있다.

정병석 E-mail : seok@yu.ac.kr

영남대학교 철학과와 대학원을 졸업하고, 臺灣中國文化大學 哲學硏究所에서 박사학위를 취득하였다. 현재 영남대학교 철학과에 재직하고 있다. 저서로는 『유학, 연속성의 세계와 철학』, 『점에서 철학으로』, 『주역과 성인, 문화상징으로 읽다』, 『주역』, 역서에는 『중국고대사상사론』, 『주역철학의 이해』 등이 있고, 「易傳의 天 · 地 · 人 齊等觀과 聖人」, 「旁通과 融合:周易 해석 空間의 확장과 연속」 등 다수의 논문이 있다.

황지원 E-mail : hwangjeewon@hanmail.net

계명대학교 철학과를 졸업하고 동 대학원에서 철학박사 학위를 받았다. 현재 계명대학교와 동국대학교에 출강하고 있다. 주요 저술로는 『중국회화의 기운론』, 『심경부주와 조선유학』(공저), 『김정희의 철학과 예술』(공저) 등이 있고, 번역서로 『역대명화기』, 『성리학의 개념들』(공역) 등이 있으며, 주요 논문으로는 「『맹자』에 대한 漢代 訓詁學과 宋代 朱子學의 해석 차이와 그 철학사적 의미」, 「구미(선산) 지역 유학의 전개와 특성」 등이 있다.

김기주 E-mail : zonoz@gw.kmu.ac.kr

계명대학교 철학과를 졸업하고, 臺灣東海大學 哲學硏究所에서 석사, 박사학위를 취득하였다. 현재 계명대학교 Tabula Rasa College에 재직하고 있다. 조선성리학과 그 역사적 전개 등에 관심을 가지고 연구하고 있으며, 저서로는 『서원으로 남명학파를 보다』, 『심경부주와 조선유학』(공저), 역서에는 『심체와 성체-총론편』, 『유교와 칸트』(공역) 등이 있고, 「기발리승일도설로 본 기호학파의 3기 발전」, 「이상사회에서의 일과 노동」 등 다수의 논문이 있다.